COLLECTION
DES MÉMOIRES
RELATIFS
A LA RÉVOLUTION FRANÇAISE.

MÉMOIRES
DE RIVAROL.

PARIS. — IMPRIMERIE DE FAIN, RUE RACINE, N°. 4,
PLACE DE L'ODÉON.

MÉMOIRES
DE RIVAROL,

AVEC DES NOTES

ET

DES ÉCLAIRCISSEMENS HISTORIQUES;

PRÉCÉDÉS D'UNE NOTICE,
PAR M. BERVILLE.

A PARIS,
CHEZ BAUDOUIN FRÈRES, LIBRAIRES,
RUE DE VAUGIRARD, N°. 36.

1824.

NOTICE
SUR RIVAROL.

Peu d'hommes ont eu plus d'esprit que Rivarol : heureux s'il en eût toujours fait un bon usage! Mais, dominé par la vanité et par un penchant invincible à la satire, il se fit craindre plus qu'il ne se fit aimer; il eut beaucoup de succès et beaucoup d'ennemis, et son existence eut plus d'éclat que de douceur.

Antoine, comte de Rivarol, né au mois de juin 1753, à Bagnols, en Languedoc, descendait d'une famille noble d'Italie. Son père, homme de mérite, prit soin de son éducation. Destiné d'abord à l'état ecclésiastique, le jeune Rivarol passa quelque temps au séminaire de Sainte-Barbe, à Avignon. Mais les subtilités de la théologie scolastique le rebutèrent bientôt; et, porté par inclination vers des études plus riantes, il quitta la carrière de l'Église pour la carrière des lettres.

Ses premiers travaux furent des études sur la langue et sur le style. Rivarol pensait avec raison qu'avant de commencer à écrire, il faut s'être rendu maître de sa langue, afin que la composition ne soit plus arrêtée par les difficultés de l'expression. Il traduisit le Dante, écrivain sublime et bizarre, dont les beautés et les défauts offrent au traducteur un exercice également utile. Il comparait ce travail aux études que ferait un jeune peintre sur les cartons de Michel-Ange.

A vingt ans, Rivarol vint à Versailles. Il prit, en arrivant, le nom de De Parcieux, illustre dans les sciences. Son aïeul avait, en 1720, épousé une nièce de cet homme célèbre : c'était là son seul titre au nom qu'il s'attribuait. Ce titre ne fut pas jugé suffisant : un neveu du véritable De Parcieux força Rivarol à reprendre le nom de sa famille.

Quelques années après, une intrigue galante l'obligea de quitter Versailles. Il revint à Paris, où quelques opuscules facilement écrits (1) commencèrent à le faire connaître comme littérateur. Il fut admis au nombre

---

(1) Lettre sur le poëme *des Jardins* de Delille ; autre sur les *Aérostats* ; autre sur les *Têtes parlantes* de l'abbé Mical.

des collaborateurs du *Mercure*. En 1784, il publia sa traduction de l'*Enfer* du Dante, après l'avoir retouchée avec soin. Elle eut du succès. Buffon, qui, depuis la mort de Voltaire et de Rousseau, occupait la première place dans la littérature française, écrivit à l'auteur que cet ouvrage était moins une traduction qu'*une suite de créations* (1).

Des critiques d'un goût sévère, et qui trouvaient, non sans quelque raison, le traducteur plus fidèle aux lois de l'élégance qu'au génie sombre et sévère de l'original, ont voulu voir, dans ces paroles de Buffon, une critique déguisée sous la forme d'un éloge. Cette interprétation est trop subtile pour être vraisemblable.

La même année, Rivarol obtint un triomphe qui ne fut pas sans éclat. L'académie de Berlin couronna son *Discours sur les causes de l'universalité de la langue française*. L'ouvrage le méritait : sans être d'une grande hauteur de pensée ni de style, il renferme des

---

(1) Ce jugement rappelle celui du grand Frédéric sur la traduction des *Géorgiques* par Delille. On sait qu'il disait que cette traduction était *l'ouvrage le plus original qui eût paru depuis long-temps*.

aperçus ingénieux, exprimés avec élégance.
« L'auteur, dit La Harpe dans sa correspon-
» dance, développe ces causes avec beau-
» coup d'esprit ; mais parfois avec celui d'au-
» trui, notamment de l'abbé de Condillac.
» Il a des connaissances ; son style est ra-
» pide et brillant, mais gâté par l'abus des
» figures et des métaphores. »

Rivarol envoya son *Discours* à Frédéric, avec une épître en vers. Son hommage fut bien accueilli : le monarque prussien répondit en termes flatteurs à l'écrivain français (1), et le fit recevoir membre de son académie.

Ces succès littéraires avaient dû porter Rivarol sur la scène du monde ; le caractère de son esprit et ses avantages extérieurs lui promettaient un rôle brillant sur ce nouveau théâtre. Aussi Rivarol devint-il en peu de temps le bel esprit à la mode. Une belle figure, des grâces naturelles, une élocution facile et animée, des saillies piquantes, de vives et mordantes reparties, tout en lui annonçait

---

(1) Il lui écrivait : « Depuis les ouvrages de Voltaire, je n'ai
» rien lu de meilleur en littérature que votre Discours, et j'ai
» trouvé vos vers aussi spirituels qu'élégans. »

un homme appelé aux triomphes de société. On le craignait, mais on le recherchait : il régnait dans les cercles par l'agrément de sa conversation et le sel de ses épigrammes. On s'empressait pour l'entendre; on répétait ses bons mots ; on applaudissait à leur malice.

Cet esprit satirique que Rivarol portait dans la société se répandait aussi dans ses ouvrages. Ce fut à cette époque qu'il publia deux lettres à M. Necker, sur la *religion* et la *morale*, à l'occasion du livre *de l'Importance des opinions religieuses;* un dialogue en vers, *Le Chou et le Navet*, critique spirituelle, mais dure, du poëme *des Jardins;* enfin, le *Petit Dictionnaire des grands hommes*, persiflage assez ingénieux, mais monotone, dont on parcourt en souriant une ou deux pages, mais dont il serait impossible de soutenir la lecture, et qui fatigue promptement par le retour perpétuel des mêmes formes de plaisanterie.

Ce dernier ouvrage, non moins que les fréquens sarcasmes qui lui échappaient dans la société, attirèrent à leur auteur de nombreux ennemis. Lebrun lui décocha de vives épigrammes; Chénier l'attaqua plus durement encore, dans une pièce imitée du *Pauvre diable* (*Dialogue du public et de l'anonyme*). On lui contesta même sa noblesse, avantage assez insignifiant, mais dont, par cette raison même, l'usurpation serait un ridicule, surtout dans un homme de lettres. On prétendit qu'il se donnait à tort pour le descendant des Rivarol d'Italie, et que son père était un simple aubergiste. Ce qui avait pu autoriser cette supposition, c'est qu'en effet le père de Rivarol, chargé de seize enfans, dont celui-ci était l'aîné, s'était vu obligé d'ouvrir une auberge pour faire subsister sa famille. Avec plus d'indulgence pour autrui, Rivarol n'eût pas été exposé au désagrément de ces investigations, que le monde épargne au mérite modeste, mais dont il se plaît à humilier la vanité qui le choque et la causticité qui l'offense (1).

---

(1) On raconte à ce sujet une anecdote que nous allons rapporter, quoique nous doutions de son authenticité.

Aux approches de la révolution, Rivarol, dans un cercle de personnes titrées, s'écriait avec importance : *Nos droits, nos priviléges sont menacés.* L'un des assistans, le duc de Créqui, répétait avec une sorte d'affectation : *Nos* droits ?.. *nos* priviléges ?.. Eh ! oui, reprend Rivarol ; que trouvez-vous là de

Dès l'origine de la révolution, Rivarol se rangea parmi ses plus ardens antagonistes et n'attendit pas, pour la combattre, qu'elle fût devenue sanguinaire. Il écrivit contre elle avec véhémence dans le *Journal politique et national*, qui parut d'abord sous le nom de Sabatier de Castres, et plus tard, sous celui de Salomon de Cambray. Ce sont les résumés politiques insérés dans cette feuille par Rivarol, qui, réunis et réimprimés, ont paru en 1797, sous le titre de *Tableau historique et politique de l'Assemblée constituante*. Burke, cet éloquent apostat de la liberté dont il avait d'abord embrassé la cause, écrivit, dit-on, à l'auteur de ces résumés, que son ouvrage serait mis un jour *à côté des Annales de Tacite*. Si cet éloge est en effet échappé à la plume de l'écrivain anglais, on ne peut en expliquer l'exagération que par le fanatisme si commun aux hommes de parti. Toutefois, si l'on cherche en vain, dans l'ouvrage de Rivarol, la pensée profonde, l'expression grave et nerveuse de l'auteur des *Annales*, si ses vues sont géné-

---

singulier? C'est, répliqua le duc, votre *pluriel* que je trouve singulier.

ralement superficielles, souvent incomplètes ou fausses, quelquefois même contradictoires, il est juste de reconnaître qu'on y rencontre fréquemment des rapprochemens ingénieux, des observations fines; que le style, toujours élégant et clair, a souvent de la chaleur et quelquefois de l'énergie. Malheureusement, ces qualités sont ternies par l'esprit d'injustice et de dénigrement qui perce à chaque page.

Rivarol travailla aussi avec Peltier aux *Actes des Apôtres*, recueil politique, dirigé contre l'Assemblée constituante, et dans lequel régnait habituellement le ton du persiflage. Il y avait peu de succès, et, nous ajouterons, peu d'honneur à espérer d'une entreprise de ce genre. Rivarol y dépensa, sans fruit et sans gloire, beaucoup d'esprit et de gaieté qu'il lui eût été facile de mieux employer.

On prétendit que Rivarol était payé par la cour pour écrire contre la révolution : quelques dépenses qu'on lui vit faire à cette époque, et qu'on trouva excessives pour l'état de sa fortune, donnèrent naissance à cette supposition qui ne paraît pas suffisamment motivée.

Quoi qu'il en soit, Rivarol essaya de sortir de France en 1790. Reconnu dans sa fuite, il fut arrêté par la garde nationale. Lui-même a fait, dans une lettre fort gaie, le récit de son arrestation. Une seconde tentative, en 1792, lui réussit mieux : il parvint à gagner l'étranger, et se retira à Londres.

Ce fut là que Rivarol apprit la sortie de France et l'arrestation de M. de La Fayette. il partageait, à l'égard de ce général, les sentimens de haine que les adversaires de la révolution avaient voués à l'homme qui s'en était montré le plus constant défenseur. L'infortune du général aurait dû les désarmer ou du moins leur imposer silence : elle ne fit que stimuler les ressentimens de Rivarol, qui saisit ce moment pour publier, sous le titre de *Vie politique de M. de La F......*, un libelle où les droits de la vérité ne sont pas moins outragés que les droits du malheur. Nous voudrions pouvoir effacer de la vie de Rivarol cette page avilissante : il est pénible de voir un homme de talent descendre à ces indignités.

Il fallait subsister sur la terre étrangère. Rivarol avait, dans son talent, une ressource assurée, s'il eût voulu l'employer ; mais sa paresse naturelle ne lui permit d'en faire que peu d'usage. Cependant, s'étant fixé à Hambourg, il prit des arrangemens avec un libraire pour la composition d'un nouveau Dictionnaire de la langue française. Le libraire lui payait pour cet ouvrage mille francs par mois (1) ; cependant l'ouvrage avançait peu ; déjà le terme fixé pour son achèvement était arrivé, sans qu'un seul article fût encore terminé. Alors, s'il faut en croire un des biographes de Rivarol, le libraire prit un parti singulier pour presser son travail : « Il l'attire » chez lui, l'y loge, l'y enferme, met des senti- » nelles à sa porte, la défend aux écouteurs, » dont Rivarol aimait à s'entourer ; en un mot, » il le force d'écrire. . . . . Voilà comment » Rivarol accoucha, au bout de trois mois, » de la première partie de son discours préli- » minaire. »

Cette anecdote, que nous sommes loin de garantir, expliquerait le peu de maturité qu'on

---

(1) On a dit, à l'honneur de Rivarol, que sur cette somme il entretenait plusieurs de ses compatriotes réfugiés, qui travaillaient et vivaient avec lui. « Ils croient m'être fort utiles, » disait-il quelquefois, et je le leur laisse croire. »

remarque dans le plan de ce discours, dans lequel toutefois la critique est forcée de reconnaître un talent distingué. Chénier nous paraît l'avoir jugé trop sévèrement dans son *Tableau de la Littérature française*. « En vou-
» lant traiter de la nature du langage en géné-
» ral, Rivarol, dit-il, parcourt, ou plutôt
» mêle ensemble toutes les questions qu'em-
» brasse l'analyse de l'entendement. Il s'en
» faut beaucoup qu'il y répande des lumières
» nouvelles......... Condillac est précis,
» clair et profond; Rivarol est verbeux, ob-
» scur et superficiel. Du reste, il écrit avec
» agrément. Si l'on trouve souvent de la re-
» cherche dans son style, on y trouve aussi
» le mouvement, le ton et la chaleur d'une
» conversation animée; mais quand il dé-
» veloppe avec une longueur pénible la série
» des sensations, des idées et du langage, on
» sent un homme d'esprit qui, par malheur,
» veut enseigner ce qu'il aurait besoin d'ap-
» prendre. »

Nous oserons ne pas être tout-à-fait de l'avis de Chénier, qui, juste envers le style de Rivarol, nous semble manquer un peu de justice à d'autres égards. Sans doute, la doctrine de cet écrivain ne peut entrer en parallèle avec celle de Condillac, dont il n'a ni la profondeur, ni la raison toujours sûre. Mais la manière dont il expose ses idées n'est, ce nous semble, ni *verbeuse* ni *obscure* : ses vues ont généralement de la finesse, quelquefois de la nouveauté ; et si toutes ne soutiennent pas également l'examen, peut-être serait-ce le cas d'appliquer à Rivarol ce mot d'un de nos plus spirituels académiciens (1) à l'égard de Marmontel : *Ses erreurs font penser*.

Ce morceau parut imprimé à Hambourg en 1797. Les attaques que l'auteur y avait mêlées contre les principes et les hommes de la révolution, le firent prohiber en France par le Directoire. Quant à l'ouvrage auquel il devait servir d'introduction, l'entreprise n'alla pas plus loin. Le libraire se lassa de faire des avances pour un travail dont il était impossible de prévoir le terme. Sur ces entrefaites, Rivarol quitta Hambourg, où son humeur caustique avait indisposé les esprits (2). Il vint à Berlin ; il y

---

(1) M. Villemain ; Discours sur *les avantages et les inconvéniens de la critique littéraire*.

(2) C'est à Hambourg que Rivarol, voyant, dans un souper, les convives embarrassés pour comprendre un trait qui venait de lui échapper, dit, en se tournant vers un Français placé à côté

fut accueilli avec bienveillance par le roi et par le prince Henri ; il y contracta des liaisons d'amitié avec une princesse russe.

Malgré l'agrément et la considération que ces relations nouvelles lui promettaient à la cour de Prusse, Rivarol ne cessait de regretter la France. *La vraie terre promise*, écrivait-il à un ami, *est encore la terre où vous êtes. Je la vois de loin, je désire y revenir, et je n'y rentrerai jamais.* Un émigré d'un grand nom lui demandant pourquoi il n'avait pas engagé son frère à venir le joindre, « Monsieur, répondit Rivarol, *j'ai laissé derrière moi un patron pour tâcher de me faire sortir de l'enfer.* » Il fit, en effet, auprès du Directoire, pour obtenir sa rentrée, plusieurs tentatives infructueuses. Le 18 brumaire ranima ses espérances ; elles allaient, dit-on,

---

de lui : *Voyez-vous ces Allemands ? ils se cotisent pour entendre un bon mot.*

Rivarol rencontra, dans la même ville, l'auteur *des Jardins*, qu'il avait critiqué avec si peu d'indulgence. La communauté de fortune rapprocha les deux exilés ; ils se réconcilièrent, et Delille, parmi plusieurs choses obligeantes, fit à Rivarol l'application de ce vers de *Rome sauvée :*

Je t'aime, je l'avoue, et je ne te crains pas.

Un Allemand, présent à cette entrevue, s'écria naïvement : *Pour moi, je retourne le vers.*

se réaliser, lorsqu'il fut atteint, à Berlin, d'une maladie mortelle. Il expira le 11 avril 1801, à l'âge de quarante-sept ans, après six jours de maladie. Le procès-verbal des médecins porte qu'il est mort d'apoplexie. On fit, à l'instant même, son buste, qui fut porté à l'Académie de Berlin. Quelques biographes ont dénaturé le récit de sa mort par des fables que sa veuve a démenties.

Rivarol avait épousé, à l'âge de vingt-sept ou vingt-huit ans, Louise Materflint, fille d'un maître de langues, auteur elle-même de quelques écrits. Il a laissé un fils, âgé de douze ans à la mort de son père, et qui, depuis, est entré au service de Danemarck.

Il avait un frère, homme de mérite, dont on connaît quelques ouvrages, et qui, en 1790, fit recevoir au Théâtre-Français une Tragédie, *Guillaume le Conquérant*. Rivarol disait de ce frère : *Il serait l'homme d'esprit d'une autre famille, et c'est le sot de la nôtre* (1).

Outre les ouvrages dont nous avons parlé,

---

(1) Ce mot a du rapport avec celui du vicomte de Mirabeau, frère du célèbre orateur : *Dans une autre famille, je passerais pour un homme d'esprit et pour un mauvais sujet; dans la nôtre, je passe pour un sot et pour un homme rangé*.

et quelques autres moins importans, Rivarol avait entrepris un Traité qu'il devait intituler *Théorie du corps politique.* Ceux qui en ont entendu des fragmens en parlent avec beaucoup d'éloge. Il a aussi laissé, dit-on, un nouvel ouvrage satirique, achevé, mais qui n'a point encore vu le jour.

Dans tout ce que nous connaissons de Rivarol, il n'y a point d'ouvrage assez considérable pour fonder une haute renommée littéraire. Ses facultés étaient brillantes, mais elles restèrent souvent oisives ou se consumèrent en travaux de peu d'intérêt. La paresse, la dissipation, les succès de société, le goût de la satire et du persiflage, ne lui permirent point d'entreprendre ou de terminer des compositions vastes et sérieuses. Cependant il n'est aucun de ses écrits qui ne se fasse lire avec plaisir : on y trouve de la finesse, du trait, de l'élégance, souvent du mordant et de la verve; de temps en temps de la recherche et de l'affectation, mais toujours de l'agrément et de la clarté. Si nous suivons Rivarol dans la société, nous verrons en lui un homme de beaucoup d'esprit, brillant dans la conversation, riche en traits piquans, en saillies épigrammatiques.

On a retenu de lui un grand nombre de bons mots et de reparties. Nous en citerons quelques-uns, moins pour leur importance que pour achever de faire connaître le tour d'esprit de leur auteur.

On lui demandait son avis sur un distique : *C'est bien*, dit-il, *mais il y a des longueurs.*

A la première représentation de la *Folle Journée*, Beaumarchais, assis à côté de Rivarol, lui disait : *J'ai tant couru ce matin, que j'en ai les cuisses rompues.* — *C'est toujours cela*, répondit Rivarol.

Il aperçoit un jour Florian, cheminant dans la rue avec un manuscrit à moitié sorti de sa poche : *Ah! Monsieur*, lui dit-il en l'abordant, *si l'on ne vous connaissait pas, on vous volerait.*

Il disait du chevalier de P......, remarquable par sa malpropreté : *il fait tache dans la boue*. Et, parlant de la maladresse des Anglaises : *Elles ont deux bras gauches.*

A la mort de Rivarol, son neveu, alors âgé de seize ans, lui fit cette épitaphe :

Regibus atque Deo fidum servavit amorem
Necnon eloquio clarus et ingenio.

S^t. A. BERVILLE.

MÉMOIRES
DE RIVAROL.

Il n'y a pas long-temps que le peuple se réjouissait de cette maxime, *Qu'il ne peut y avoir d'impôt sans enregistrement :* c'était là le bouclier de la fortune et de la liberté publiques.

Cependant il pouvait arriver que les rois ne fussent jamais las d'imposer, et les parlemens d'enregistrer. La puissance judiciaire et la puissance exécutive pouvaient se liguer pour composer entre elles le pouvoir législatif : et c'est ce qu'on a vu pendant des siècles, et ce que l'on verrait encore si, contre toute espérance, les parlemens ne s'étaient pas plus tôt lassés d'enregistrer que les peuples de payer. Poussés à bout par les importunités d'un ministère nécessiteux, les corps de magistrature s'avisèrent tout à coup d'avouer qu'ils n'avaient pas le droit d'enregistrer des impôts non consentis par la nation, et de s'accuser eux-mêmes, par cet aveu tardif, d'avoir été jusque-là des tuteurs infidèles qui avaient abusé de la longue enfance de leurs pupilles.

Ce ne fut que vers les premiers jours de l'an 1788 qu'on osa, pour la première fois, dire publiquement en France que, si le gouvernement ne pouvait se passer de secours, il ne pouvait se passer non plus du consentement de ceux qui les donnent ; ce qui établissait la nécessité prochaine d'une assemblée nationale, et l'espoir d'une constitution.

M. l'archevêque de Sens, élevé par les philosophes, aurait hâté l'une et l'autre, s'il ne se fût moins occupé de profiter de l'aveu des parlemens que de les en punir. Il ne voulut pas voir qu'il fallait renvoyer la vengeance à la nation elle-même, et c'est là sans doute le reproche le plus grave qu'on puisse lui faire ; car cet aveu du parlement de Paris, qui prouvait jusqu'à quel point les corps de magistrature étaient coupables, jetait en même temps les germes d'un si grand bien, et coupait racine à tant de maux, que les corps judiciaires restaient pour jamais absous aux yeux du peuple, si on ne les eût depuis accusés de s'être repentis (1).

---

(1) Pour expliquer les variantes des parlemens, ou pour mieux dire, du parlement de Paris, il faut observer que le plus grand nombre de ses membres a placé des fonds considérables chez le roi ; de sorte que cette compagnie se trouve toujours située entre ses revenus et ses principes. L'esprit de corps et l'esprit d'intérêt l'agitent tour à tour depuis que sa fortune est liée aux opérations fiscales de l'état : et ce qui mérite réflexion, c'est que les autres parlemens, imitateurs et martyrs de celui de Paris, ont voulu tomber avec lui d'une chute commune, pour des intérêts différens.

(Note de Rivarol.)

M. de Brienne ne pouvait lutter à la fois contre la masse des parlemens et contre le défaut d'argent. Voilà surtout par où il périt ; et les mains qui le précipitaient élevèrent M. Necker. C'est ici qu'il faut s'arrêter un moment.

La nation française étant agricole et commerçante, il semble que la mesure de sa puissance ne devrait être que dans la proportion des impôts avec sa richesse; et elle y serait en effet si le gouvernement, tel qu'un véritable père de famille, eût donné aux moissons le temps de mûrir, et aux revenus publics celui d'arriver au fisc. Mais ce gouvernement, toujours pressé de jouir, toujours dans la détresse, aliéna ses droits, vendit ses revenus, mangea son avenir, et par une foule d'opérations et d'anticipations forcées jeta dans son propre sein les fondemens d'une puissance ennemie qui le dévore. Depuis cette époque la France a toujours eu un gouvernement; mais ce gouvernement a eu des maîtres : l'autorité n'est plus indépendante, et il est aujourd'hui vrai de dire que nous sommes régis par des esclaves. L'agiotage, armé de ses pompes aspirantes et foulantes, fait hausser et baisser les effets royaux, qui sont devenus les *effets publics*. Ce jeu rapide attire les regards du peuple, suspend ses facultés, et maîtrise les opinions dans la capitale. Le ministère, attaché comme Ixion à cette fatale roue, et contraint d'en suivre les mouvemens, ne peut plus s'arrêter, qu'il ne soit dans l'alternative de renoncer à ses engagemens ou à ses revenus. Tout ministre des finances est donc nécessairement plus ou moins banquier. Celui qui l'est le plus est réputé plus grand ministre ; d'où résulte cette étonnante vérité, que l'homme de la banque est aussi l'homme de la nation.

En vain dira-t-on que les agriculteurs et les commerçans n'ont que faire des agioteurs et de leurs jeux ; que la nation est étrangère à ces orages, et que la banque entière peut périr sans intéresser le salut de la France. Paris vous crie aussitôt, par cent mille bouches, que le crédit public, le salut de l'état, et surtout l'honneur français sont inséparables. En effet, telle est la destinée d'une capitale où presque tous les sujets sont créanciers du maître : il faut qu'elle périsse ou qu'elle épuise le gouvernement : et ce gouvernement, qui est esclave comme tout débiteur, s'agite dans ses fers, distribue à ses vampires impôts sur impôts, emprunts sur emprunts, et ne s'arrête qu'à toute extrémité entre la banqueroute et les états-généraux. C'est où nous en sommes. Le gouvernement supplie la nation de le cautionner envers la capitale, envers elle-même ; et M. Necker est devenu le médiateur d'un si grand traité.

Cet ouvrage difficile est l'objet des états-généraux ; mais il n'est pas le premier à leurs yeux. Les provinces, qui savent que le gouvernement et la capitale ne peuvent se sauver sans elles, et qui ne gagneront, à soutenir Paris, qu'une gloire onéreuse, ont demandé pour prix de leurs sacrifices une constitution; elles ont transigé comme la générosité, c'est-à-dire qu'elles ont voulu que le bien de tous, qu'un bonheur sans fin et sans bornes fût le prix du bien passager qu'elles allaient faire.

Telle est en effet le but des états-généraux; d'abord la *constitution*, et ensuite *la garantie de la dette publique.*

Personne n'a mieux senti que M. Necker, qu'on ne pouvait intervertir l'ordre de ces deux opérations sans renverser les idées et les espérances nationales (1). Aussi, quand ce ministre prit le gouvernail des finances, vers la fin du mois d'août 1788, parut-il fort peu touché des applaudissemens des agioteurs et des banquiers. C'est en vain que la rue Vivienne illumina : M. Necker, ne voyant que l'ivresse de leur joie, se rappela que Sully, qui n'était que l'ami du peuple et du roi, n'avait pas excité cette fièvre et ces transports; il sentit que, s'il avait pu s'occuper de l'agriculture, comme Sully ou comme Colbert, la rue Vivienne n'aurait pas illuminé; que ses honneurs auraient été, comme ses bienfaits, paisibles et lointains; et, se transportant enfin dans

---

(1) Le contraire est arrivé; il a fallu s'occuper des finances avant d'avoir fait la constitution.

(*Note de Rivarol.*)

d'autres conjonctures, il prévit que s'il était un jour assez heureusement situé pour écraser l'hydre de l'agiotage, il pourrait bien s'attendre aux imprécations de ce même Palais-Royal dont il est aujourd'hui l'idole, et ne chercher des bénédictions que dans les provinces qui sont, pour le mérite, une sorte de postérité vivante.

Fidèle à ces idées, et content d'influer par sa présence sur le cours des effets publics, M. Necker abandonna les détails du contrôle à un commis habile, et ne s'occupa que des états-généraux et de la constitution.

Mais avant que les états-généraux pussent constituer la France, il fallait les constituer eux-mêmes, et il se présentait à ce sujet une grande question. Fallait-il suivre l'usage ancien, et cet usage avait-il été toujours le même?

On trouva d'abord qu'à dater de Philippe-le-Bel, époque où le tiers-état fut admis pour la première fois aux états-généraux, et le gros de la nation compté pour quelque chose; on trouva, dis-je, que, depuis cette grande époque jusqu'aux états de 1614, on avait beaucoup varié sur le nombre de voix accordées au tiers; mais que cet ordre, qui avait toujours eu un peu plus de voix que les deux autres ordres en particulier, n'en avait jamais eu autant que les deux autres réunis. « Fallait-il donc que le tiers-état n'eût que le tiers des voix dans l'assemblée nationale? Fallait-il que le tiers-état eût la moitié des voix aux états-généraux ? » Voilà l'intéressant problème qui agita les esprits ; et c'est pour le résoudre que M. Necker engagea sa majesté à convoquer les notables.

Cette décision devait avoir des suites si importantes, que le tiers-état, ne voulant pas s'en fier uniquement aux notables, discuta lui-même avec chaleur ce point fondamental. Les écrits pullulèrent de toutes parts, et les conversations n'eurent pas d'autre aliment. Mais comme en France on est toujours ou noble ou roturier, et qu'il n'y a pas de milieu, on ne savait à qui entendre. Chacun dans cette cause était juge et partie. Quelques philosophes seulement, se prétendant aussi étrangers aux sottises sociales que les sauvages du Nouveau-Monde, entreprirent de fixer les idées sur cette grande question. Ils prouvèrent d'abord, et fort aisément, que tout homme est citoyen avant d'être gentilhomme ou prêtre ; que la prêtrise est une profession et non un ordre politique ; que les priviléges pécuniaires sont injustes et odieux ; enfin que le tiers-état formerait à lui seul une nation sans les nobles ; et que les nobles et les prêtres, sans le tiers, n'oseraient en avoir même la prétention : mais comme ils partaient du droit naturel pour en venir à l'état où nous en sommes, et de l'état de pure nature pour arriver à nos usages, ils ne furent bien entendus que de ceux qui ont tout à gagner à l'abolition des usages et des formes.

Les passions ont une raison, et l'intérêt une logique dont la philosophie ne se défie pas assez. Les nobles alléguèrent qu'il fallait partir de l'état des choses, et non d'une supposition métaphysique; ils observèrent que les Français n'étaient pas des sauvages qui s'assemblent pour se former en nation, mais une nation qui cherche à réformer ses abus; que cette nation a prospéré sous le même gouvernement pendant plus de douze siècles; qu'elle s'assemble en états-généraux, c'est-à-dire que les trois ordres, dont elle est composée de temps immémorial, vont s'assembler pour remédier à de grands maux et produire de grands biens, mais non pour s'immoler, se dénaturer ou se confondre; ce qui arriverait pourtant, si le tiers-état avait à lui seul autant de voix que les deux autres ordres ensemble. Et en même temps, pour affaiblir les réclamations de la philosophie et du tiers, la noblesse et le clergé offrirent au roi le sacrifice de leurs priviléges pécuniaires, et ne se réservèrent que de vains honneurs et de frivoles distinctions dont les philosophes du tiers-état ne pouvaient se montrer jaloux.

En même temps les princes se déclarèrent. Monsieur, le comte d'Artois, le prince de Condé, le duc de Bourbon et le prince de Conti se déclarèrent pour le droit de la noblesse. Le duc d'Orléans seul se déclara hautement pour le tiers-état, et fit écrire par l'abbé Sieyes des instructions publiques à ses bailliages. Ces instructions frappèrent les bourgeois du plus fol enthousiasme, et la cour et les bons esprits du plus grand effroi. On entrevoyait dans ce petit ouvrage le germe de toutes les révolutions dont nous sommes aujourd'hui les victimes.

C'est au milieu de ces discussions que les notables opinèrent pour l'égal partage des voix entre les trois ordres ; mais aussitôt le gouvernement, sur le rapport du ministre des finances, prononça que le tiers aurait à lui seul autant de voix que la noblesse et le clergé réunis, c'est-à-dire la moitié des voix, aux états-généraux. On régla en même temps que la convocation se ferait dans les bailliages en raison de leur population, et que les députés de la nation aux états-généraux seraient au moins au nombre de mille.

Les hommes qui pensent prévirent dès-lors que la noblesse et le clergé voudraient opiner par ordre pour conserver leur *veto*, et n'être pas réduits à être de simples figurans aux états-généraux, et que le tiers-état voudrait opiner par tête afin de jouir de la nouvelle existence qu'il venait d'acquérir ; de sorte qu'il était apparent que les uns et les autres ne s'entendraient jamais. On vit, et on dit tout haut, que la noblesse et le tiers passeraient bientôt d'une simple différence d'opinion à une scission ouverte ; on vit, et on dit tout haut, que le gouvernement avait posé un problème insoluble, et que cette disposition sécherait dans leur germe les fruits qu'on attendait d'une assemblée nationale. Les cahiers des bailliages qu'on publiait successivement confirmèrent ces tristes présages. Les uns étaient pour la délibération par ordre ; les autres pour la délibération par tête, mais tous également impératifs.

Puisque la nation était prête à tout, pourvu qu'elle obtînt enfin une constitution, quelques personnes auraient désiré, ou que le roi eût aboli tout-à-fait l'ancienne forme de convocation par ordres, comme gothique et née dans des siècles barbares que nous méprisons, ou qu'il l'eût conservée dans son entier. La méthode adoptée réunissait les inconvéniens des deux partis. État de choses vraiment déplorable, que celui où les contradictoires sont également fondés, et les moyens raisonnables également rejetés ! Quoi qu'il en soit, les députés arrivèrent des provinces, et le roi ouvrit les états-généraux à Versailles, le 5 mai 1789, dans une salle construite à cet effet.

Le discours de sa majesté était noble et mesuré : le roi s'y déclarait le défenseur des principes de la monarchie et le premier ami de son peuple. Le discours de M. le garde des sceaux était purement oratoire ; mais celui de M. le directeur général des finances attira d'autant plus les attentions qu'il trompa mieux toutes les conjectures. Ce ministre observa aux trois ordres que le roi qui les assemblait auait pu ne pas les assembler ; que le *déficit* dont on faisait tant de bruit, il y avait mille petits moyens de le combler ; et qu'un roi de France avait surtout de grandes facilités pour gagner les représentans de la nation, si on délibérait par tête. Il développa éloquemment toutes les difficultés qui résultaient des états-généraux ; et, pour ne pas attenter à leur liberté, il leur laissa l'invention et le choix des moyens qui pouvaient les en tirer. Enfin il pencha vers la délibération par ordre.

Cependant les trois ordres, qui s'étaient réunis en présence du roi, se hâtèrent de se séparer, et se retirèrent chacun dans sa salle, ou, pour mieux dire, il n'y eut que le clergé et la noblesse qui se retirèrent dans des salles à part : le tiers-état resta dans la salle commune, en invitant les deux ordres à rester avec lui pour vérifier les pouvoirs en commun. Plusieurs jours se passèrent en invitations, d'un seul côté, et en résistance des deux autres. Le tiers-état sentait bien qu'il ne devait jamais se constituer ordre ou tierce partie des états-généraux. Que lui importait en effet d'avoir obtenu la moitié des voix, si tant de voix ne devaient être comptées que pour une ? Ne rendait-on pas le bienfait du roi illusoire en insistant sur la distinction des ordres ? D'ailleurs il ne s'agissait pas encore de la grande délibération par ordre ou par tête, mais de la simple vérification des pouvoirs. Ne fallait-il pas enfin que les députés se reconnussent entre eux avant de délibérer ensemble ou séparément ?

Afin donc d'éviter jusqu'au simple préjugé,

jusqu'au soupçon qu'il se regardât comme ordre constitué à part, le tiers-état s'intitula *Communes*, et dès ce jour un moyen sûr de lui déplaire aurait été de se servir de l'ancienne dénomination.

La noblesse, avec des intérêts différens, suivait une marche opposée : elle se déclara constituée le 11 mai, après avoir vérifié ses pouvoirs. Mais le clergé marchait plus mollement ; il suspendait la vérification de ses pouvoirs, se regardait comme non constitué, et offrait sa médiation aux deux ordres. On nomma des commissaires dans les trois chambres, afin de concerter un plan de conciliation. Sa majesté elle-même en fit dresser un, sous le titre d'*ouverture*, et l'envoya aux états-généraux.

Ce plan de conciliation ne produisit que des contestations, des assemblées de commissaires, des adresses au roi, des députations, et rien de décisif. Les jours s'écoulaient, et l'œuvre de la restauration de la France n'était pas entamée. Quelques motions sur la cherté des grains et la misère des peuples, sur la validité de quelques élections, sur les règlemens de police, etc. consumèrent des semaines entières.

On disait alors, en déplorant la perte du temps et le scandale de ces divisions, que le roi aurait pu les éviter, le jour même de l'ouverture des états-généraux, en ordonnant aux trois ordres de commencer la vérification de leurs pouvoirs en sa présence. Car, observait-on, le roi n'a pu se croire ce jour-là aux états-généraux : tous ces députés n'étaient encore pour lui que des voyageurs arrivés des différentes provinces de son royaume. Le premier mot de sa majesté pouvait être : Messieurs, qui êtes-vous ? A cette question si naturelle, ils auraient répondu par l'exhibition de leurs pouvoirs, ce qui les eût forcés à se faire connaître au roi, et à se reconnaître entre eux. Voilà ce que pouvait faire le roi, puisqu'il est tout au moins *souverain provisoire*, comme on dit aujourd'hui, et que ses pouvoirs sont vérifiés depuis long-temps.

Tandis que les communes, retranchées dans leur force d'inertie, embarrassaient, de leur contenance et de leur masse, les députés de la noblesse et du clergé, l'opinion publique prenait une marche très-vive dans la capitale. La foule des curieux ne tarissait pas de Paris à Versailles. Mais la noblesse et le clergé, n'agitant que leurs intérêts particuliers, fermaient leur chambre à l'empressement des Parisiens (1). La salle des com-

---

(1) Il faut observer que les curieux n'éprouvèrent pas tous la même sensation. Les uns, en sortant de la salle des communes, croyaient, comme Cinéas, avoir vu un consistoire de rois : la fermeté, l'esprit public, l'éloquence et la fermeté du tiers-état, leur imposaient et les ravissaient. D'autres, plus en garde contre les séductions du premier coup-d'œil, se plaignaient du peu d'idées qu'on agitait, et de l'affluence des avocats qui parlaient. Ils prétendaient que, si on eût choisi des gens moins exercés à s'exprimer, on aurait entendu des choses plus substantielles, et que le fond l'aurait emporté sur les formes.

On peut répondre : 1°. que les hommes en se réunissant ne

munes ouverte à toute la nation l'associait, pour ainsi dire, à ses travaux et à son esprit, et on s'aperçut bientôt des effets de cette popularité. La capitale s'émut et fermenta; le Palais-Royal devint le foyer des étincelles qui couvaient dans toutes les têtes, et il s'y forma comme une autre assemblée des communes qui, par la vivacité de ses délibérations, la perpétuité de ses séances, et le nombre de ses membres, l'emportait sur l'assemblée de Versailles. Ces nouvelles communes faisaient motions sur motions, arrêtés sur arrêtés; elles avaient leur président et leurs orateurs : *solemque suum, sua sidera norunt*. Et non-seulement elles rivalisaient déjà avec les véritables commu-

---

gagnent pas des idées, mais de la résolution et du courage; ce qui est ici d'une tout autre importance. La supposition la plus favorable qu'on puisse faire pour une assemblée est de la comparer à une tête médiocrement bonne; encore celle-ci mettra plus de suite et de célérité dans ses plans; et cela parce qu'un homme est l'ouvrage de la nature, et qu'une assemblée est l'ouvrage des hommes. Tous les parlemens réunis n'auraient pas fait l'*Esprit des lois*, et toutes les académies de France ne produiraient pas *Athalie*. Et voilà sans doute pourquoi on dit de toute assemblée qu'elle est un *corps* et non un *esprit;* et quand on parle de l'*esprit de corps*, on entend la plus mauvaise espèce des esprits.

2°. On peut dire, pour disculper les avocats, qu'ils sont par état des êtres verbeux, forcés de cacher la disette des idées sous l'abondance des mots, d'exagérer les petites choses et d'atténuer les grandes, d'écrire même et de penser *à la grosse*, comme ils le disent eux-mêmes.

(*Note de Rivarol.*)

nes, mais bientôt elles fraternisèrent. On vit arriver à Versailles leurs députés, et ces députés furent reçus et entendus dans la salle. La cour, étonnée en voyant ce parélie des états-généraux, put s'écrier comme Penthée : *Je vois deux Thèbes et deux soleils.*

Dans peu le clergé et la noblesse se ressentirent de la commotion générale. Un grand nombre de députés de l'une et de l'autre chambre, rougissant de l'inaction où leur absence réduisait les états-généraux, se préparèrent à venir faire la vérification de leurs pouvoirs dans la salle des communes. Une partie du clergé passa d'abord, et devait bientôt être suivie de la minorité de la noblesse. Les espérances de la nation s'accrurent par cet heureux événement, et avec elle les actions de la Bourse, puisque le malheur des temps, plus fort que la nature des choses, a rendu ces deux effets inséparables. L'agiotage se réjouit de la prospérité publique, comme un insecte de l'embonpoint des corps auxquels il s'attache (1).

Enfin, vers le milieu du mois de juin, les communes, lasses d'adjurer et de conjurer les deux ordres de venir se joindre à elles pour la vérifica-

---

(1) Paris, étant enclavé dans les terres, n'a pu être une ville vraiment commerçante. Ses manufactures à part, il y règne une industrie stérile qui se dévore elle-même, et qui est surtout remarquable dans les agioteurs ou brocanteurs d'effets publics et particuliers.

(*Note de Rivarol.*)

tion générale des pouvoirs ; voyant d'ailleurs que le plan de conciliation proposé par le roi n'était pas accepté purement et simplement par la noblesse, crurent qu'il était temps de passer de l'attente à l'action, et qu'elles ne pouvaient différer davantage sans se rendre coupables envers la nation. Elles invitèrent et sommèrent pour la dernière fois les deux ordres de venir se vérifier en commun; et on procéda aussitôt à la vérification des pouvoirs, par l'appel des bailliages. Quelques nouveaux membres du clergé se joignirent aux communes dans cet intervalle ; et on acheva la vérification des pouvoirs de tous les députés présens à l'assemblée. Alors, d'après une célèbre motion de M. l'abbé Sieyes, il résulta de cette vérification. : « Que l'Assemblée était déjà composée
» des représentans envoyés directement par les
» quatre-vingt-seize centièmes de la nation; qu'une
» telle masse de députés ne pouvait rester inactive,
» par l'absence de quelques classes de citoyens ;
» qu'il n'appartenait qu'à elle d'interpréter et de
» représenter la volonté générale de la nation ;
» qu'il ne pouvait exister entre le trône et une
» telle assemblée aucun pouvoir négatif; qu'en
» conséquence la dénomination de *représentans*
» *connus et vérifiés* de la nation était la seule qui
» convînt à l'Assemblée; et qu'il fallait commen-
» cer sans retard l'œuvre commune de la restau-
» ration, en conservant l'espoir de réunir les
» députés absens, et de partager avec eux les

» travaux qui devaient procurer la régénération
» de la France. »

Après de longs et vifs débats, les communes, rejetant le titre de *représentans connus et vérifiés de la nation*, adoptant d'ailleurs la motion dans son entier, se déclarèrent Assemblée nationale. Cette fameuse motion passa du 16 au 17 juin.

Aussitôt on prêta le serment; et, pour s'essayer, l'Assemblée nationale fit un premier acte de souveraineté, en déclarant : « Que les contributions,
» telles qu'elles se perçoivent aujourd'hui dans le
» royaume, n'ayant point été consenties par la
» nation étaient illégales, et par conséquent nul-
» les; mais elle déclara en même temps, pour ne
» pas bouleverser l'État, que les impôts et contri-
» butions, quoique illégalement établis et perçus,
» continueraient d'être levés de la même manière
» qu'ils l'avaient été précédemment, jusqu'au
» jour seulement de la première séparation de
» l'Assemblée, de quelque cause qu'elle pût pro-
» venir; passé lequel jour, l'Assemblée nationale
» entendait et décrétait que toute levée d'impôts,
» qui n'aurait pas été nommément et librement
» accordée par elle, cesserait entièrement dans
» toute l'étendue du royaume. » On mit aussitôt les créanciers de l'État sous la sauvegarde de la nation; enfin on nomma un *comité des subsistances* pour aviser et remédier aux causes de la disette qui afflige le royaume. Cette déclaration fut imprimée et envoyée dans les provinces.

Il serait difficile d'exprimer la sensation et les effets divers que produisit cette mémorable séance. D'un côté on versait des larmes de joie, on applaudissait avec ivresse. « Un seul jour, disait-on, a détruit huit cents ans de préjugés et d'esclavage ; la nation a repris ses droits, et la raison est rentrée dans les siens. » Le clergé et la noblesse pâlissaient, disparaissaient à tous les yeux, et le tiers-état était devenu la nation.

D'un autre côté on frémissait de la grandeur et des suites de cette entreprise du tiers-état. « Non-seulement, disait-on, la noblesse, le clergé, les usages et les droits sont anéantis, mais la royauté elle-même est entamée. En Angleterre du moins les pouvoirs se balancent, mais ici l'Assemblée nationale va tout entraîner. »

La cour prit en effet de l'ombrage et même des mesures ; et si le tiers-état avait fait jusqu'ici des preuves de logique et des actes d'autorité, il eut bientôt besoin d'en faire de courage et de persévérance.

Les intentions de Louis XVI sont si connues, qu'on dit communément en Europe que si la royauté est son état, la probité est son essence. Mais quand la raison monte sur le trône, les passions entrent au conseil ; et quand il y a crise, les passions sont plus tôt averties du péril que la raison. Il fut donc très-facile d'alarmer l'autorité : la cause de la noblesse et du clergé se trouva comme naturellement liée à celle du gouvernement : la marche de ces deux ordres avait été si modérée et presque si nulle, et celle du tiers si vive et si conséquente, que ceux-là n'avaient, disait-on, cherché qu'à conserver, et celui-ci qu'à détruire : la différence était de la défensive à l'offensive. Le roi parut craindre en effet que l'Assemblée nationale ne se mît entre son peuple et lui ; en un mot qu'elle ne se déclarât la nation, et c'est pourquoi il voulut intervenir lui-même entre la nation et l'Assemblée. Une séance royale fut indiquée pour le 23 juin, et en attendant la salle des états-généraux fut fermée et entourée de gardes (1). Sans doute que le gouvernement voulut, par cette précaution, ralentir un peu l'essor de l'Assemblée nationale, et se donner lui-même du temps et de l'espace : mais l'Assemblée, essentiellement active, se réfugia dans un jeu de

---

(1) Cette précaution était due en partie au projet qu'on avait depuis quelque temps d'enlever les gradins, et de fermer les travées dont la salle était entourée, et où le petit peuple se rendait en foule. On a beaucoup raisonné sur cet acte d'autorité, et l'Assemblée nationale y parut sensible : mais elle aurait dû sentir qu'il lui fallait plutôt une galerie d'auditeurs qu'une cohue de spectateurs ; que ce petit peuple, en quittant ses ateliers pour venir *regarder* des motions, s'échauffait de jour en jour, s'ameutait autour de la salle, et, hors d'état de juger les questions, était toujours prêt à lapider ceux qui n'étaient pas notoirement pour le tiers-état : ce qui pouvait gêner les suffrages de ceux qui aiment un peu la vie.

(*Note de Rivarol.*)

paume, et honora ce lieu d'une longue séance, dont le résultat fut : « Que, dans les conjonctures » alarmantes où se trouvaient les députés de la » nation, il fallait se jurer qu'on se regardait » comme à jamais inséparables, et qu'on se réu- » nirait dans tous les lieux où on en aurait la » possibilité. » Chacun prêta le serment, et cette conjuration en faveur de la cause commune fut rédigée par un secrétaire, et signée de tous les membres.

Le lendemain l'Assemblée se forma dans une église; et c'est là qu'elle fut tout à coup augmentée de la majorité du clergé qui vint se réunir à elle pour faire vérifier ses pouvoirs. L'Assemblée nationale, par respect pour sa nouvelle existence, ne leur reconnut point la qualité d'ordre, mais elle les reçut comme des membres, comme des frères qui manquaient à cette grande famille. L'éclat d'une union si désirée, rehaussé d'un peu de persécution, et joint à la sainteté du lieu, formait, dit-on, un spectacle touchant. On se parla au nom de la patrie : on se félicita avec transport, et on se promit mutuellement l'immortalité. M. Bailly, ancien doyen du tiers-état et des communes, et qui avait vu les trois âges de l'Assemblée, la présidait en ce moment.

Le 23 juin, à l'heure indiquée par le roi, les trois ordres se réunirent dans la salle des états, pour l'ouverture de la séance royale.

Les esprits modérés n'avaient pas, en l'admi-

rant beaucoup, approuvé sur tous les points l'Assemblée nationale. Il leur semblait que le roi pouvait dire aux députés : « Vous vous êtes trop
» pressés : vous avez fait des actes législatifs et
» fondamentaux sans le concours de la noblesse
» et du clergé, et sans attendre ma sanction. Je
» vous ai appelés par ordres, et vous vous êtes
» constitués sans égard aux ordres ; vous êtes le
» premier corps qui ait compté ses élémens pour
» rien. Je vois bien que vous avez voulu effacer
» par-là jusqu'à la distinction des ordres, et forcer
» d'avance la délibération par tête ; mais vous
» qui n'êtes venus que pour m'aider à réformer
» les abus de l'administration, vous ne songez pas
» que vous touchez à la nature même de la mo-
» narchie, je ne dis pas en oblitérant les marques
» distinctives des ordres, car par-là vous ne
» touchez qu'aux usages, mais en vous constituant
» sans moi. Je ne puis donc approuver que vous
» vous soyez métamorphosés de tiers-état en *com-*
» *munes*, et de communes en *Assemblée nationale ;*
» car où sont maintenant les États-généraux ?
» Cette expression d'Assemblée nationale est trop
» élémentaire ; elle se sent trop d'un peuple qui
» s'assemblerait pour la première fois, et qui
» n'aurait pas encore de gouvernement. Je ne suis
» pas un roi de la première race, et vous vous
» trompez avec moi de plus de huit cents ans. La
» puissance des mots est connue. Une expression
» nouvelle entraîne de nouvelles conséquences.

» Chacun sait que Cromwel préféra le titre de
» *Protecteur* de la nation anglaise au titre de roi ;
» les Anglais, qui connaissaient en effet la valeur
» de ce dernier mot, ne pouvaient apprécier
» l'autre ; aussi Cromwel les *protégea* de manière
» à leur faire bientôt regretter la royauté. Je ne
» dis rien ici en faveur du clergé et de la noblesse ;
» mais n'oubliez jamais qu'ils vous ont précédés
» aux états-généraux, et que ce n'est pas contre
» eux que vous fûtes appelés. Je vous parle sans
» amertume, parce que je sens bien que vous
» pourriez vous en prendre à moi de la vivacité
» de vos démarches, et m'attribuer l'impulsion
» qui vous emporta du moment que j'eus doublé
» votre représentation aux états-généraux. Je
» sais d'ailleurs qu'une assemblée, avec les meil-
» leures intentions, va souvent plus loin qu'elle
» ne pense, parce qu'elle vérifie les pouvoirs et
» non les passions des membres qui la compo-
» sent. »

Vraisemblablement l'Assemblée nationale aurait trouvé à cela quelque réponse que nous ne sommes pas en état d'imaginer. Mais, pour hâter notre marche, nous dirons que sa majesté ouvrit la séance du 23 juin par un discours où elle se plaignait de la division qui régnait parmi les ordres, division si funeste à l'ouvrage de la restauration, et si contraire aux vœux les plus chers de son cœur. Ce discours fut suivi d'une déclaration lue par le garde-des-sceaux. Elle était précise et impérative sur l'ancienne distinction des trois ordres, comme essentiellement liée à la constitution de l'État. Elle statuait sur le régime particulier, sur les formes des délibérations, et la nature des mandats; elle dérobait aux recherches de l'Assemblée les droits antiques, utiles ou honorifiques des ordres, et l'organisation à donner aux prochains états-généraux; enfin, elle cassait et annulait la fameuse délibération prise par le tiers, le 17 du même mois, et toutes celles qui en avaient été la suite, comme illégales et inconstitutionnelles. Par cette déclaration, la salle fut fermée au public.

Après cette lecture, le roi annonça une seconde déclaration qui contenait, en trente-cinq articles, tous les bienfaits que sa majesté accordait à ses peuples. « Je puis dire, sans me faire illusion, » ajouta sa majesté, que jamais roi n'en a autant » fait pour aucune nation; mais quelle autre peut » l'avoir mieux mérité par ses sentimens que la » nation française? »

Cette déclaration, si connue, roule sur tous les cahiers, sur tout ce qui forme depuis si longtemps le sujet des vœux de la nation. Impôts, emprunts, état actuel des finances, sommes attribuées aux différens départemens et à la maison du roi, consolidation de la dette publique, abolition des priviléges pécuniaires du clergé et de la noblesse, abolition de la taille et du franc-fief, respect pour les propriétés de tout genre et pour les prérogatives utiles et honorifiques des terres et des personnes, anoblissement, lettres de cachet, liberté de la presse, domaines, douanes reculées aux frontières, liberté du commerce, gabelles, codes civil et criminel, corvée, droits de main-morte, capitaineries, milices, surtout la liberté personnelle, l'égalité des contributions et l'établissement des états provinciaux : voilà tout autant de points sur lesquels sa majesté expliquait, tantôt sa volonté et tantôt ses désirs. Elle termina la séance par ces paroles remarquables : « Si vous » m'abandonnez dans une si belle entreprise, je » ferai seul le bien de mes peuples.... Il est rare » peut-être que l'unique ambition d'un souverain » soit d'obtenir de ses sujets qu'ils s'entendent » enfin pour accepter ses bienfaits. » Le roi, en se retirant, enjoignit aux trois ordres de se séparer tout de suite, et de reprendre leurs séances le lendemain, chacun dans sa chambre respective.

Le clergé (à l'exception de quelques curés) et la noblesse sortirent après le roi ; mais les communes restèrent dans la salle, et résistèrent ainsi à l'ordre de sa majesté. Un morne silence régnait dans l'Assemblée. Il fut enfin rompu par plusieurs membres qui parlèrent successivement, pour s'affermir dans leurs arrêtés précédens, pour s'encourager à continuer l'œuvre de la constitution, à résister aux coups du *pouvoir exécutif*, et à seconder ainsi les véritables desseins de sa majesté, qui avait été trompée. La séance fut traitée d'*attentat* à la liberté des états-généraux, de *lit de justice* au milieu d'une Assemblée nationale. L'abbé Sieyes se leva et dit, en forme de résultat : « Messieurs ! vous êtes aujourd'hui ce que vous étiez hier. » La séance fut terminée par une motion du comte de Mirabeau (1), qui demanda que la personne des députés fût déclarée inviolable, et qu'on

---

(1) Voici comment cet homme célèbre est caractérisé dans le journal malin et spirituel qui avait pris le titre d'*Actes des apôtres*.

« Quel est donc l'homme qui a triomphé ainsi de tant de contradictions, dont une seule aurait perdu tout autre, si ce n'est un de ces êtres extraordinaires qui, après avoir excité l'étonnement de tous, finissent par frapper d'admiration la multitude, qui ne voit que leur grandeur colossale, et qui se prosterne devant elle ?

» Pour atteindre à cette grandeur, Mirabeau ne regarda pas comme indifférent l'art de la coquetterie. Vouliez-vous le combattre ; son éloquence animée et verbeuse vous fermait la bouche. Étiez-vous de son avis ; il se taisait et semblait méditer avec complaisance sur l'étalage de vos principes qui étaient les siens ; enfin lorsqu'il croyait avoir assez donné d'aliment à votre amour-propre, un sourire ou une affaire pressée terminaient à votre satisfaction une conversation dont vous sortiez content.

» Voilà pour la séduction des hommes ; voici pour celle des femmes. Mirabeau savait et ne dissimulait pas auprès d'elles que les plaisirs de l'amour étaient leurs premiers besoins ; sa tournure, un peu satyrisée, il la rendait plus attrayante par la promesse d'un amour ardent : on oubliait qu'il n'était pas beau quand il prouvait qu'il était fort ; et il ajoutait par un régime analogue à la multiplicité et à la vigueur de ses argumens.

réputât infâmes et traîtres à la patrie, tous huissiers ou sergens, qui pourraient prêter leur ministère, en poursuite civile ou criminelle, contre un député, pendant la tenue des états-généraux. Sur quoi un député dit plaisamment à M. de Mirabeau : *Monsieur, parlez pour vous* (1).

Telle fut cette séance royale dont les effets répondirent si mal à ce qu'en attendaient ceux qui l'avaient conseillée. Il semble d'abord qu'un roi qui vient au-devant d'une constitution trop lente dans ses progrès, qui en offre les principaux articles, et capitule ainsi volontairement sur le trône, ne devait être reçu qu'aux acclamations de la joie et de la reconnaissance. Cette déclaration,

---

C'est ainsi qu'il réussit à devenir l'homme de tout le monde : il n'y avait pas dans toute sa conduite morale et physique un moment de perdu pour toutes ses ambitions, dont la plus forte était celle de maîtriser les âmes et les volontés.

» Recherché par tous les partis, vanté par toutes les bouches, pleuré par beaucoup de beaux yeux, il était presque impossible qu'une illusion grande et générale n'enivrât pas toute la France sur cet homme vraiment extraordinaire. Eh! à quoi lui auraient servi les qualités qui constituent un bon et honnête citoyen ? Sont-elles prisées, peuvent-elles l'être dans le délire de la fermentation du jour ? A quoi lui aurait servi la moralité des principes, tandis qu'ils ont tous cédé aux circonstances : c'était un hardi novateur qu'il nous fallait. »

(*Note des éditeurs.*)

(1) M. de Mirabeau a passé sa vie entre les mains des huissiers, et a essuyé toutes les rigueurs de la justice.

(*Note de Rivarol.*)

un peu modifiée, pouvait devenir la grande charte du peuple français, et sans doute qu'un mauvais roi ne l'aurait accordée qu'après avoir perdu des batailles. Pourquoi eût-elle donc un si mauvais succès? D'abord parce qu'elle venait trop tard : les opérations des hommes ont leur saison comme celles de la nature ; six mois plus tôt, cette déclaration aurait été reçue et proclamée comme le plus grand bienfait qu'aucun roi eût jamais accordé à ses peuples; elle eût fait perdre jusqu'à l'idée, jusqu'au désir d'avoir des états-généraux.

En second lieu, parce que le roi, ayant une fois assemblé les états-généraux, et venant au milieu d'eux achever lui-même leur ouvrage, ne pouvait faire un affront plus sensible à tant de personnes députées de tous les points du royaume pour nous donner de bonnes lois. Cette démarche du roi humiliait les amours-propres, accusait le vide de tant de séances tenues jusqu'alors et réduisait l'Assemblée à une nullité parfaite aux yeux de la nation.

Enfin, un de ces événemens qu'on ne saurait prévoir, et dont on ne peut trop calculer les effets, influa sur le sort de la séance royale. M. Necker n'y assista pas; et ce fut une calamité pour le pauvre peuple, qui, n'ayant pas un billet de caisse ou le moindre intérêt dans les affaires du change, se figure pourtant que la patrie est dans la rue Vivienne, comme il la vit dans la rue Quincampoix, du temps de Law. On était consterné ; les courriers du Palais-Royal étaient partis et revenus de Versailles à Paris, chargés de terreurs. M. Necker n'avait pas voulu assister à la séance, parce qu'on avait modifié contre son gré quelques articles de la déclaration. *S'il n'y a point assisté*, disait-on, *c'est qu'il ne l'approuvait pas*. L'homme de la banque devenait par-là l'homme de la nation. Il ajouta à l'enthousiasme par les alarmes, en donnant sa démission. Les bourgeois de Versailles, et quelques Parisiens, attroupés sous les fenêtres du roi, et suspendus entre la crainte et l'espérance, attendaient la sortie de M. Necker ; il parut, et rassura les esprits en disant qu'il *restait*. Mille cris de joie lui répondirent, et il rentra chez lui aux acclamations de tout ce peuple, qui le suivait dans les rues, et qui tira des fusées et brûla des fagots toute la nuit devant sa porte. Il reçut même une visite nombreuse des trois ordres, que l'avocat Target, député du tiers, eut, dit-on, la dextérité de lui amener, en parlant à M. Necker du désir des députés, et aux députés du désir de M. Necker, et en se rendant par-là agréable aux deux partis.

Ainsi finit la journée du 23 juin, si pleine d'événemens. C'était la veille de la St.-Jean ; mais les feux de joie ne furent que pour M. Necker.

Les amis de ce ministre ont prétendu qu'il ne s'était livré qu'à regret aux empressemens de la multitude : les témoins indifférens assurent qu'il s'y prêta avec complaisance, soit en traversant à pied toutes les cours extérieures du château, pour mieux attirer la foule et les applaudissemens, soit en saluant le peuple par ses fenêtres. Les uns l'ont jugé par ses intentions, les autres par ses actions.

Ce qu'il y a d'intéressant dans ces détails, pour un observateur, c'est-que si M. Necker eût assisté à la séance royale, il en eût emporté tout le blâme; il perdait la popularité, et les états-généraux, déjà indisposés par son discours d'ouverture, l'auraient abandonné. C'est ce qui s'appelle avoir une étoile, et voilà à quoi tiennent les réputations.

Une autre observation plus digne d'un philosophe, c'est qu'il était apparent que la déclaration du roi, étant à la fois un acte d'autorité et de bonté, avait été mal préparée, et serait peut-être mal soutenue. Une telle démarche se sentait d'un conseil partagé, et donnait un air de faiblesse au gouvernement; or la faiblesse tâtonne en marchant, elle éprouve tous les moyens; elle va jusqu'à essayer de la force, et toujours mal à propos. Au reste, la séance royale, si décriée à Paris et à Versailles par les partisans de M. Necker, était vue d'un autre œil par les bons esprits de la capitale et des provinces. Cette déclaration du roi était claire et précise; c'était un dépouillement, un résultat des cahiers de tous les bailliages; elle pouvait, avec quelques changemens, devenir un jour la plus chère et la plus certaine de nos propriétés ; les états-généraux n'avaient pas encore réalisé les espérances de la nation, et en tout les peuples aiment mieux un bien présent qu'un bonheur futur.

Cependant les têtes s'échauffaient, et deux partis se formaient à Paris et même à la cour. On commençait à se traiter d'aristocrates et de démocrates, et à s'accuser d'être ennemis de l'autorité royale et du peuple. On comptait dans la minorité de la noblesse, qui s'était déclarée pour le tiers, des hommes accablés des bienfaits du gouvernement. Ils voulaient tenir leur fortune du roi, et la maintenir par le tiers. Avec eux se faisaient remarquer des membres dévoués à M. Necker, grands orateurs, écrivains du moment, *champignons politiques et littéraires, nés tout à coup dans les serres chaudes de la philanthropie moderne.* Quelques philosophes du tiers, ennemis secrets des grands qu'ils ne quittaient pas, manifestèrent leur vieille haine contre le mot *noblesse*, et dénoncèrent ce mot à la nation. C'était dénoncer la noblesse même ; le peuple ne connaît pas les abstractions.

Montesquieu lui-même, pour avoir avancé *qu'il n'y a pas de monarchie sans noblesse*, n'y a gagné que l'épithète d'*aristocrate*. On écrivait des volumes en faveur des gens du tiers, et, pour exciter tour à tour l'intérêt et la crainte, on les peignait tantôt comme des infortunés, comme des esclaves, des ilotes, des nègres, tantôt comme les seuls hommes instruits, comme les nourriciers de l'état; ils étaient la nation : le clergé et la noblesse n'étaient plus des *ordres*, mais seulement des *classes privilégiées*.

Le Palais-Royal avait toujours ses états-généraux. Aussi vifs que nombreux, ils ne se contentaient pas du paisible pouvoir législatif; ils joignaient les exécutions aux motions Les prisons étaient forcées; les soldats et les débiteurs mis en liberté et portés en triomphe dans les places publiques; on faisait pour eux des quêtes abondantes; les gardes-françaises étaient fêtées et caressées, comme jadis à Rome les gardes prétoriennes.

Quelques mauvais plaisans prétendirent que les états-généraux de la nation finiraient par être jaloux des états du Palais-Royal; la vérité est qu'ils en furent ou parurent alarmés. A Versailles, le petit peuple furieux s'ameuta autour de la salle, et M. l'archevêque de Paris, qui était de la minorité du clergé, fut conduit à coups de pierres jusqu'à son hôtel. On trembla pour sa vie. La populace croit aller mieux à la liberté quand elle attente à celle des autres.

Le 25 juin, la minorité de la noblesse, composée d'environ cinquante membres, passa dans l'Assemblée nationale : M. le duc d'Orléans était rangé dans l'ordre des bailliages. On peut juger de la joie et des applaudissemens causés par cette réunion; mais cette joie ne passa pas les murs de

la salle : la minorité du clergé et la majorité de la noblesse en était dehors, et le peuple se montra plus mécontent de la division des uns que satisfait de la réunion des autres. Le crime du clergé et de la noblesse non réunis était de se montrer plus fidèles à leurs mandats que dociles aux vues de l'Assemblée nationale ; et le mérite de ceux qui s'étaient réunis était en raison inverse. L'embarras des premiers devint extrême ; ils étaient situés entre leurs commettans, l'autorité royale et l'Assemblée. Le roi avait offert une déclaration des droits ; leurs commettans leur avaient ordonné de se constituer et de délibérer par ordre ; et l'Assemblée nationale voulait une constitution et une délibération communes. Le peuple, irrité de leur résistance, menaçait de se porter à des extrémités contre eux, et le parti de la force n'était ni sûr ni admissible. La majorité des nobles et la minorité du clergé prirent un parti qui, dans toute autre circonstance, aurait été aussi heureux qu'habile : les nobles et les prélats acceptèrent purement et simplement la déclaration des droits donnée dans la séance du 23. Par-là ils mirent le roi à la place de l'Assemblée nationale; mais ils offraient ce qu'ils n'étaient pas en état de donner. Les esprits fermentèrent à un tel point que sa majesté écrivit elle-même aux nobles et au clergé non réunis, « que touchée de la marque de fidé-
» lité qu'ils lui donnaient en acceptant sa déclara-
» tion, elle ne pouvait cependant se dispenser de

» les inviter à se réunir avec ceux qui ne l'accep-
» taient pas. »

C'est ainsi que s'opéra cette réunion des trois ordres, célébrée par des illuminations à Versailles et dans la capitale le 27 juin, jour qui fut, pour le tiers-état, et pour les deux autres ordres, le présage d'une existence toute nouvelle.

La question de la délibération par ordre ou par tête n'en restait pas moins dans toute sa force; mais cette force n'était que spéculative; et c'est en vain que les nobles et le clergé, fidèles à leurs mandats, ont à différentes reprises allégué la sainteté du serment qui les lie, l'Assemblée nationale, qui ne reconnaît ni distinction d'ordres, ni force coërcitive, leur a toujours opposé sa grande loi de la majorité. En effet, les nobles et le haut clergé ont protesté, et on les a laissés protester. Ils se retireraient qu'on les laisserait se retirer de même. La majorité des voix décidera de la constitution, et cette majorité ne dépend que du plus grand nombre. L'Assemblée nationale a, dit-on, sur les membres qui la composent, le même ascendant que la masse entière de la monarchie a sur quelques bailliages; ainsi quand la constitution sera faite et promulguée, les réclamations des villes et même de plusieurs provinces seront comptées pour rien. La France n'est pas un corps fédératif, dont les membres puissent se détacher à volonté. Le motif des nobles et des prélats qui ont protesté n'est point sans honneur, mais il sera sans effet.

Ils ont assez résisté pour que leur conscience et leur postérité n'aient rien à se reprocher. Puissent-ils s'abandonner enfin comme des victimes volontaires de la tranquillité publique ! La minorité, qui a senti la première la nécessité de sacrifier les considérations des ordres à l'intérêt général, obtiendra sans doute, si la nation est généreuse, la conservation des privilèges honorifiques de tout l'ordre.

Ceux qui élèvent des questions publiques devraient considérer combien elles se dénaturent en chemin. On ne nous demande d'abord qu'un léger sacrifice, bientôt on en commande de très-grands ; enfin on en exige d'impossibles. Tel homme a disputé son argent qui finit par ne pas même obtenir la vie. Je ne sais quel empereur romain offrit aux séditieux de partager l'empire avec son rival, et on n'y voulut pas entendre. Il demanda qu'on lui laissât une province, et elle lui fut refusée ; enfin il parla pour sa vie, et il fut massacré. Ceux qui pensent appliqueront aisément aux circonstances actuelles les exemples que nous présente l'histoire. *Arma tenenti omnia dat qui justa negat.*

Nous devons à la noblesse française le témoignage qu'elle a offert volontairement à l'État le sacrifice de tous ses priviléges pécuniaires. Le roi a voulu du moins conserver à cet ordre les priviléges honorifiques. Nous verrons quelle part on va leur faire dans l'opinion et dans l'empire.

Il y a dans Paris des esprits extrêmes ou mal

intentionnés, des demi-philosophes que la superstition de la naissance rend malheureux : elle a succédé aux superstitions religieuses dans l'ordre de leur haine (1). Le seul mot *noblesse* les met en fureur ; et extirper tous les nobles serait peut-être à leurs yeux une *St.-Barthélemi philosophique*. Mais on les prie d'observer que, dans les gouvernemens les plus démocratiques, Alcibiade et César parlaient sans cesse de leur naissance. Il faut bien s'accoutumer aux inégalités de talent, de force, de taille et de beauté qui sont dans la nature, et aux inégalités des conditions qui en ont été la suite. On ne peut d'ailleurs éteindre un souvenir : la raison du tiers-état ne détruira pas plus le préjugé de la noblesse, que l'histoire n'a fait oublier la fable. Toutes les nations ont commencé par des temps héroïques ; et la philosophie elle-même n'a souvent que la folie de la naissance à opposer à l'insolence de la richesse ; mais cette même philosophie ne peut rien pour le clergé.

Les trois ordres étant réunis, et la déclaration des droits étant restée caduque, par le désistement tacite consigné dans la lettre de sa majesté aux nobles non réunis, il semble que rien ne devait plus arrêter les progrès de l'Assemblée nationale dans

---

(1) Nous renvoyons aux éclaircissemens (A) un morceau où M. de Montlosier exprime avec modération et avec force son opinion à ce sujet, nous empruntons ce passage aux *Actes des apôtres*.

(*Note des éditeurs.*)

le travail d'une constitution et de la restauration des finances. Elle recevait des principales villes du royaume des adresses et des députations flatteuses, en forme de remerciemens et d'encouragemens. La majorité de la noblesse, humiliée et effrayée, s'était réduite à n'avoir qu'une voix consultative, par respect pour ses mandats : la minorité du clergé avait à peu près suivi son exemple ; et M. l'archevêque de Paris, qui était entré *lapidé et complimenté*, n'avait plus d'objection à faire. Il semblait donc que l'on allait jouir du repos nécessaire au grand ouvrage de la régénération de la France.

Mais le gouvernement, alarmé de toutes les atteintes qu'on portait à l'autorité royale, soit à Paris, soit dans les environs ; voyant d'ailleurs que la fermentation des esprits allait toujours croissant, et qu'une population aussi monstrueuse que celle de Paris interprétait mal l'énergie de l'Assemblée nationale, et s'autorisait en même temps de la défection d'une grande partie des gardes françaises ; le gouvernement, dis-je, crut devoir arrêter dans leur germe les affreux désordres qui allaient résulter d'une telle disposition. Il fit approcher assez de régimens d'infanterie et de cavalerie pour en former un camp aux portes de la capitale. On plaça de l'artillerie sur toutes les avenues de Versailles, et des patrouilles nombreuses et continuelles mirent bientôt le séjour du roi hors d'insulte. M. le maréchal de Broglie avait été nommé généralissime de toutes les troupes rassemblées dans l'Ile-de-France.

Rien ne peut égaler la terreur qui s'empara de l'esprit de tous les députés à la vue des troupes et des canons. Ils inondèrent la capitale et les provinces de lettres effrayantes ; et on ne parla bientôt plus que des attentats de l'autorité contre l'Assemblée nationale. Tantôt le ministère avait placé vingt barils de poudre sous la salle de l'Assemblée ; tantôt cent canons à boulets rouges étaient dressés contre ses murailles de bois. On disait que Paris allait être assiégé, et on comptait déjà les canons et les bombes qui lui étaient réservés : tellement que l'effroi, sincère dans les uns et simulé dans les autres, gagna bientôt la capitale et les provinces. Ainsi, pendant que le roi rassemblait des soldats et multipliait les secours, l'Assemblée nationale rassemblait les suffrages, et multipliait les craintes. Pour le dire, en un mot, le roi et l'Assemblée se disputaient l'armée.

Ces terreurs étaient à la fois raisonnables et absurdes. Il était raisonnable, en effet, qu'un grand rassemblement de troupes inquiétât une assemblée qui non-seulement a droit d'être libre, mais encore a besoin de le paraître ; mais il était absurde de prêter au roi les intentions d'un Caligula. Quelque mauvais esprit qu'on suppose au ministère, il n'est pas vraisemblable qu'un roi, dont le caractère est connu, eût assemblé les états-généraux pour les foudroyer sur les cendres de sa capitale embrasée, et pour perdre ainsi d'un seul coup sa réputation, son trône et sa vie. Le roi les avait rassemblés pour faire avec eux la constitution, et pour débarrasser sa tête du fardeau d'une dette immense. Or, s'il eût attenté à l'existence de l'Assemblée nationale, non-seulement il serait tombé dans le désastre d'une banqueroute qu'il voulait éviter, mais il se serait encore abîmé dans les horreurs d'une guerre civile, en s'aliénant à jamais le cœur des Français.

Nous ne parlons ici que de la vraisemblance, qui est la vérité même pour les bons esprits, quand il ne s'agit que de soupçons et de craintes. Mais ceux qui parlaient au nom de l'Assemblée nationale sentirent bien qu'ils toucheraient peu la multitude s'ils s'arrêtaient au côté raisonnable, en ne montrant que des soupçons et de simples inquiétudes sur la liberté de leurs délibérations, et qu'on pourrait tirer un tout autre parti du côté absurde, en paraissant trembler pour la vie des députés. Ils trouvèrent ainsi le moyen de justifier des absurdités, et de calomnier une cour.

M. de Mirabeau qui, peu de jours auparavant, avait offert de prouver à l'Assemblée que M. Necker n'avait pas pris les mesures nécessaires pour remédier à la disette qui affligeait le royaume, n'ayant pu fournir ses preuves, et ayant au contraire reçu un démenti dans les papiers publics, se releva très-bien de cette position fâcheuse par une motion violente contre les intentions du gouvernement, au sujet du rassemblement des troupes. Cette motion, accueillie avec acclamation, fut suivie d'une adresse au roi pour le supplier instamment de retirer l'armée. Cette adresse était mêlée de tons si différens, de tant de réflexions sur la tendresse et la fidélité de l'Assemblée, de tant de protestations sur le péril où se jetait le roi, qu'on disait partout à ce sujet que c'était trop d'amour pour tant de menaces, et trop de menaces pour tant d'amour.

Sa majesté répondit qu'elle n'avait rassemblé des troupes que pour en imposer aux esprits mal intentionnés, et à cette troupe de brigands armés qui vont flairant les troubles publics, et qui s'étaient jetés dans Paris aux premières nouvelles d'une révolution; que l'Assemblée nationale devait toujours se croire libre et inviolable; et que si pourtant elle avait des inquiétudes, sa majesté lui laissait le choix de se transférer à Soissons ou à Noyon. Mais l'Assemblée, qui supposait toujours une mauvaise intention au ministère, et qui gardait en secret l'espoir de lui opposer un jour cette même populace parisienne, contre laquelle on prenait des précautions, refusa de s'éloigner.

Elle s'occupa, durant quelques jours de la députation de St.-Domingue. On épuisa tous les lieux communs sur l'esclavage des nègres et l'abolition de la traite, et on finit par accorder six députés à cette colonie.

On proposa aussi des moyens de parer à la disette des grains et à la misère des peuples ; mais on délibéra avec autant de lenteur sur des secours à donner que sur des lois à sanctionner; et vraisemblablement la moisson surprendra le comité des subsistances cherchant encore les moyens d'arriver jusqu'à elle (1).

Étonnée de sa propre lenteur, l'Assemblée se forma en trente bureaux, composés d'environ quarante personnes chacun, et ces bureaux ont dû se distribuer toutes les affaires. Tous les bailliages et tous les ordres y sont confondus. C'est là que disparaissent les privilèges et les constitutions particulières, et que la réunion de tous les esprits détruit cette variété de tant d'usages locaux, de tant d'administrations isolées, de lois gothiques, d'abus tyranniques et de vices consacrés. C'est dans ces bureaux que peut se former cette constitution, *si melior sententia mentis*, qui doit substituer, à la France féodale et bigarrée, une France libre et uniforme. C'est ainsi que, du mélange de tous les tons et des goûts de toutes les provinces, s'est formé dans Paris le goût universel. Nous n'avons eu en effet jusqu'à présent d'autres principes que ceux du goût dans les beaux-arts.

Le 4 juillet, M. le duc d'Orléans fut nommé président de l'Assemblée à la place de M. Bailly, et, sur son refus, on choisit M. l'archevêque de Vienne. Ce prélat a régné jusqu'au 20 du même

---

(1) C'est effectivement ce qui arriva. (*Note de Rivarol.*)

mois, et dans une présidence aussi orageuse (1), il a montré, ce qu'on n'attend jamais de la vieil-

---

(1) Mirabeau, dans *le Courrier de Provence*, qu'il rédigeait, donne cette définition piquante d'un président de l'Assemblée:

« C'est une place difficile à bien remplir que celle de président dans l'Assemblée nationale. On croirait d'abord qu'il suffit d'y apporter ce qu'on peut appeler les qualités de la présidence, cet esprit d'analyse qui démêle l'opinion dominante dans les discussions, pour la présenter avec netteté ; cette activité dans la pensée qui la rend présente à tout, sans fatigue et sans inquiétude ; de la chaleur pour presser des délibérations languissantes, du sang-froid pour en ralentir la précipitation ; beaucoup de fermeté dans les occasions importantes ; beaucoup de souplesse dans les circonstances difficiles ; l'art d'influer par une observation, par un mot dit à propos sur le bon ordre et la tranquillité de l'Assemblée ; un grand respect pour sa place, joint au talent de la faire respecter des autres, et point de ressentiment personnel ; la prévoyance du tumulte pour le prévenir avec adresse, ou l'ascendant nécessaire pour l'arrêter avec fermeté ; et, par-dessus tout, l'art d'économiser le temps, d'empêcher les écarts, les vains débats ; de dérober l'Assemblée aux piéges de ceux qui voudraient la faire périr de langueur ou de convulsions. On croirait, en un mot, qu'avec de la tête et du caractère on peut exercer honorablement les fonctions de président ; mais cela ne suffit pas, il faut encore être bel esprit.

» On n'est point président sans faire un compliment d'entrée et de sortie. Le fauteuil de la présidence dégénère en fauteuil académique : celui qui sort fait l'éloge de celui qui entre ; celui qui entre fait l'éloge de celui qui sort ; le premier, plein des sentimens de sa faiblesse et des bontés de l'Assemblée, cède avec plaisir sa place à son successeur, dont il connait les talens et les lumières. Le second n'occupe ce poste qu'en tremblant ; il sait à qui il succède ; mais l'indulgence qui a dirigé ses collègues dans leur choix est un garant de celle qu'ils lui accor-

lesse, une adhésion ferme à de nouveaux principes, et un goût marqué pour cette philosophie dont il avait si souvent attaqué les germes empoisonnés ; ce qui nous fit dire qu'il était l'*exécuteur testamentaire de ses ennemis.*

C'est sous ce président que s'est consommée la révolution dont nous écrivons l'histoire. Au reste, on a observé que tous les dévots, en se rangeant du côté du tiers-état, furent d'abord forcés de dépouiller le vieil homme, et de se faire philosophes.

On fit bientôt une nouvelle adresse au roi pour obtenir la grâce de quelques gardes françaises, et pour envoyer à Paris une députation qui devait y porter l'ordre et le calme. Le roi se rendit à la première demande et se refusa à la seconde, se réservant toujours l'exercice de la puissance exécutive qu'on pouvait déjà lui ôter, mais qu'on n'osait encore lui disputer.

C'est à cette époque périlleuse, c'est-à-dire vers le 11 juillet, que M. Necker reçut du roi un ordre subit de quitter le royaume. Ce parti extrême était

---

deront pendant l'exercice de sa charge. Si la présidence était plus longue, ces complimens ne seraient qu'inutiles ; mais répétés tous les quinze jours, ils deviendront aussi pénibles pour l'orateur que fastidieux pour l'Assemblée. Ce commerce d'éloges n'est pas fait pour préluder aux grands débats de la politique ; le langage de la flatterie ne nous va plus : il faut un autre ton aux hommes libres. »

(*Note des éditeurs.*)

un coup de dés; le conseil était partagé depuis long-temps. Le vieux ministère voulait que le roi maintînt son autorité, et le nouveau exigeait que sa majesté laissât faire, et s'abandonnât sans réserve à l'Assemblée nationale. Le vieux ministère l'emporta, sans avoir pris aucune des précautions qui pouvaient justifier, c'est-à-dire faire réussir le parti auquel on s'arrêtait. Il était alors aussi impolitique et aussi dangereux à la cour de France de se séparer de M. Necker, qu'il le serait à la cour de Naples de faire jeter à la mer l'ampoule de saint Janvier.

Au premier bruit du départ de M. Necker, Paris fut consterné, le Palais-Royal frémit, la Bourse se ferma, les spectacles furent suspendus (observez que ceci se fit par l'ordre des états-généraux du Palais-Royal), et dix mille brigands armés se déchaînèrent dans les rues. A un jour alarmant succéda une nuit plus effrayante encore, puisqu'à la douleur d'avoir perdu M. Necker se joignait la crainte qu'inspiraient ces brigands (1).

Le tocsin sonnait de tous côtés; on commençait le pillage de quelques maisons. Les marchands

---

(1) A la même époque et pour la même cause, Strasbourg fut troublé par une émeute violente. Voyez, dans les éclaircissemens (B), le récit qu'en fait un partisan des idées nouvelles; il est tiré du *Courrier de Provence*.

(*Note des éditeurs.*)

n'osaient ouvrir leurs boutiques, les ateliers furent déserts, et la ville était déjà inhabitable, lorsque les bourgeois, pour se défendre, prirent tout-à-coup les armes, au lieu de recourir au roi, ce défenseur né de l'état, qui ne peut refuser ses troupes aux villes, et dont les villes ne peuvent refuser les troupes. Par cette insurrection générale, Paris, d'inhabitable qu'il était, devint inaccessible.

On sait que, pour procéder à l'élection des députés, Paris avait été partagé en soixante districts; de sorte qu'au premier signal les électeurs, s'étant rendus dans leurs départemens respectifs, furent en état de rassembler et de classer les bourgeois, comme ils l'avaient déjà fait lors de l'élection des députés aux états-généraux. On forma aussitôt une milice de quarante-huit mille hommes, dont chaque division était commandée par les officiers et les soldats en semestre ou retirés du service, dont la ville est toujours assez pourvue. Ainsi, ces dispositions si sages, et surtout cette promptitude dans la subite organisation des troupes, dont les Parisiens ont fait tant de bruit, et qu'ils prétendent sans exemple dans aucune insurrection, n'ont plus rien de merveilleux quand on y regarde de près : l'échafaudage construit pour les états-généraux servit à l'insurrection. Le premier soin de cette milice bourgeoise fut de désarmer la canaille qui pillait les maisons, et de s'emparer de toutes les armes qu'on put trouver, ce qui occasiona des mesures violentes, comme on le verra bientôt.

Dès que les nouvelles de ce désastre furent portées à Versailles, l'Assemblée nationale en conçut une douleur convenable au succès de ses craintes, et envoya au roi une députation nombreuse. L'éloquence des députés ne pouvait rien ajouter aux ennuis de sa majesté. Elle savait que le sang de ses sujets coulait dans Paris : aussi répondit-elle aux députés que, non-seulement elle allait retirer ses troupes des environs de la capitale, mais encore qu'elle les autorisait à faire connaître cette disposition aux Parisiens, afin de leur montrer qu'autant ils s'étaient défiés de leur roi, autant il se fiait en eux ; et pour que la capitale ne souffrît pas des mesures tumultueuses qu'elle venait de prendre pour sa propre défense, sa majesté se chargea du soin de nommer les officiers qui pouvaient organiser et diriger ces légions patriotiques.

Le roi s'étant mis par-là à la tête de cette milice bourgeoise qui avait succédé à cette canaille armée, il semble que tout devait rentrer dans l'ordre ; mais quand Henri III se déclara chef de la ligue, il n'en fut pas mieux le maître pour cela. On apprit bientôt à Versailles que la populace, réunie aux milices, s'était jetée sur l'hôtel des Invalides, et en avait enlevé trente mille fusils ; que de là elle s'était portée à la Bastille, et qu'après deux ou trois heures de pourparlers, d'allées et de venues, le gouverneur, qui avait fait la faute de descendre dans les cours antérieures et de négliger les ponts-levis, avait été surpris avec sa petite garde d'invalides.

Il n'est peut-être pas indigne de l'histoire d'observer que le gouverneur de la Bastille ne voulut pas faire tirer le canon sur le peuple qui se portait en foule du côté de l'Arsenal, de peur d'endommager une petite maison qu'il avait fait bâtir de ce côté-là, et qu'il affectionnait. Et ce qui n'est pas moins remarquable, c'est que dans ce même instant M. de Bezenval, général des Suisses, se cachait pour ne pas donner l'ordre à sa troupe, et laissait prendre les Invalides, de peur que si l'émeute devenait trop considérable on ne pillât sa maison, qui était voisine, où il avait fait peindre depuis peu un appartement entier et construire des bains charmans. Voilà par quels hommes le roi était servi!

Quoique le ministère fût coupable de n'avoir pris aucune mesure intérieure contre l'orage, depuis qu'il était si fortement averti, M. de Launay n'en était pas moins répréhensible de s'être hasardé avec une populace furieuse. S'il s'était renfermé dans la Bastille, il était inexpugnable. Quoi qu'il en soit, cet infortuné gouverneur fut bien puni de son imprudence; le peuple le traîna jusqu'à la place de Grève et lui trancha la tête, après l'avoir accablé de coups et d'outrages. Cette tête, promenée dans les rues au bout d'une lance, fut portée au Palais-Royal.

C'est à quoi se réduit cette prise de la Bastille, tant célébrée par la populace parisienne. Peu de risques, beaucoup d'atrocités de leur part, et une lourde imprévoyance de la part de M. de Launay; voilà tout : ce ne fut, en un mot, qu'une *prise de possession.* La populace, ivre d'amour-propre et de rage, porta sur un char de triomphe je ne sais quel déserteur des gardes-françaises, qui s'était jeté le premier sur le pont-levis de la Bastille; on lui donna une croix de St.-Louis et un cordon bleu, et on le promena ainsi décoré dans ce même Palais-Royal où était fichée la tête du malheureux de Launay.

Croira-t-on que des députés du tiers, des ennemis nés de tout ce qui s'appelle *naissance, noblesse, décoration,* aient pourtant trouvé que ce garde-française avait l'*air d'un homme de qualité?* Il faut, en vérité que la noblesse soit pour les bourgeois une espèce d'idée innée, ou du moins le premier et le plus puissant des préjugés.

Dans ce même jour, les électeurs des différens districts de Paris avaient formé à l'Hôtel-de-Ville un tribunal, sous le nom de comité permanent. M. de Flesselles, prévôt-des-marchands, se trouva naturellement à la tête de ce tribunal, et il fut pendant quelques heures l'homme du roi et l'homme de la bourgeoisie. Le péril de sa position dura peu : il fut accusé d'avoir écrit au gouverneur de la Bastille pour l'engager à tenir bon, et de lui avoir annoncé qu'on viendrait à son secours. Ce vieillard se disculpa sur le devoir de sa place aux yeux des électeurs; mais en sortant de l'Hôtel-de-Ville, il fut massacré par la populace. Tel est l'effet de ces violentes crises entre l'autorité royale et les fureurs populaires : on peut être massacré dans les deux partis ; avec cette différence que les cours ont égard au malheur des situations, et qu'un peuple en fureur ne sait qu'égorger.

Ces deux exécutions imprimèrent une terreur profonde à la cour, et un mouvement plus vif à l'Assemblée nationale : rien n'avance les affaires comme les exécutions. Sa majesté, voyant qu'il faudrait noyer l'insurrection dans des flots de sang, aima mieux la légitimer à force de clémence : elle se rendit sans appareil aux états-généraux, qu'elle nomma pour la première fois *Assemblée nationale;* elle confirma le renvoi de l'armée campée autour de Paris ; approuva l'érection de la milice bourgeoise ; remit au président de l'Assemblée une lettre de rappel pour M. Necker ; autorisa quatre-vingts députés à se rendre à Paris pour y porter les nouvelles de tant de bontés, et ajouta à sa parole, par son silence, en oubliant la défection des gardes-françaises et le meurtre de ses officiers.

Mais si Paris faisait peur à Versailles, Versailles n'effrayait pas moins Paris. Cette capitale, qui ne pouvoit croire à tant de clémence de la part du roi, barricadait ses rues, se couvrait d'hommes armés qui semblaient être sortis de terre, comme jadis à la voix de Cadmus. On arborait partout la cocarde nationale : elle était blanche, bleue et rouge. Ces couleurs décoraient tout, consacraient tout, justifiaient tout. Les électeurs établis à l'hôtel-de-ville y étaient autant d'éphores ; le tresor royal était entre leurs mains ; ils donnaient des ordres, plaçaient des corps-de-gardes, interceptaient les courriers de la cour et des provinces, s'emparaient de la poste aux lettres, et délivraient des certificats et des passe-ports. Les douanes et les barrières, brûlées dans un premier accès de rage, furent rétablies, et les droits perçus au profit de la ville ; la métropole et les paroisses chantaient des messes pour les *héros morts à l'attaque de la Bastille ;* enfin, tous les attributs de la puissance suprême se trouvaient à l'hôtel-de-ville ; et l'autorité royale, ce trésor composé de tous les pouvoirs accumulés par tant de rois conquérans et d'habiles ministres, était dispersée entre quelques bourgeois qui tremblaient eux-mêmes devant les furieux exécuteurs de leurs volontés. Car, s'il est vrai que les conjurations soient quelquefois tracées par des gens d'esprit, elles sont toujours exécutées par des bêtes féroces.

Les députés de l'Assemblée nationale qui étaient allés porter le calme dans Paris, en rapportèrent cet effrayant tableau ; on s'attendait à chaque moment à voir arriver cinquante mille hommes armés, pour enlever le roi et incendier Versailles. M. de Lally-Tollendal, député connu par une

éloquence passionnée et quelquefois convulsive, dit en terminant son récit : « Qu'il leur était or-
» donné par la nation (comme si elle était toute
» entière sous les fenêtres de l'hôtel-de-ville),
» de demander absolument le rappel de M. Necker
» et le renvoi des ministres actuels. » L'Assemblée nationale, étonnée que l'hôtel-de-ville lui donnât des ordres, dissimula sa surprise et obéit. Que refuser en effet à soixante mille protecteurs armés? Depuis quelques jours l'Assemblée était située entre ceux pour qui elle travaillait, et ceux contre lesquels elle s'exerçait : et puisqu'elle avait appelé Paris à son secours contre l'autorité, il fallait bien qu'elle s'attendît à voir les soldats parisiens décider par le fait ce qu'elle ne devait décider que par le droit.

Cependant le roi était fidèle à toutes ses promesses : l'armée était déjà décampée; elle fut suivie de son général, et bientôt du garde-des-sceaux et des nouveaux ministres qui donnèrent leur démission avant d'avoir prêté serment. On vit partir ceux et celles que les faveurs de la cour rendaient coupables, et enfin quelques députés qui avaient montré trop de fidélité à leurs mandats, ou trop peu de foi en M. Necker.

Un commis et des courriers étaient déjà partis pour ramener ce ministre. La postérité ne voudra pas croire que le salut de la France, assemblée en états-généraux, ait dépendu d'un seul homme, et qu'on ait dit à Paris que si M. Necker mourait, l'Assemblée nationale serait dissoute, et la monarchie renversée. Il faut toujours remonter aux agioteurs et aux capitalistes, pour expliquer le phénomène politique d'une telle influence. Tant que Paris se croira la nation, la bourse sera le cœur du royaume, et M. Necker l'ami du cœur.

Les succès en amènent d'autres, et l'appétit du pouvoir ne saurait être rassasié. L'hôtel-de-ville et la bourgeoisie de Paris, peu contens de tous les sacrifices que sa majesté avait faits à la tranquillité publique, et pleins encore de la première ivresse de la souveraineté, exigèrent que sa majesté vînt montrer à la capitale un roi sans armée, sans ministres, sans conseil, et, puisqu'il faut le dire, un roi dépouillé. Sa majesté, par un instinct que nous appellerions du génie, si nous ne craignions de dérober quelque chose à son cœur, confondit les malintentionnés et tous ceux qui avaient compté sur un parti extrême ou du moins sur un peu de résistance : elle annonça qu'elle se rendrait à Paris.

M. le comte d'Artois, qui s'était dévoué à la haine publique en se déclarant le défenseur des prérogatives de la noblesse, offrit à sa majesté d'aller, à sa place, affronter une ville furieuse ; et, sur son refus, ce prince partit pour l'Allemagne. Un fils de France ne pouvait humilier plus efficacement les bourgeois de Paris, qu'en paraissant dérober sa vie et celle de ses enfans à leur fureur.

C'est le 17 juin que le tiers-état, en se déclarant Assemblée nationale, porta le premier coup à l'ancienne organisation du royaume, et ce fut le 17 de juillet que le roi confirma le nouvel ordre de choses en allant à Paris.

Versailles n'oubliera jamais ce jour et ce départ. Les anciens serviteurs du roi ne purent voir, sans verser des larmes, le monarque français, dont le nom seul emporte les idées d'amour et de puissance, s'acheminer sans appareil et sans défense, au milieu d'une populace armée, vers une capitale en délire, pour y sanctionner une insurrection. On n'oubliera jamais qu'aux portes de cette même capitale huit bourgeois s'offrirent pour ôtages aux habitans de Versailles, qui leur livraient la personne du roi, comme si huit têtes inconnues pouvaient représenter le chef de la nation, et comme si un péril aussi imminent ne devait faire trembler que Versailles! On se souviendra toujours que sa majesté, forcée de laisser le peu de gardes du corps qui l'avaient suivie, se vit d'abord entourée de ces mêmes soldats qui, peu de jours auparavant, étaient ses gardes françaises, et qu'on affecta de faire marcher devant elle les mêmes canons que les rebelles avaient enlevés à la Bastille et aux Invalides, afin de mieux étaler à ses yeux les trophées de l'insurrection.

On se souviendra à jamais qu'après cinq heures de marche, sa majesté engagée dans une triple haie de plus de cent cinquante mille hommes armés, depuis la barrière jusqu'à la Grève, on se souviendra, dis-je, que le meilleur des rois entendait pour tout cri : *Ne criez pas vive le roi!* Les hommages et les bénédictions n'étaient que pour les trois cents députés qui précédaient le carrosse du roi, et ouvraient la marche, ainsi que dans les anciens triomphes où le vaincu suivait le vainqueur. C'est ainsi que sa majesté monta à l'hôtel-de-ville, dont les marches étaient encore teintes du sang des Flesselles et des de Launay.

En arrivant, on lui présenta la cocarde nationale, et sa majesté la tenant dans ses mains fut obligée de se mettre aux fenêtres pour satisfaire les innombrables spectateurs qui couvraient la place de Grève, les rues, les toits des maisons, les quais et les rivages de la Seine, et qui ne pouvaient assez repaître leurs yeux de l'aspect du roi qu'ils avaient ainsi décoré.

Après cette cérémonie, sa majesté prêta l'oreille aux harangues des échevins, des électeurs et de M. Bailly, qui venait d'être nommé par acclamation maire de la ville ou prévôt des marchands, et dont le roi confirma l'élection. La harangue de cet académicien roulait sur une antithèse qui ne peut être excusée que par l'intention. Il dit au roi, en lui présentant les clefs de la ville, comme si la ville ne lui appartenait que de ce jour même : *Sire,* Henri IV *avait reconquis son peuple, ici c'est son peuple qui a reconquis son roi.* Il était dur sans doute de faire entendre au roi que tout était forcé dans sa démarche, puisqu'en effet Henri IV avait forcé Paris.

Observons ici combien l'homme est l'ouvrage des circonstances : connu par une histoire de l'astronomie, M. Bailly, destiné à finir ses jours dans le paisible fauteuil de l'académie, se trouve aujourd'hui lancé dans les orages d'une révolution, et, chargé de la dépouille sanglante du prévôt des marchands, il présente à son roi les clefs d'une capitale insurgente.

Le marquis de la Fayette offrait en ce moment un autre exemple des coups du sort. Né sans doute pour commander à des insurgens, il avait été nommé aussi par acclamation commandant des milices nationales, c'est-à-dire parisiennes. Il salua le roi en cette qualité, et sa majesté, qui n'était pas venue pour refuser, confirma son élection.

M. de Lally-Tollendal, député dont nous avons déjà parlé, harangua aussi sa majesté; mais ses apostrophes étaient pour les assistans. *Le voilà*, criait-il, *le voilà ce roi!* et il continua sur ce ton une longue et pathétique paraphrase de l'*ecce homo!* car les mêmes circonstances amènent les mêmes expressions.

Enfin sa majesté, accablée du poids d'une telle journée, témoigna le désir de se retirer : elle avait tout approuvé, tout sanctionné; le calice était bu, et la révolution consommée; on ne put s'opposer à sa volonté, et avant minuit il fut libre au roi de France de retourner à Versailles.

Je ne peindrai ni la stupeur des courtisans, ni les larmes de la reine, ni la fuite des princes, ni les émigrations de la noblesse, ni la solitude où se trouva la cour; mais je dois dire qu'à l'exemple de Paris et de Versailles, la France entière se couvrit de cocardes nationales; les paysans et les bourgeois armés se mêlèrent aux troupes réglées : la défection fut générale sur toutes les frontières, de la mer Méditerranée jusqu'aux Alpes, et des Pyrénées jusqu'à l'Océan.

Au milieu de ces cris vagues de *patrie* et de *liberté* (1), et dans cette confusion de tous les

---

(1) Mirabeau conseillait avec force et avec dignité un usage plus éclairé de la liberté et du patriotisme dans ce passage du *Courrier de Provence* :

« C'est la jeunesse qui recueillera surtout les fruits de la régénération de la France. Une carrière infinie de jouissances et de gloire est ouverte à tous ceux qui voudront se rendre dignes de la parcourir. Mais il faut placer un signal sur cette mer semée d'écueils. O vous, qui dans cette antique ferveur qu'on n'éprouve qu'à votre âge, substituez l'amour de la patrie à de viles passions, ne prenez point un feu passager de l'imagination, ni une vaine ardeur de briller pour une vocation au périlleux métier d'homme public! L'amour-propre est l'ennemi de la gloire, et la vanité, trop pressée de s'agiter sur un petit théâtre, n'a pas le loisir de jeter en silence les fondemens d'une gloire solide. Ces parleurs écervelés qui se prennent complaisamment pour des orateurs, ces brouillons qui se croient des politiques, ces petits séditieux bruyans qui se regardent comme des républicains, sont loin de s'être élevés jusqu'à l'idée de la liberté

rangs, qui paraît à des yeux vulgaires une réunion de tous les intérêts, la fuite ou le silence ont distingué les vrais politiques, les vrais amis de l'ordre, et tous ceux enfin qui savent séparer la liberté de la licence, le courage du fanatisme, et une aveugle insurrection d'une constitution éclairée.

Au reste, jamais Paris ne mérita mieux qu'aujourd'hui le nom de capitale; il a levé l'étendard, et tout le royaume s'est rangé sous lui; il s'est intitulé *la patrie*, son hôtel-de-ville s'est appelé *la nation*, et cet insolent sophisme n'a révolté personne. Paris absorbe tous les revenus de l'état; il tient dans ses mains toutes les branches de l'autorité; son Palais-Royal fait des listes de proscription, sa populace les exécute, et la fuite n'est pas toujours permise à ceux qui sont inscrits sur ces listes fatales. Trois millions de paysans armés d'un bout du royaume à l'autre, arrêtent les voyageurs, confrontent les signalemens et ramènent les victimes à Paris : l'hôtel-de-ville ne peut les arracher aux fureurs des bourreaux patriotes; l'Assemblée nationale, en soulevant le peuple, a bien

---

de la sévérité des devoirs qu'elle impose, des travaux qu'elle commande à ceux qui veulent être ses ministres. Les véritables candidats pour le service de la patrie ne se reconnaissent point à de puériles clameurs; l'emploi de la jeunesse distinguera la maturité des hommes, et les moins impatiens de courir après la gloire seront les seuls qui pourront l'atteindre. »

(*Note des éditeurs.*)

pu renverser le trône, mais elle ne peut sauver un citoyen. Le temps viendra que l'Assemblée dira à l'armée civile, *vous m'avez sauvée de l'autorité, mais qui me sauvera de vous?* Songez, Assemblée nationale, à la fable du cheval qui appelle l'homme à son secours ; et si la fable ne suffit point, songez à l'histoire du long parlement et de l'armée de Cromwel : ce parlement, à l'aide de l'armée, triompha du roi, mais il périt dans son triomphe, parce qu'il ne put se débarrasser de l'armée. Si un troupeau appelle des tigres contre ses chiens, qui pourra le défendre de ses nouveaux défenseurs (1)? Pour qu'une insurrection fût heureuse, il faudrait que tout prît une tournure civile, dès qu'on n'a plus rien à craindre de l'autorité; mais comme pour maîtriser l'autorité on a levé une armée, cette armée reste quand la révolution est faite, et cette force militaire fait trembler à son tour ceux qu'elle avait d'abord rendus si redoutables. Que répondre en effet à un peuple armé qui vous dit : Je suis maître.

Quand on a déplacé les pouvoirs, ils tombent

---

(1) Dans les *Actes des apôtres* on trouve cette définition singulière de la révolution :

« La révolution française n'est qu'une agrégation de suicides. Le roi s'est tué lui-même ; le parlement s'est tué lui-même ; le clergé s'est tué lui-même ; la noblesse s'est tuée elle-même ; les états-généraux se sont tués eux-mêmes ; encore quelques jours, et l'Assemblée nationale se tuera elle-même. »

(*Note des éditeurs.*)

nécessairement dans les dernières classes de la société, puisqu'au fond c'est là que réside, dans toute sa plénitude, la puissance exécutive. Tel est aujourd'hui l'état de la France et de sa capitale, qu'il n'est pas de publiciste qui pût lui donner un nom, et qu'il n'est pas de Français qui ne doivé également le redouter et le détester.

On dira sans doute que ce n'est pas sur ce ton que les papiers publics ont parlé de la révolution : ils ont tout justifié, ils ont tout admiré, et la défection des gardes françaises, et les calomnies des malintentionnés, et les atrocités de la populace (1). Mais qu'auraient-ils dit si l'armée eût été fidèle, si Paris eût été contenu et l'autorité royale respectée ? Alors l'Assemblée nationale, qui est aujourd'hui *la plus auguste assemblée de l'univers* (2), aurait été traitée d'*imprudente* dans

---

(1) On avait répandu le bruit qu'une foule de gardes françaises, morts dans les premiers jours de la révolution, avaient été empoisonnés par leurs officiers : cette calomnie pouvait faire égorger tous les officiers qui se trouvaient à Paris. On prit donc le parti de faire ouvrir quelques-uns de ces soldats, et on trouva qu'ils étaient morts d'indigestion, victimes de leur gourmandise et de la reconnaissance des Parisiens qui ne cessaient de leur donner à boire et à manger.

ces mêmes feuilles publiques, et blâmée de n'avoir pas accepté la fameuse *déclaration des droits* offerte par sa majesté. Et pourquoi, aurait-on dit, envier au roi la gloire de donner lui-même une constitution à son peuple? Pourquoi ne pas sanctionner le bien de quelque main qu'il nous vienne? Pourquoi soulever la populace d'une grande ville, et l'exposer à la colère de son roi? Alors tous les ministres qu'on outrage maintenant auraient été déifiés; alors l'hôtel-de-ville, qui est aujourd'hui *le plus auguste des tribunaux*, et les moindres districts, qui sont aussi *très-augustes*, n'auraient été qu'un ramas de séditieux, dignes de l'exécration des bons citoyens, et de tous les châtimens qu'aurait pu leur infliger un maître justement irrité. C'est ainsi que les écrivains sont tous plus ou moins corrompus par l'événement. On ne nous fera pas sans doute le même reproche. Nous avons écrit sans prédilection et sans amertume, sans crainte et sans témérité, mais non sans obstacle et même sans péril. Dans le feu d'une révolution, quand les haines sont en présence, et le *souverain divisé*, il est difficile d'écrire l'histoire : ceux qui ont fait une révolution voudraient aussi la raconter; ils voudraient, après avoir tourmenté ou

---

on se donne à soi-même, plus les autres sont tentés de nous ôter. La modestie a toujours affaire à la générosité, et l'orgueil à l'envie.

(*Notes de Rivarol.*)

massacré leurs contemporains, tromper encore la postérité; mais l'histoire repousse leurs mains criminelles; elle n'écoute pas la voix mensongère des passions; elle veut être le juge et non le flatteur des hommes; et, comme la loi, elle les approuve sans amour, et les condamne sans courroux.

Il nous semble donc que la Cour, l'Assemblée nationale et la ville de Paris sont également coupables dans la révolution actuelle. La Cour est coupable envers la nation pour avoir entouré les pacifiques députés du peuple de soldats menaçans; pour avoir entamé la guerre civile, en excitant les défenseurs de l'état contre ses restaurateurs. Toute la conduite du ministère prouve qu'il n'avait prévu ni compris ce que devaient être des états-généraux, accordés après tant de prières, après tant de sujets de mécontentement, après de si longues déprédations : aussi, d'après ses mauvaises manœuvres, l'autorité royale abandonnée de l'armée, annullée dans l'opinion publique, et heurtée par la masse d'une population énorme, s'est-elle brisée comme un verre.

Les torts de l'Assemblée nationale ne sont pas moins évidens, quoique plus nécessaires. En armant Paris, elle exposait également la tête du roi, la vie de ses sujets et la liberté publique. On n'a qu'à supposer un moment que l'armée eût obéi; ou même, après la défection de l'armée, on n'a qu'à supposer que le roi eût résisté aux insolentes prétentions de Paris; on n'a, dis-je, qu'à poursuivre cette supposition par la pensée, si toutefois on peut soutenir l'image des horribles conséquences qu'elle présente. Heureusement le roi a déconcerté ses ennemis en ne leur opposant aucune résistance; et sans doute que si Charles Ier. en eût fait autant, Cromwel était perdu.

Il faut donc que l'Assemblée nationale choisisse et avoue qu'il y eut en tout ceci imprudence ou trahison : imprudence, si on avait armé Paris sans être sûr de l'armée; trahison, si on avait gagné l'armée avant de soulever Paris. Maintenant que l'Assemblée peut compter le roi pour rien, elle doit compter Paris pour tout : le temps nous apprendra si elle a gagné au change. Quoi qu'il en soit, un peuple immense a déserté ses ateliers, les tribunaux sont fermés, les régimens n'ont plus de chefs, et la France sous les armes attend une constitution, ce paisible ouvrage des lois, comme si elle était menacée d'une descente sur ses côtes, ou d'une invasion de barbares. Il est donc vrai que l'Assemblée nationale cria au secours sans en pouvoir garantir ni prévenir les suites.

Les torts de la capitale, ou plutôt ses crimes, sont trop connus : elle a déjà fourni des sujets de tragédie à la postérité, et des argumens terribles aux ennemis de la liberté. Les âmes douces et sensibles ne veulent plus d'un bien qu'il faut acheter par tant de crimes et par une anarchie dont on ne peut prévoir la fin. C'est, dira-t-on, la faute du despotisme qui ne laisse de porte ouverte à la liberté que l'insurrection : j'en conviens ; mais fallait-il, ville barbare ! quand les troupes se furent retirées, quand l'Assemblée nationale vint t'apprendre combien elle était satisfaite de la dernière séance royale; fallait-il exiger que ton prince, que le descendant de tes soixante rois vînt s'abaisser dans tes murs ? Savais-tu si, du milieu de cette forêt de lances et de baïonnettes, quelque monstre ou quelque insensé, tel qu'il s'en est trouvé chez toi dans des temps plus tranquilles, ne te couvrirait pas d'un deuil et d'un opprobre éternels (1) ? Mais Paris voulut faire le brave ; il voulut montrer son sein hérissé de fer à son roi privé de tout appareil de puissance et de tout signe de majesté.

Ce crime contre la royauté a été suivi d'attentats sans nombre contre l'humanité. En vain le roi, pour prix de tant de condescendance, a-t-il demandé à l'hôtel-de-ville que tous ceux que le cri public désignait pour victimes fussent remis aux tribunaux; en vain a-t-il imploré pour ses sujets non une grâce, mais la simple justice ; en vain a-t-on illuminé la ville et rouvert les spectacles: c'est dans le moment de cette fausse paix que le peuple de Paris, roi, juge et bourreau, après

---

(1) Cette crainte n'est point hasardée. Un coup de fusil parti d'une main inconnue blessa mortellement une femme, tout près du carrosse du roi.

(*Note de Rivarol.*)

quelques meurtres obscurs que nous passons sous silence, a traîné MM. Foulon et Berthier dans la place de Grève, et leur a fait éprouver des supplices, et subir une mort dont on ne trouve d'exemple que chez les peuples les plus féroces de la terre, ou dans les temps les plus désastreux de l'histoire. M. Foulon, vieilli dans les affaires, et connu par ses talens, était beau-père de M. Berthier, intendant de Paris. Il fut livré par les paysans de sa terre à la populace parisienne. On l'accusait, sans preuve, d'avoir dit une fois dans sa vie, que *le peuple était fait pour manger du foin.* Cette phrase proverbiale ne l'eût pas conduit à la mort s'il n'eût pas été nommé un des ministres éphémères qui succédaient à M. Necker. Ce fut là son véritable crime. On a observé que ce même peuple, qui s'attendrit tous les jours sur la passion de Jésus-Christ, affecta de la faire endurer à cet infortuné ministre, comme si la dérision et l'impiété ajoutaient à la vengeance. On l'avait couronné d'épines; lorsque excédé de tourmens et de fatigues il demanda à boire, on lui offrit du vinaigre. Sa tête, promenée dans les rues de Paris, fut portée le même jour à son gendre, qui s'avançait vers la capitale, au milieu d'une foule de paysans et de bourgeois armés. Forcé de baiser cette tête sanglante, M. Berthier fut bientôt massacré sous les fenêtres de ce même hôtel-de-ville qui demandait en vain sa grâce aux tigres dont il n'était plus maître. Le soldat qui arracha le cœur de M. Berthier, pour l'offrir tout saignant à MM. Bailly et La Fayette, prouva à ces *nouveaux sages*, que le peuple ne goûte de la liberté, comme des liqueurs violentes, que pour s'enivrer et devenir furieux. Malheur à ceux qui remuent le fond d'une nation ! Il n'est point de siècle de lumières pour la populace ; elle n'est ni française, ni anglaise, ni espagnole. La populace est toujours et en tout pays la même, toujours cannibale, toujours anthropophage ; et quand elle se venge de ses magistrats, elle punit des crimes qui ne sont pas toujours avérés par des crimes certains. Souvenez-vous, députés des Français, que lorsqu'on soulève un peuple, on lui donne toujours plus d'énergie qu'il n'en faut pour arriver au but qu'on se propose, et que cet excédant de force l'emporte bientôt au delà de toutes les bornes. Vous allez, en ce moment, donner des lois fixes et une constitution à une grande nation, et vous voulez que cette constitution soit précédée d'une déclaration pure et simple des droits de l'homme. Législateurs, fondateurs d'un nouvel ordre de choses, vous voulez faire marcher devant vous cette métaphysique que les anciens législateurs ont toujours eu la sagesse de cacher dans les fondemens de leurs édifices. Ah ! ne soyez pas plus savans que la nature. Si vous voulez qu'un grand peuple jouisse de l'ombrage et se nourrisse des fruits de l'arbre que vous plantez, ne laissez pas ses racines à découvert. Craignez que des hommes auxquels vous n'avez parlé que de leurs droits, et jamais de leurs devoirs, que des hommes qui n'ont plus à redouter l'autorité royale, qui n'entendent rien aux opérations d'une assemblée législative, et qui en ont conçu des espérances exagérées, ne veuillent passer de l'égalité civile que donnent les lois à l'égalité absolue des propriétés, de la haine des rangs à celle des pouvoirs, et que de leurs mains, rougies du sang des nobles, ils ne veuillent aussi massacrer leurs magistrats (1). Il faut aux peuples des vérités usuelles, et non des abstractions;

---

(1) « Nous ne sommes point dans la même situation que l'Amérique; là, tous sont cultivateurs, tous sont propriétaires, tous sont égaux. Commençons par faire des lois qui rapprochent les hommes, qui les accoutument à porter docilement le joug de l'égalité, qui diminuent surtout l'indigence de la classe la plus nombreuse. Jusqu'alors une déclaration de droits, si elle est illimitée, sera dangereuse; si elle est restreinte, elle sera fausse. Le seul principe que nous devons proclamer solennellement, c'est que les hommes sont libres, et que cette liberté consiste dans l'obéissance aux lois, lorsqu'elles sont l'ouvrage de la volonté générale; mais la déclaration des droits de l'homme doit suivre une bonne constitution; et non la précéder. Pourquoi transporter les hommes sur le haut d'une montagne, et de là leur montrer tout le domaine de leurs droits, puisque nous sommes obligés ensuite de les en faire redescendre, d'assigner les limites, et de les rejeter dans le monde réel où ils trouveront des bornes à chaque pas ? Lorsque nous aurons fait la constitution, nous pourrons y approprier avec plus de justesse la déclaration des droits, et cette concordance rendra les lois plus chères au peuple. » (*Opinion de Malouet*, *Courrier de Provence.*)

(*Note des éditeurs.*)

et lorsqu'ils sortent d'un long esclavage, on doit leur présenter la liberté avec précaution et peu à peu, comme on ménage la nourriture à ces équipages affamés qu'on rencontre souvent en pleine mer dans les voyages de long cours. N'oubliez pas enfin, députés de la France, que si les rois se perdent pour vouloir trop régner, les assemblées législatives ne se perdent pas moins pour vouloir trop innover.

D'ailleurs, pourquoi révéler au monde des vérités purement spéculatives? Ceux qui n'en abuseront pas sont ceux qui les connaissent comme vous, et ceux qui n'ont pas su les tirer de leur propre sein ne les comprendront jamais, et en abuseront toujours. Loin de dire aux peuples que la nature a fait tous les hommes égaux, dites-leur au contraire qu'elle les a faits très-inégaux ; que l'un naît fort et l'autre faible ; que l'un est sain et l'autre infirme ; que tous ne sont pas également adroits et vigilans, et que le chef-d'œuvre d'une société bien ordonnée est de rendre égaux par les lois ceux que la nature a faits si inégaux par les moyens (1). Mais ne leur laissez pas croire pour cela que les conditions soient égales ; vous savez, vous voyez même quels malheurs résultent de

---

(1) Ce pauvre M. de la Fayette, dans une ébauche de constitution lue à l'Assemblée nationale, a dit au contraire que la nature faisait les hommes égaux, et que la société les rendait inégaux.

(*Note de Rivarol.*)

cette fausse idée, lorsqu'une fois le peuple s'en est préoccupé. Au premier bruit qu'on a semé de l'abolition des droits féodaux, les paysans n'ont voulu ni attendre ni entendre que l'Assemblée nationale distinguât entre les droits réels et les droits personnels ; ils ont marché par troupes vers les abbayes, vers les châteaux, vers tous les lieux où reposent les archives de la noblesse et les titres des anciennes possessions ; le feu, le sang, la ruine et la mort ont marqué partout les traces de ces tigres démuselés ; et vous êtes déjà forcés d'implorer contre ces furieux le secours de ces mêmes troupes réglées dont vous avez trop loué la désobéissance pour que vous puissiez espérer jamais de vous en faire obéir.

Direz-vous que mes craintes sont extrêmes ou chimériques, vous qui avez entendu un de vos députés, dans l'Assemblée nationale, lui annoncer qu'il existait au Palais-Royal une liste de proscrits, et lui avouer en frémissant que cette liste contenait les noms de plusieurs de ses membres ; vous qui avez vu vos propres députés à Saint-Germain, sous le fer d'une populace dégouttante du sang de quelques citoyens, demander à genoux, au nom des lois et de l'humanité, la grâce d'un innocent, et l'obtenir à peine pour leur propre vie? Mais, sans parler du peuple, ne savez-vous pas, Assemblée nationale, qu'il existe aussi des hommes de sang dans votre propre sein? Oubliez-vous qu'au moment où les corps des Foulon et des Berthier, tout morts, tout défigurés qu'ils étaient, trouvaient encore des bourreaux ; qu'au moment, dis-je, où leurs têtes sanglantes pendaient aux colonnes du Palais-Royal, un de vos membres s'écria au milieu de vous : *Le sang qui coule est-il donc si pur* (1)? Paroles exécrables, rendues plus horribles par la jeunesse de celui qui les prononçait ! Si nous ne le nommons point, c'est que nous ne voulons pas dévouer les personnes à la postérité, mais seulement les forfaits et les mauvaises maximes plus criminelles encore que les mauvaises actions (2).

---

(1) Il ne faut pas oublier que Barnave se repentit amèrement d'avoir prononcé ce mot cruel, et qu'il a mérité depuis qu'on ne le jugeât point avec trop de rigueur sur une parole échappée à sa jeunesse. (Voyez les *Mémoires de Madame Campan*, t. 2.)
(*Note des éditeurs.*)

(2) L'Assemblée nationale étant environnée d'une foule considérable de spectateurs, il est certain que ses membres ne sont pas tous libres de voter à leur gré. Ceux qui ont des principes modérés, ou qui montrent quelque respect pour l'autorité royale, sont d'abord hués, et ensuite notés au Palais-Royal qui leur écrit des lettres menaçantes. Il n'y a d'applaudis que ceux qui ouvrent des avis violens.

Le bruit ayant couru que les Anglais avaient livré M. de Calonne, et que ce ministre allait être amené à Paris, la populace se préparait à le recevoir, et à le traiter comme elle avait déjà traité Foulon et Berthier. Les ennemis de M. de Calonne, très-populace en ceci, crurent que les Anglais allaient se déshonorer en leur livrant ce ministre ; et ils étaient si sûrs de son arrivée qu'ils en paraissaient affligés.
(*Note de Rivarol.*)

Tremblez donc, Assemblée nationale, que la France ne devienne cruelle, et que sa capitale, qui l'épuise et la corrompt depuis tant de siècles, n'achève pas de la déshonorer. C'est vous seuls qui serez responsables de tous nos maux, puisque vous avez envahi tous les pouvoirs. Des ministres choisis dans votre sein vous prient de rendre au roi la puissance exécutive ; si vous ne voulez pas la lui restituer, s'il vous semble trop difficile de rendre quelque lustre à la royauté que vous avez avilie ; si vous voyez, si vous souffrez, d'un œil sec et d'un bras léthargique, nos malheurs et nos misères, tremblez du moins pour vous-mêmes. Un jour, sans doute, six millions d'hommes armés demanderont l'abolition entière et absolue de tous les droits dont vous n'avez ordonné que le rachat. Ils vous accuseront d'avoir trompé leur espoir. Que n'attendent-ils pas en effet d'une assemblée qui a renversé le trône ? Ils demanderont des lois agraires : voilà où vous mèneront ceux à qui vous parlez trop d'égalité ; car les législateurs ont aussi leurs indiscrétions, et le peuple est toujours prêt à les mettre à profit (1). Vous aurez

---

(1) Dans un journal que nous avons cité, on ne juge pas moins sévèrement les actes de l'Assemblée. Nous citons pour exemple le morceau suivant, écrit avec une ironie amère :

« Peuple français, cessez de vous agiter d'erreurs en erreurs, préservez-vous de toute atteinte du sentiment ; concentrez-vous, refroidissez-vous, si l'on peut s'exprimer ainsi, et que le comte de Mirabeau vous dise par ma bouche qu'un roi n'a plus

armé celui qui n'a qu'une chaumière contre l'heureux possesseur d'une maison, et le simple batelier contre le maître d'un navire ; enfin, ceux qui

---

besoin d'être aimé. C'est un reste de superstition qu'il faut détruire. Nous sommes arrivés à cet âge mûr où les passions vives ne tyrannisent plus. Les rois doivent aujourd'hui être envisagés comme de vieilles maîtresses qu'on a trop long-temps gâtées. Un monarque n'est que le président du comité d'exécution, toute sa science doit consister à bien poser une question. Chaque législature lui votera des remerciemens, et désormais l'histoire séculaire des monarchies doit se composer au plus de cinquante adresses du corps législatif. Si la constitution nouvelle, comme on n'en peut pas douter, d'après l'influence salutaire du parti qui dirige l'Assemblée, dépouille le roi de toute autorité, cette découverte pourra aller de pair avec celle de la poudre à canon. Le courage n'entre pour rien dans la composition d'une armée; la nature ne doit entrer également pour rien dans la constitution d'un grand empire. La règle et le compas décident les victoires plus encore que les baïonnettes ; c'est avec une équerre, et non par des montagnes et des rivières qu'un royaume doit se diviser. Une batterie bien postée, servie par une légion de Thersites, eût fait plier la phalange macédonienne ; Achille lui-même eût reculé devant le pistolet de Mirabeau. Ne songeons donc qu'à former une nouvelle tactique de gouvernement ; brisons les statues de Louis XII et d'Amboise, d'Henri IV et Sully, et rendons mille actions de grâces aux modernes Vaubans de la politique, au nouveau Newton de la finance ; remettons aux mains des mathématiciens le soin de nous gouverner, et, pour assurer à nos neveux la probabilité d'un bonheur dans toutes les règles, confions à M. de Condorcet l'éducation et le préceptorat de monseigneur le Dauphin. (*Actes des apôtres.*)

(*Note des éditeurs.*)

n'ont rien s'élèveront contre ceux qui possèdent, je veux dire le très-grand nombre contre le très-petit nombre. La licence, ce fantôme effrayant de la liberté, vous poursuivra dans cette même salle, sous ces mêmes voûtes où, comme Samson, vous avez rassemblé le peuple, et vous vous ensevelirez comme lui sous les débris du temple, pour en avoir ébranlé les plus fortes colonnes, *la sûreté personnelle et la propriété.* Déjà même où en seriez-vous, s'il se trouvait dans les provinces un tartufe politique et courageux? Lui opposeriez-vous ces soldats philosophes et patriotes auxquels vous avez appris à raisonner sur le serment. Un Cromwel vous accablerait des mêmes argumens dont vous avez accablé la royauté, et vous ne seriez pas le premier exemple d'une assemblée législative qui aurait travaillé pour un usurpateur.

C'est principalement sur Paris que doivent se porter les regards de l'Assemblée nationale. On peut compter dans cette malheureuse ville quarante ou cinquante mille hommes dont on ne connaît ni l'existence ni les intentions, et ces hommes sont armés! et ils sont mêlés aux bourgeois qu'ils peuvent égorger d'un jour à l'autre! En supposant que ce malheur n'arrive pas, la capitale entend-elle ses intérêts lorsqu'elle reste sous les armes? Paris est-il donc une ville de guerre? N'est-ce pas au contraire une ville de luxe et de plaisir? Rendez-vous de la France et de l'Europe, Paris n'est la patrie de personne; et on ne peut que rire d'un homme qui se dit citoyen de Paris. Cette capitale n'est qu'un vaste spectacle qui doit être ouvert en tout temps : ce n'est point la liberté qu'il lui faut ; cet aliment des républiques est trop indigeste pour de frêles sybarites, c'est la sûreté qu'elle exige, et si une armée la menace, elle doit être désertée en deux jours. Il n'y a qu'un gouvernement doux et respecté qui puisse donner à Paris le repos nécessaire à son opulence et à sa prospérité.

La capitale a donc agi contre ses intérêts en prenant des formes républicaines ; elle a été aussi ingrate qu'impolitique en écrasant cette autorité royale à qui elle doit et ses embellissemens et son accroissement prodigieux; et, puisqu'il faut le dire, c'était plutôt à la France entière à se plaindre de ce que les rois ont fait dans tous les temps pour la capitale, et de ce qu'ils n'ont fait que pour elle (1). Ah ! si les provinces ouvrent jamais les yeux, si elles découvrent un jour combien leurs intérêts sont, je ne dis pas différens, mais opposés aux intérêts de Paris, comme cette ville sera abandonnée à elle-même! Combien ses marchands gémiront d'avoir expulsé les nom-

---

(1) Paris a toujours été traité en enfant gâté par le gouvernement. C'est toujours la capitale, dans les temps de disette, qui est la première approvisionnée, et on y maintient toujours le pain à plus bas prix que dans les provinces. C'est pourtant Paris qui s'est révolté le premier.

(*Note de Rivarol.*)

breux chalands qui les enchérissaient, pour lever cette absurde milice qui les ruine. Était-ce donc à toi à commencer une insurrection, ville insensée ! Ton Palais-Royal t'a poussée vers un précipice d'où ton Hôtel-de-Ville ne te tirera pas; l'herbe croîtra un jour dans tes sales rues. Pour te perdre, il n'est pas besoin de te prendre; il n'y a qu'à te quitter; c'est aux provinces à t'assiéger de loin; que, par un blocus aussi heureux pour elles que funeste pour toi, elles cessent de t'envoyer leurs denrées que tu consommes, leur argent que tu dissipes, leurs enfans que tu corromps; qu'elles cessent un jour, et tu n'es plus !

La postérité demandera peut-être ce que fut ce Palais-Royal dont nous parlons si souvent, et qui entretient aujourd'hui des communications si intimes et si sanglantes avec la place de Grève. Nous dirons en peu de mots, que le Palais-Royal, appelé d'abord le Palais-Cardinal, fut le berceau du despotisme sous Richelieu, le foyer de la débauche sous la régence ; et que, depuis cette époque, tour à tour agioteur et politique, il est devenu comme la capitale de Paris. Dans une ville corrompue, ce jardin s'est distingué par la corruption. Telle a été son influence dans la révolution actuelle, que si on eût fermé ses grilles, surveillé ses cafés, interdit ses clubs, tout aurait pris une autre tournure. En ce moment, ses galeries sont des *chambres ardentes* où se prononcent des sentences de mort ; et ses arcades, où l'on étale les têtes des proscrits, sont les *gémonies* de la capitale. La liberté, si elle est le fruit de la révolution, ne pouvait avoir de berceau plus impur.

Nous avons exposé avec assez de franchise la politique, les progrès et les embarras de l'Assemblée nationale, les prétentions, les violences et les crimes de la capitale : nous ne finirons pas sans insister sur la pitoyable conduite de l'ancien ministère.

Quand une vaste monarchie prend une certaine pente, il faudrait d'abord s'arrêter sur les dépenses de toutes sortes, parce qu'en tout il vaut mieux dépendre de soi que des autres, et qu'un roi économe est toujours le maître de ses sujets et l'arbitre de ses voisins ; un roi débiteur n'est qu'un esclave qui n'a ni puissance au dedans, ni influence au dehors. Ensuite, lorsqu'on veut empêcher les horreurs d'une révolution, il faut la vouloir et la faire soi-même : elle était trop nécessaire en France pour ne pas être inévitable. Combien peut-être de gouvernemens en Europe y seront pris, pour n'y avoir pas plus songé que le cabinet de Versailles !

On ne cesse de parler, en France et dans le reste de l'Europe, des causes de cette révolution. On peut les diviser en causes éloignées et en causes prochaines, les unes et les autres sont trop nombreuses pour les rappeler toutes. La populace de

Paris et celle même de toutes les villes du royaume, ont encore bien des crimes à faire avant d'égaler les sottises de la cour. Tout le règne actuel peut se réduire à quinze ans de faiblesse et à un jour de force mal employée.

D'abord on doit (sans être pourtant tenu à la reconnaissance), on doit en partie la révolution à M. de la Vauguyon et à M. de Maurepas, l'un gouverneur et l'autre ministre de Louis XVI; le premier forma l'homme, et le second le roi.

On doit presque tout à la liberté de la presse. Les philosophes ont appris au peuple à se moquer des prêtres, et les prêtres ne sont plus en état de faire respecter les rois; source évidente de l'affaiblissement des pouvoirs. L'imprimerie est l'artillerie de la pensée. Il n'est pas permis de parler en public, mais il est permis de tout écrire; et si on ne peut avoir une armée d'auditeurs, on peut avoir une armée de lecteurs.

On doit beaucoup aussi à ceux qui ont éteint la maison du roi : ils ont privé le trône d'un appui et d'un éclat nécessaires; les hommes ne sont pas de purs esprits, et les yeux ont leurs besoins; par-là ils ont aliéné les cœurs d'une foule de gentilshommes qui, de serviteurs heureux et soumis à Versailles, sont devenus des raisonneurs désœuvrés et mécontens dans les provinces.

On doit encore plus au conseil de la guerre. Tous ses membres, et en général tous ceux que l'armée appelle des *faiseurs*, étaient, sans le savoir, les véritables instigateurs de la révolution. Les coups de plats de sabre et toute la discipline du Nord ont désespéré les soldats français. Ceux qui ont substitué le bâton à l'honneur mériteraient qu'on les traitât, d'après cette préférence, si la révolution n'entraînait que des malheurs.

Il ne faut pas oublier non plus ce qu'on doit à M. l'archevêque de Sens, qui aima mieux faire une guerre intérieure et dangereuse aux parlemens, qu'une guerre extérieure et honorable contre la Prusse. La Hollande, qu'on aurait sauvée, aurait donné des secours en argent, et cette guerre aurait sauvé le roi lui-même, en lui attachant l'armée, et en le rendant respectable au dedans et au dehors (1).

Enfin, on doit tout au dépit des parlemens, qui ont mieux aimé périr avec la royauté que de ne pas se venger d'elle (2).

---

(1) Observez que la France, au moment de la révolution, avait atteint son plus bas périgée en Europe. Elle avait abandonné successivement tous ses alliés, la Suède, la Prusse, la Turquie, la Hollande, la Pologne et les princes de l'Empire : c'est aujourd'hui son traité de commerce avec l'Angleterre qui achève de la ruiner. (*Note de Rivarol.*)

(2) On peut opposer à cette satire rigoureuse le tableau suivant tracé avec vigueur, par Mirabeau.

« Nous rappelons encore les propos sentencieux de cette sagesse routinée qui consiste par excellence à ne rien voir au-

Depuis long-temps, le cabinet de Versailles était, pour les lumières, fort au-dessous du moin-

delà de ce qui est. Les nouvelles vues étaient des systèmes, et ce mot avait une vertu magique pour répondre à tout; les amis du bien public étaient des têtes exaltées; ceux qui proposaient les Anglais pour modèles, des extravagans, des anglomanes*. La nation, nous disait-on gravement, n'est faite que pour s'occuper de bagatelles; la liberté sera quelque temps la mode régnante, comme l'Encyclopédie et les pantins; mais la cour est trop dépravée, la capitale trop frivole, l'Opéra trop important, les provinces trop ignorantes, les peuples trop façonnés au joug, pour qu'on puisse espérer une régénération. Dire à la France d'être libre, parce que la liberté est le premier des biens, c'est dire à un vieillard cacochyme et goutteux de faire beaucoup de mouvemens, parce que l'exercice entretient la santé. Eh ! qui raisonnait ainsi? Quelquefois des philosophes chagrins, effrayés de la dégradation de l'espèce humaine sous l'empire du despotisme; mais plus souvent d'aimables *Atticus* qui, dans une révolution générale, craignaient le dérangement de leur tranquillité; des hommes corrompus et puissans, aux yeux desquels tout est bien, parce qu'ils rentreront dans le néant le jour où tout sera

* On ne peut se refuser à citer un trait de pénétration d'un premier commis des affaires étrangères. Sur la première nouvelle qu'il reçut, par les gazettes, des tumultes arrivés à Londres en 1780, à l'occasion de l'association protestante : « Vous verrez, vous verrez, disait-il avec la suffisance mystérieuse d'un sot en place, vous verrez ce que va devenir l'Angleterre ! Sa constitution n'est que d'hier, cela n'a point de solidité ; laissez faire, une secousse suffira pour la renverser. » Heureusement pour l'Angleterre, ce grand homme déployait alors tous ses talens pour exciter une tempête dans un verre d'eau. Qu'est-il arrivé ? La petite république a été bouleversée, mais l'Angleterre a échappé ; et la grande monarchie, dont le gouvernement bureaucratique paraissait si parfait au ministre subalterne, cherche aujourd'hui sa constitution.

dre club du Palais-Royal. La postérité aura peine à croire tout ce qu'a fait le gouvernement, et tout ce qu'il n'a pas fait. Il y a eu comme un concert de bêtises dans le conseil. A la veille de de leurs mauvaises dispositions, les ministres firent renvoyer M. Necker, et ce fut encore là un nouvel effet de l'heureuse étoile de cet administrateur qui aurait été enveloppé dans la haine publique, c'est-à-dire proscrit par l'Assemblée nationale et condamné au Palais-Royal, ainsi qu'à l'Hôtel-de-Ville, s'il fût resté deux jours de plus à Versailles.

On convient unanimement que, si le roi était monté à cheval, et qu'il se fût montré à l'armée, elle eût été fidèle et Paris tranquille ; mais on n'avait songé à rien. Cette armée, en arrivant,

---

mieux. Voilà le secret de cette repoussante incrédulité qu'ils opposaient sans cesse aux espérances des vrais patriotes, incrédulité qui eût fait leur désespoir, s'ils eussent connu les émotions délicieuses de l'humanité, et qui faisait leur consolation, en rassurant leur aride et barbare égoïsme.

» Aujourd'hui tout est changé : ceux qui croyaient le moins à la révolution se vantent de l'avoir prévue. Loin de rester en arrière par légèreté, souvent par faiblesse, on passe le but, comme si la constitution pouvait être l'ouvrage d'un jour. Sans doute cette impatience n'est pas générale ; sans doute il ne sera plus vrai ce mot ingénieux d'une femme : « Que les Français sont des » enfans qui, après avoir mis dans la terre une semence, vont » gratter le sol le lendemain pour voir si elle ne commence » point à lever. » (*Courrier de Provence.*)

(*Note des éditeurs.*)

manquait de tout : elle fut nourrie et pourvue par ceux qu'elle venait réprimer. Le moyen que ses pédagogues pussent la diriger contre ses nouveaux bienfaiteurs Elle a suivi l'exemple des Gardes-Françaises qui, au fond, n'ont jamais été dans Paris que des bourgeois armés.

D'ailleurs, après avoir fait la faute d'assembler les États-généraux aux portes de Paris, c'était commettre une imprudence que d'y rassembler les troupes. Les bourgeois de cette grande ville et une foule d'émissaires se répandirent dans le camp, et semèrent l'or à pleines mains ; de sorte que, huit jours après leur arrivée, il était à peu près certain que les troupes n'obéiraient pas. Le roi, en congédiant l'armée, ne consulta sans doute que la clémence ; mais il aurait dû la congédier encore, en ne consultant que la prudence. On dira peut-être que le roi aurait dû suivre l'armée : ceci suppose un autre système, un autre ordre de choses et un tout autre roi.

Comme rien n'avait été prévu, rien ne se trouva gardé. La Bastille emportée, trente mille fusils et cent pièces de canon entre les mains du peuple, une milice de soixante mille bourgeois, un sénat permanent à l'Hôtel-de-Ville et dans les soixante districts, l'Assemblée nationale se mettant sous leur sauvegarde ; et le roi forcé de venir à Paris approuver leurs fureurs et légitimer leur rébellion ; tels ont été les derniers symptômes et les signes les plus éclatans de la révolution :

car la défection de l'armée n'est point une des causes de la révolution : elle est la révolution même.

L'extrême population dans un État est aussi une des causes de la chute des pouvoirs et des révolutions. Tout prospère chez un peuple au gré de ceux qui le gouvernent, lorsqu'il y a plus de travaux à faire que d'hommes à employer : mais quand les bras l'emportent par le nombre sur les travaux à faire, il reste alors beaucoup d'hommes inutiles, c'est-à-dire dangereux. Alors il faut recourir aux émigrations, et fonder des colonies, ou donner à ces peuples une forte constitution pour les contenir. Mais malheureusement si, au lieu de leur donner cette constitution, le prince les assemble pour qu'ils se la donnent eux-mêmes, alors c'est cette partie oisive et remuante qui domine, et tout est perdu.

Nous n'avons parlé, dans l'énumération de ces causes, ni de ce qu'on reproche à la reine, ni des déprédations de quelques favoris : ce sont là des sujets de mécontentement, et non des causes de révolution ; seulement peut-on dire que des faveurs entassées sans ménagement sur quelques individus ont découragé et aliéné une grande partie de la noblesse et du clergé, et que ce sont ces mêmes nobles et ces prélats, réunis aux parlemens, qui ont été les instigateurs et les premières victimes de la révolution ? Cela devait être, puisqu'en dernier résultat tout mouvement national n'est qu'un choc de l'*égalité naturelle* (1) contre les priviléges, et, s'il faut le dire, du pauvre contre le riche. Du moment en effet que les priviléges sont si coupables, il est difficile que les grandes propriétés ne soient pas un peu odieuses ; et voilà pourquoi d'un bout du royaume à l'autre, ceux qui n'ont rien se sont armés contre ceux qui possèdent, et que le sort de l'État dépend aujourd'hui du succès qu'auront les milices bourgeoises contre les brigands.

Il reste maintenant à examiner quel serait l'état actuel des choses, si l'autorité royale n'avait pas été anéantie par la défection de l'armée.

Les fanatiques et les mal intentionnés répondent d'abord que les membres de l'Assemblée nationale étaient à jamais perdus et que Paris était détruit de fond en comble si le roi eût prévalu. Ceux qui accréditent ces bruits-là n'en sauraient

---

(1) Nous entendons par ce mot une égalité de droit, et non une égalité de fait, puisqu'il est vrai que les hommes naissent avec des moyens inégaux, et passent leur vie dans des conditions très-inégales, de quelque liberté que jouisse le pays où ils se trouvent. Un cordonnier de l'ancienne Rome n'était pas l'égal de Scipion, quoiqu'il eût naturellement autant de droit que lui aux emplois de la république : ils étaient tous deux égaux par le droit, et inégaux par les moyens. Peut-être faudrait-il, au lieu d'*égalité naturelle*, *égalité civile*, puisque tous les citoyens sont protégés par des lois égales. Il n'y a, il n'y aura jamais d'autre égalité parmi les hommes.

(*Note de Rivarol.*)

apporter la moindre preuve, et ils ont toutes les probabilités contre eux. Il faut, pour leur répondre, partir seulement du motif qui a fait recourir à une assemblée d'états-généraux ; c'est le besoin d'argent : or ce besoin n'était pas diminué, il s'était au contraire fort augmenté depuis un an : était-ce donc le moyen d'obtenir des secours de la nation française que de la violer dans la personne de ses députés? Si l'exil des parlemens, sous le précédent ministère, avait fait craindre le refus des subsides, que ne serait-il donc pas arrivé d'une pareille violence? Ne devait-on pas s'attendre à une insurrection générale, puisqu'elle s'est effectuée par la seule appréhension de ce qu'on ne fait que supposer? Il est bien plus probable que le roi n'aurait songé qu'à faire accepter la *déclaration des droits* par l'Assemblée nationale, à statuer les impôts nécessaires et à indiquer d'autres états-généraux : on est toujours sûr d'un roi qui a besoin d'argent.

Quant à la ville de Paris, jamais la cour n'a eu ni assez de lumières ni assez d'amour du bien public pour vouloir la dispersion de cet énorme et confus amas d'hommes et de pierres. Paris, qui a jusqu'à présent consumé les provinces, ne doit périr que par elles. Une cour prodigue et nécessiteuse ne saura jamais se passer d'une grande capitale, et préférera toujours les objets de luxe entassés dans une ville, aux véritables biens de l'homme répandus dans les campagnes.

D'ailleurs Paris avait alors des otages trop précieux pour qu'on songeât seulement à y jeter un boulet de canon. On y comptait à cette époque les premières familles du royaume, les femmes et les enfans des courtisans et des premiers officiers de l'armée. Mais c'est pour ne pas trop rougir de ses crimes que Paris s'obstine à dire qu'on avait résolu sa perte.

Il est donc clair qu'en réduisant à rien les preuves pour et contre les intentions de la cour, il reste du moins de grandes probabilités pour ceux qui la justifient, contre ceux qui la calomnient ; et ces probabilités sont encore fortifiées par la comparaison de l'état où nous sommes. Paris aurait été contenu par des soldats, mais il aurait été tranquille ; l'Assemblée n'aurait pas eu l'honneur de faire sa fausse constitution, mais la nation et le roi se seraient entendus ; les impôts auraient été accordés ; et cependant la capitale n'aurait pas été souillée de tant de crimes, les provinces ne seraient pas infestées de brigands, les abbayes ne seraient pas incendiées, les châteaux démolis, les couvens pillés et violés, la sûreté personnelle et les propriétés attaquées de toutes parts, les revenus publics considérablement diminués, les lois affaiblies et les droits confondus ; enfin l'armée n'eût pas été infidèle, ce qui dans tout État sera toujours un grand malheur. Comment se fier désormais au serment d'une telle armée ? Ceux qui ont abandonné leur roi seront-ils fidèles à des officiers municipaux ? Il faut que l'Assemblée nationale, pour être sûre de l'armée, ait compté d'abord sur un miracle ou sur un complot, et qu'elle compte maintenant sur des vertus, sur des raisonnemens et des distinctions métaphysiques. Une armée est un instrument de bien ou de mal, et les rois manient mieux que les corps législatifs ces sortes d'instrumens.

Résumons. L'Assemblée nationale n'avait pas été députée pour faire une révolution, mais pour nous donner une constitution. Nos députés n'ont encore fait que détruire. Ils cèdent aujourd'hui à la tentation de placer une déclaration des droits de l'homme à la tête de la constitution ; puissent-ils ne pas s'en repentir ! Les princes, à qui on parle toujours de leurs droits et de leurs priviléges, et jamais de leurs devoirs, sont en général une mauvaise espèce d'hommes. L'Assemblée nationale aurait-elle le projet de faire de nous autant de princes? Les passions ne crient-elles pas assez haut dans le cœur humain, et une assemblée législative doit-elle favoriser l'envie, qui ne veut pas qu'un homme puisse jamais valoir ou posséder plus qu'un autre? Depuis quand la loi, qui a toujours lié les hommes, ne songe-t-elle qu'à les délier et qu'à les armer ?

Tous les législateurs ont ajouté aux liens des lois les chaînes de la religion ; ils n'ont jamais cru prendre trop de précautions pour établir parmi le peuple la subordination, cet ange tutélaire du monde. Mais les philosophes actuels composent d'abord leur république, comme Platon, sur une théorie rigoureuse; ils ont un modèle idéal dans la tête, qu'ils veulent toujours mettre à la place du monde qui existe; ils prouvent que les prêtres et les rois sont les plus grands fléaux de la terre, et quand ils sont les maîtres, ils font d'abord révolter les peuples contre la religion et ensuite contre l'autorité. C'est la marche qu'ils ont suivie en France; ils ont vengé les rois des entreprises des papes, et les peuples des entreprises des rois : mais bientôt ils verront avec douleur qu'il faudrait qu'il existât un monde de philosophes pour briser ainsi toute espèce de joug; ils verront qu'en déliant les hommes on les déchaîne; qu'on ne peut leur donner une arme défensive qu'elle ne devienne bientôt offensive; et ils pleureront sur le malheur de l'espèce humaine qui ne permet pas à ceux qui la gouvernent de songer à la perfection (1). Alors, de philosophes qu'ils étaient

---

(1) Il y a autant de finesse d'observation que d'énergie dans le morceau suivant, où, après avoir peint les États despotiques, Mirabeau dit :

« Le tableau des pays libres est bien différent : point de voile mystérieux qui couvre les iniquités de l'administration, tout est connu. Là, de peur de passer pour un adulateur du pouvoir, on se fait presque honneur d'un esprit chagrin. Ce mécontentement, qui n'est pas le malheur, est un des caractères de la liberté; l'homme libre désire une perfection qu'on n'atteint jamais : il est, en matière de gouvernement, un Sybarite blessé

ils deviendront politiques. Ils verront qu'en législation comme en morale, le bien est toujours le mieux : que les hommes s'attroupent parce qu'ils ont des besoins, et qu'ils se déchirent parce qu'ils ont des passions; qu'il ne faut les traiter ni comme des moutons ni comme des lions, mais comme s'ils étaient l'un et l'autre; qu'il faut que leur fai-

---

par des feuilles de roses. On n'attend pas les maux réels pour se plaindre, mais on s'étudie à les prévoir : une opinion fait un schisme. Tout homme doué de grands talens devient une puissance et forme un parti, mais tous se contiennent les uns par les autres, tous fléchissent devant la loi; au lieu que dans les États despotiques on fait beaucoup de mal et point de bruit; dans les États libres on fait beaucoup de bruit et encore plus de bien; car au sein de toutes ces guerres d'opinion, on est en paix dans l'intérieur des familles; chacun recueille les fruits de son industrie, moissonne où il a semé, jouit sans crainte, se livre sans inquiétude aux charmes de la confiance, exploite, selon ses talens, tous les sillons de la richesse publique, et s'abandonne sans regret au plus doux instinct de la nature, embelli par l'espoir de donner le jour à des citoyens.

» On dit souvent, tel peuple est libre; et cependant il n'est jamais tranquille. Ne jugez pas à distance, approchez-vous, observez mieux. Vous accusez la liberté d'une inquiétude dont le principe est dans le défaut de liberté même. Le reproche que vous lui faites ne tombe que sur de mauvaises lois, sur une constitution vicieuse. Rendez la liberté plus pure, plus générale, plus solide, vous détruirez le germe funeste des dissentimens et des troubles. Quand les aristocrates de telle république se plaignent de l'esprit inquiet des citoyens, c'est la fièvre qui accuse le pouls de la fréquence et de la vivacité de ses vibrations. (*Courrier de Provence.*)

(*Note des éditeurs.*)

blesse les rassemble, et que leur force les protége. Le despote qui ne voit que de vils moutons, et le philosophe qui ne voit que de fiers lions, sont également insensés et coupables.

Il faut pourtant observer que les livres des philosophes n'ont point fait de mal par eux-mêmes, puisque le peuple ne les lit point et ne les entendrait pas ; mais il n'est pas moins vrai qu'ils ont nui par tous les livres qu'ils ont fait faire, et que le peuple a fort bien saisis. Autrefois un livre qui ne passait pas l'antichambre n'était pas fort dangereux ; et aujourd'hui il n'y a que ceux en effet qui ne quittent pas les antichambres qui sont vraiment redoutables. En quoi il faut louer les philosophes qui écrivaient avec élévation pour corriger les gouvernemens, et non pour les renverser ; pour soulager les peuples, et non pour les soulever ; mais les gouvernemens ont méprisé la voix des grands écrivains, et ont donné le temps aux petits esprits de commenter les ouvrages du génie, et de les mettre à la portée de la populace.

Il est dur sans doute de n'avoir que des fautes ou des crimes à raconter, et de transmettre à la postérité ce qu'on ne voudrait que reprocher à ses contemporains ; mais, comme dit un ancien, quand on ne peut faire peur aux hommes, il faut leur faire honte. Jamais en effet gouvernement n'a été plus humilié que le nôtre ; jamais il n'y eut d'assemblée législative plus insensée, jamais de capitale plus coupable. Puisse la nation profiter également des fautes de la cour, des crimes de Paris, et de l'incroyable conduite de ses députés ! Puissent-ils s'apercevoir eux-mêmes qu'à mesure qu'ils démolissent avec tant de zèle, le peuple ne cesse de briser avec fureur les matériaux qu'ils tirent du vieux ██████, et qui devaient servir à la construction ██ nouveau !

Qu'ils ne nous accusent pas d'avoir exagéré leurs fautes ou atténué leurs bonnes intentions ; nous avons au contraire jeté plus d'un voile sur les maux particuliers, pour ne voir et ne montrer que le malheur public. Le roi, dans ses proclamations pour le maintien de l'ordre, avoue en gémissant, que ce qui se passe *est la honte et le scandale* de la France. M. Necker lui-même dit dans ses discours, que *le gouvernement ne peut plus rien* : Avons-nous avancé des choses plus fortes ? Avons-nous détaillé tous les crimes, démasqué toutes les ruses, dénoncé toutes les prétentions ? D'autres que nous auraient parlé de l'affaire de Brest et de la répugnance qu'a montrée l'Assemblée nationale pour dévoiler ce complot ; pourquoi un régiment révolté contre ses chefs, à Strasbourg, après avoir commis de grands excès, a réclamé utilement la protection de l'Assemblée nationale ; pourquoi nos députés comptent leurs mandats, tantôt pour beaucoup, tantôt pour rien. Mais ces questions et d'autres encore sont inutiles. L'Assemblée enfin ne dissimule plus : elle ne tend qu'à obscurcir le trône, et peut-être même à l'anéantir : mais la nature des choses est plus forte que la volonté des hommes; cette nuit et ces projets se dissiperont ; l'orage n'aura dispersé que les fanatiques du peuple et les esclaves de la cour, et le trône brillera un jour sous un ciel plus pur, appuyé sur la liberté publique, et revêtu d'une splendeur tranquille.

S'il existait sur la terre une espèce supérieure à l'homme, elle admirerait quelquefois notre instinct; mais elle se moquerait souvent de notre raison. C'est surtout dans les grands événemens que nos efforts, suivis de tant de faiblesse, et nos projets, accompagnés de tant d'imprévoyance, exciteraient sa pitié. Il a fallu que la vanité de l'homme confessât qu'il existe une sorte de fatalité, un je ne sais quoi qui se plaît à donner des démentis à la prudence et qui trouble à son gré les conseils de la sagesse. C'est à la brièveté de notre vue qu'il faut s'en prendre. Si nous apercevions les causes avant d'être avertis par les effets, nous prédirions les événemens avec quelque certitude : mais, toujours forcé de remonter des effets aux causes, l'homme passe sa vie à raisonner sur le passé, à se plaindre du présent, et à trembler pour l'avenir.

Qui aurait dit au vieux Maurepas, lorsqu'il rétablit les parlemens, en 1774, qu'il les perdait à jamais, et avec eux l'autorité royale? Et, pour en venir à des exemples plus récens, qui aurait dit, l'année dernière, à la noblesse et au clergé, lorsqu'ils demandaient à grands cris les états-généraux, qu'ils y trouveraient une fin si prompte ? Ils ne songeaient pourtant qu'à se venger de M. l'archevêque de Sens, et à rattraper quelques bribes de pensions que ce cardinal avait supprimées. M. Necker est peut-être le seul qui, après avoir accordé la double représentation au tiers-état, ait senti tout-à-coup qu'il renversait l'ancienne monarchie; mais l'effet était si près de la cause, que ce ministre est impardonnable de ne l'avoir pas senti plus tôt. Son repentir et ses efforts ont été inutiles : en vain a-t-il indiqué la délibération *par ordre*, comme un remède efficace pour le mal qu'il avait fait; l'impulsion était donnée, et le tiers-état a crié, par mille bouches à la fois, qu'il délibérerait *par tête*.

Maintenant, s'il est un problème intéressant au monde, c'est celui que nous offre la situation actuelle de la France. *Que deviendra le roi ? Que deviendront les fortunes ?* Chacun se le demande, et dans la consternation universelle, l'intérêt, la peur ou le fanatisme répondent tour à tour. Nous essaierons bientôt si, à travers leurs cris, la raison pourra faire entendre sa voix ; et, sans trop nous livrer à l'art des conjectures, nous verrons jusqu'à quel point il est permis à nos faibles regards de se porter dans l'avenir.

Mais, avant d'examiner les travaux de l'Assemblée nationale, et de prononcer sur notre état futur, d'après l'état où nous sommes, il faut d'abord convenir que les sottises de la cour et les griefs de la nation étaient montés à leur comble ; nous ne saurions trop le répéter. Tous les rois du monde ont reçu une grande leçon dans la personne du roi de France. Les gouvernemens apprendront désormais à ne pas se laisser devancer par les peuples qu'ils dirigent. Dans le nord de l'Europe, l'Angleterre exceptée, les princes sont instruits, et les peuples ignorans ; au midi, les princes sont ignorans et les peuples éclairés ; cela vient de ce que les rois du nord s'occupent à lire nos bons ouvrages, et que les rois du midi ne songent qu'à les proscrire. La France surtout offrait depuis long-temps le spectacle du trône éclipsé au milieu des lumières. Ce spectacle est dégoûtant et ne saurait être long. Il faut des rois administrateurs aux états industrieux, riches et puissans; un roi chasseur ne convient qu'à des peuples nomades.

Quand M. de Calonne assembla les notables, il découvrit aux yeux du peuple ce qu'il ne faut jamais lui révéler, le défaut de lumières plus encore que le défaut d'argent. La nation ne put trouver, dans cette assemblée, un seul homme d'État ; et le gouvernement perdit à jamais notre confiance. C'est ce qui arrivera chez tous les peuples que les ministres consulteront. En effet, que diraient des voyageurs qui auraient pris des guides, si, au milieu des bois, ces mêmes guides s'arrêtaient tout-à-coup pour les consulter sur la route qu'il faut prendre? Les voyageurs seraient encore bien doux s'ils ne faisaient que mépriser leurs guides. Or, quand les peuples cessent d'estimer, ils cessent d'obéir. Règle générale : les nations que les rois assemblent et consultent, commencent par des vœux et finissent par des volontés. Tel peuple qui se fût estimé heureux d'être écouté dans ses plaintes, finit par ne vouloir pas même entendre la voix de ses maîtres.

Au reste, la nation française a pris un moyen infaillible de se procurer de grands princes, en leur donnant des entraves et même des inquiétudes. Quand les rois étaient absolus, lorsqu'il était si nécessaire qu'ils eussent des talens, on les abandonnait à des gouverneurs et à des ministres imbéciles, et ils s'endormaient sur le trône; maintenant que, par la constitution, si elle dure, ils seront restreints dans leurs pouvoirs, et qu'il serait presque indifférent qu'ils eussent le mérite personnel, ils seront toujours éveillés par le besoin et le malheur, ces grands précepteurs des rois; ils seront toujours bien entourés; ils seront guerriers, financiers, politiques; ils seront eux-mêmes leurs propres ministres.

Voilà en peu de mots la grande faute du gouvernement. Voyons à présent les griefs de la nation.

Ils sont nombreux sans doute; et pourtant, qui le croirait? Ce ne sont ni les impôts, ni les lettres de cachet, ni tous les autres abus de l'autorité; ce ne sont point les vexations des in-

tendans, et les longueurs ruineuses de la justice, qui ont le plus irrité la nation, c'est le préjugé de la noblesse, pour lequél elle a manifesté plus de haine : ce qui prouve évidemment que ce sont les bourgeois, les gens de lettres, les gens de finances, et enfin tous ceux qui jalousaient la noblesse, qui ont soulevé contre elle le petit peuple dans les villes, et les paysans dans les campagnes. *C'est une terrible chose que la* QUALITÉ, disait Pascal ; *elle donne à un enfant qui vient de naître une considération que n'obtiendraient pas cinquante ans de travaux et de vertus.* Il est singulier, en effet, que la patrie s'accorde à dire à un enfant qui a des parchemins : « Tu seras un jour prélat, maré-
» chal de France, ou ambassadeur à ton choix. », et qu'elle n'ait rien à dire à ses autres enfans. Les gens d'esprit et les gens riches trouvaient donc la noblesse insupportable, et la plupart la trouvaient si insupportable, qu'ils finissaient par l'acheter : mais alors commençait pour eux un nouveau genre de supplice; ils étaient des anoblis, des gens nobles, mais ils n'étaient pas gentilshommes; car les rois de France, en vendant la noblesse, n'ont pas songé à vendre aussi le temps qui manque toujours aux parvenus. Quand l'empereur de la Chine fait un noble, il le fait aussi gentilhomme, parce qu'il anoblit le père, l'aïeul, le bisaïeul, le trisaïeul, au fond de leurs tombeaux, et qu'il ne s'arrête qu'au degré qu'il veut. Cet empereur vous donne ou vous vend

à la fois le passé, le présent et l'avenir; au lieu que les rois de notre Europe ne nous vendent que le présent et le futur; en quoi ils se montrent moins conséquens et moins magnifiques que le monarque chinois. Les rois de France guérissent leurs sujets de la roture, à peu près comme des écrouelles, à condition qu'il en restera des traces.

Je le demande maintenant aux différens peuples de l'Europe, et aux Français particulièrement : à qui la faute, si la folie de la noblesse est devenue épidémique parmi nous ? Faut-il s'en prendre à un gentilhomme, de ce que tout le monde lui dit qu'il est gentilhomme; de ce que tout le monde lui sait gré de porter le nom de son père; de ce que tout le monde lui crie de bien conserver ses vieux papiers et de vivre sans rien faire; de ce qu'enfin tout le monde le tient pour dégradé, si la pauvreté le force à travailler et à se rendre utile à la société ? Il est bien clair que si les nobles avaient été seuls à croire ces sottises-là, ils auraient bientôt quitté la partie; que si on avait ri pour la première fois au nez des gens qui se disaient nobles, ils ne l'auraient pas dit long-temps. Mais les roturiers étaient encore plus frappés qu'eux de cette maladie; la noblesse est, aux yeux du peuple, une espèce de religion dont les gentilshommes sont les prêtres; et parmi les bourgeois, il y a bien plus d'impies que d'incrédules. Nos académies, moins conséquentes que les chapitres nobles où l'esprit et le talent n'ont jamais fait entrer personne, ont voulu se décorer de gentils-hommes, et ont ouvert leurs portes à la naissance. Nos philosophes même ont passé leur vie à classer dans leur tête les différentes généalogies de l'Europe, et à se dire entre eux : *Un tel est bon, un tel ne l'est pas ; ce sot et ce fripon sont des gens comme il faut ; un tel est du bois dont on fait les les évêques et les maréchaux de France ;* et ils ont ainsi accrédité un tas de phrases proverbiales qui, passant de bouche en bouche, ont vicié les meilleurs jugemens, et formé ce qu'on appelle le préjugé de la noblesse (1).

Je vous le demande donc, nation française, à qui la faute si ce préjugé a renversé toutes les têtes ? N'est-ce pas à vous à vous en accuser vous-même ? Mais, si vous vous en accusez, si vous en rougissez, pourquoi massacrez-vous un homme par la raison qu'il est gentilhomme ? Pourquoi brûlez-vous ses archives et ses châteaux ? Peut-être voulez-vous, après avoir expié votre sottise par la honte, laver votre honte dans le sang, et devenir atroce pour faire oublier que vous avez été ridicule. Mais je vous le prédis, vous n'aurez

---

(1) Madame du Deffant ayant lu l'*Esprit des lois*, dans le temps que ce livre parut, dit à ceux qui lui en demandaient son avis qu'*il résultait, de la lecture de cet ouvrage, que son auteur était gascon, homme de robe et gentilhomme ;* et tout cela en effet se fait très-bien sentir dans l'admirable ouvrage de l'*Esprit des lois.*

(*Note de Rivarol.*)

fait que des crimes inutiles (1); vous n'éteindrez pas des souvenirs. César disait à l'assemblée la plus démocratique qui ait existé sur la terre : « Je » descends d'Ancus Martius par les hommes, et » de Vénus par les femmes; si bien qu'on trouve » dans ma maison la majesté des dieux et la sain- » teté des rois. » Il le disait, et on ne l'en aimait pas moins ; car les Romains étaient plus jaloux des emplois de la république que des généalogies des particuliers : et sans doute, bourgeois parisiens, que vous aurez un jour une jalousie aussi raisonnable, quand vous verrez vos enfans parvenir, comme les nobles, aux charges publiques. Mais, je vous le répète, les nobles partageront toujours avec vous les profits des places, sans que vous puissiez partager avec eux la vanité des titres ; sans qu'il vous soit jamais possible d'oublier ni ce qu'ils furent, ni ce que vous êtes ; et même,

---

(1) En Franche-Comté, vers la fin du mois d'août 1789, le jour anniversaire de la St.-Barthélemi, le peuple avait résolu d'égorger tous les nobles. Quatre coups de fusil devaient être le signal du massacre; mais celui qui tirait les coups ayant été surpris avant de tirer le quatrième, avoua le complot, et on pendit trois bourgeois et trois soldats des plus coupables. Dans d'autres provinces, on a employé le fer et le feu pour forcer les gentilshommes à renoncer à leurs titres de *marquis* et de *comtes;* on leur demandait s'ils étaient plus grands seigneurs que le roi, qui s'était déclaré du tiers-état. Ceux qui brûlaient les châteaux répandaient qu'il leur était enjoint de ne laisser debout que le château de Versailles, dont on ne répond pas même aujourd'hui.
(*Note de Rivarol.*)

dans votre constitution future, ceux de vous qui auront passé par les grandes charges deviendront aussi des nobles, et ceux qui n'y parviendront que les derniers seront toujours traités d'*hommes nouveaux*. Ce mal est incurable dans notre Europe, et il serait encore plus aisé à vos philosophes de vous en consoler que de vous en guérir.

L'énorme fortune du haut clergé était aussi depuis long-temps un objet insupportable aux yeux du peuple, et augmentait encore la haine et l'envie contre les nobles qui avaient le privilége exclusif des grandes dignités et des gros bénéfices. Aussi, dans la cruelle position des finances, n'a-t-on pas hésité un moment, et l'Église a été la première victime.

C'est pour la dernière fois que nous aurons parlé des fautes du gouvernement et des sujets de plaintes de la nation ; nous n'y reviendrons plus. Les travaux de l'Assemblée nationale et les événemens qui en seront les suites vont occuper toute notre attention.

Nous avons laissé le roi décoré d'une cocarde patriotique ; mais sans armée, sans conseil, sans ministre, sans argent ; livré à toutes les entreprises d'un corps législatif. Les esprits modérés pensaient que, de ce jour même, l'Assemblée aurait dû tomber aux pieds d'un roi dont les mains étaient désarmées, et qu'elle aurait dû lui rendre en hommages apparens ce qu'il perdait en réalité, afin de lui concilier le respect ; et surtout afin de contenir le peuple qui pouvait se porter aux extrémités, s'il s'apercevait trop que le gouvernement était sans force. On espérait que cette foule de législateurs se hâteraient de resserrer les liens du corps politique, ébranlé par une si grande secousse ; que les pouvoirs allaient être balancés par une sage constitution, et la législation commencée ; on espérait surtout que l'Assemblée nationale allait s'occuper des finances. Mais on verra bientôt comment nos députés, enflés de leur victoire sur l'autorité royale, enivrés de l'encens qui fumait pour eux dans toutes les provinces, forts d'une milice innombrable et de l'aveugle adhésion de toutes les grandes villes, *à ce qu'ils avaient fait, à ce qu'ils faisaient, et à ce qu'ils feraient;* on verra, dis-je, comment nos députés se sont emportés au-delà de leurs mesures, et ce que la peur et la vanité ont fait faire à *la plus sage et à la plus auguste assemblée de l'univers.*

Cependant M. Necker fuyait à travers les Pays-Bas et l'Allemagne, emportant avec lui *le salut de la France.* Une lettre du roi, une épître de l'Assemblée nationale et un commis du contrôle galopaient après lui, et le joignirent au-delà du Rhin. Au récit de tout ce qui s'était passé le lendemain de son départ, ce ministre, se voyant le prétexte de tant de maux, crut aussi en être le remède, et revint à Paris. Toutes les cabales s'étaient réunies pour le rappeler ; on voulait opposer sa présence aux fureurs du peuple, comme en certains pays on expose encore des reliques pour arrêter les incendies et les inondations.

Les esprits sages craignaient que ce ministre ne voulût revenir qu'après que l'Assemblée nationale aurait fait une bonne constitution, et rendu au roi assez d'autorité pour assurer la tranquillité publique, mais M. Necker ne voulut ni calculer ni balancer ; il se rejeta dans un royaume anarchique qui lui tendait ses bras ensanglantés, et il vint à Paris où son entrée fut une belle et heureuse parodie de celle que le roi y avait faite peu de jours auparavant. Le monarque n'avait entendu que des *vive la nation !* et le ministre n'entendit que des *vive M. Necker !* Le monarque avait demandé *justice* pour ses sujets, et le ministre demanda *grâce* : on n'avait offert qu'une *cocarde* au monarque, on décerna une *statue* au ministre.

Mais cette entrée, qui réjouit tout le monde, ne rassura personne. Les soixante petites républiques qui, sous le nom de *districts*, se partageaient la capitale, ne voulurent point confirmer les grâces accordées par l'Hôtel-de-Ville aux prières de M. Necker, et se moquèrent de leur métropole; de sorte qu'il ne resta plus à ce ministre d'autre parti que de se retirer à Versailles au milieu des débris du trône, et d'observer de là les convulsions de Paris et les manœuvres de l'Assemblée nationale.

On fait, disait le grand roi de Prusse, un métier de dupe, quand on gouverne les états dans les temps de trouble et de malheur. En effet, le crédit de l'homme le plus vénéré peut baisser dans les temps de crise, soit que la foi manque aux miracles, ou que les miracles manquent à la foi, et c'est ce que M. Necker éprouva, ainsi que nous l'allons voir.

Ce ministre avait trouvé l'Assemblée nationale dans une situation brillante, mais délicate. Tous les pouvoirs étaient entre ses mains, toutes les cours souveraines à ses pieds; les félicitations, les encouragemens et les adhésions arrivaient de toutes parts; mais elle avait à ses portes cette capitale dont elle s'était servie pour renverser le trône; et la puissance ombrageuse et farouche d'un peuple qui use de sa force plutôt que de ses droits exigeait des mains habiles pour être dirigée. M. de la Fayette, commandant général des milices, écrivait aux bourgeois de Paris : *Exécuter vos décrets, vivre et mourir, s'il le faut, pour vous obéir, voilà les seules fonctions, les seuls droits de celui que vous avez daigné nommer votre commandant.* Tout fléchissait, avec plus ou moins de bassesse, devant ce peuple de rois; et comme ils avaient manifesté des désirs très-démocratiques, il était bien à craindre qu'ils n'entraînassent vers un état trop populaire une Assemblée nationale, députée pour reconnaître que la France est un état monarchique dont le chef a la plénitude du pouvoir exécutif, et une grande partie du législatif.

L'Assemblée ne put, en effet, résister à l'impulsion donnée par la capitale et augmentée dans son propre sein par une majorité turbulente. Enivrée par le succès, traitant la prudence de faiblesse et la violence d'énergie, elle voulut encore ajouter au fol enthousiasme des peuples, en se plaçant au-delà des usages et des droits les plus antiques, et en prenant les choses de si haut, qu'elle eut l'air d'assister à la création du monde.

Pour remplir sans obstacle une si glorieuse destinée, les états-généraux s'appelèrent tantôt les *représentans de la France*, et tantôt *la France même*; tantôt l'*Assemblée nationale*, et tantôt *la nation*; comptant leurs mandats pour quelque chose ou pour rien, selon le besoin et l'occurrence (1). Et d'abord, au lieu d'une constitution et

---

(1) Mirabeau, avec une franchise un peu brusque, trace les devoirs de l'Assemblée de la manière suivante :

« Ce qui tient aux principes publics est si important que nous devons relever une formule qui ne nous paraît pas faite pour le dictionnaire d'un peuple libre. « Nous attendons vos ordres, a dit le député de la cour des aides, lorsque, vous occupant du soulagement des peuples, vous daignerez descendre dans les détails des impositions, des perceptions, etc. » Voilà le langage des courtisans, le style bas et rampant avec lequel ils trompent les rois. On leur persuade qu'il est presque au-dessous d'eux de remplir leur devoir. Lorsque l'Assemblée nationale daignera..... Pourquoi donc a-t-elle été convoquée ? Pourquoi ses membres ont-ils été choisis ? Est-ce pour régler le cours du soleil ? A-t-elle des fonctions supérieures au devoir de soulager les peuples, de scruter les causes de leurs misères ? Lorsqu'elle s'en occupe, est-ce une faveur qu'elle daigne accorder, ou une

d'une législation dont la France avait un si urgent besoin, ils annoncèrent hautement qu'ils allaient faire une *déclaration des droits de l'homme*; c'est-à-dire qu'avant de nous donner un livre nécessaire, ils voulurent faire une préface dangereuse. Ils se considérèrent dans leur maison de bois, comme dans une autre arche de Noé, d'où il leur sembla que la terre était au premier occupant, et qu'ils pouvaient la partager à un nouveau genre humain. Ils déclarèrent donc, à la face de l'univers, que *tous les hommes naissaient et demeuraient libres ; qu'un homme ne saurait être plus qu'un autre homme*, et cent autres découvertes de cette nature, qu'ils se félicitaient d'avoir révélées les premiers au monde ; se moquant bien philosophiquement de l'Angleterre qui n'avait pas su débuter comme eux lorsqu'elle se donna une constitution en 1688.

Mais la joie de nos députés fut courte. On se demanda bientôt en Europe quelle était donc cette nouvelle méthode de conduire les peuples avec des théories et des abstractions métaphysiques ; de compter pour rien la pratique et l'expérience, de confondre l'homme absolument sauvage avec l'homme social, et l'indépendance naturelle

---

mission sacrée qu'elle doit remplir? La simplicité d'expression est un des caractères de la liberté ; cette observation ne paraîtra minutieuse qu'à ceux à qui elle est nécessaire. » (*Courrier de Provence.*)

(*Note des éditeurs.*)

avec la liberté civile. Dire que *tous les hommes naissent et demeurent libres*, c'est dire en effet qu'*ils naissent et demeurent nus*. Mais les hommes naissent nus et vivent habillés, comme ils naissent indépendans et vivent sous des lois. Les habits gênent un peu les mouvemens du corps; mais ils le protégent contre les accidens du dehors; les lois gênent les passions, mais elles défendent l'honneur, la vie et les fortunes. Ainsi, pour s'entendre, il fallait distinguer entre la liberté et l'indépendance : la liberté consiste à n'obéir qu'aux lois, mais dans cette définition le mot *obéir* s'y trouve; tandis que l'indépendance consiste à vivre dans les forêts, sans obéir aux lois, et sans reconnaître aucune sorte de frein.

On trouva donc étrange et dangereux que l'Assemblée nationale eût rédigé le code des sauvages et recueilli des maximes en faveur de l'égoïsme et de toutes les passions ennemies de la société. Les nègres, dans les colonies, et les domestiques dans nos maisons, peuvent, *la déclaration des droits* à la main, nous chasser de nos héritages. Comment une assemblée de législateurs a-t-elle feint d'ignorer que le droit de nature ne peut exister un instant à côté de la propriété? Du jour où un homme a pris possession d'un champ par le travail, il n'a plus été en état de pure nature; son existence, comme celle de ses voisins, a été industrieuse et dépendante. Mais l'Assemblée n'a pas voulu se souvenir que le corps politique est un être artificiel qui ne doit rien à la nature ; que les hommes naissent inégaux, et que la loi est l'art de niveler les inégalités naturelles.

En remontant à l'origine du monde pour fonder sur la terre un nouvel ordre de choses, l'Assemblée évita d'abord, avec affectation, de prononcer le nom de Dieu; et cette affectation fut extrêmement remarquée. O apprentis en politique et même en philosophie! est-ce que le juge de toutes les consciences n'est pas le garant de toutes les propriétés? Et quand Dieu ne serait que la plus belle conception de l'esprit humain, est-ce en faisant votre métaphysique que vous deviez l'oublier? *Peu de philosophie*, dit le chancelier Bacon, *écarte de la religion ; beaucoup y ramène* (1).

M. Necker, de son côté, rabattit le vol de nos législateurs en les forçant de descendre du berceau du monde au comité des finances. Il fallut

---

(1) Cette logique de tant d'administrateurs qui, ayant un déficit immense à combler, laissent d'abord tomber les principales branches des revenus publics; et cette politique de tant de législateurs qui, avant de lier un grand peuple par les lois, négligent volontairement la religion, et se privent ainsi de la chaîne éternelle qui unit à jamais la terre et le ciel, méritaient en effet l'indignation des bons esprits. Il faut croire que l'Assemblée nationale a été bien avertie, puisqu'elle vient d'ajouter au préambule de sa *déclaration*, EN PRÉSENCE ET SOUS LES AUSPICES DE L'ÊTRE SUPRÊME.

(*Note de Rivarol.*)

que les sublimes architectes d'un autre univers s'occupassent des grossiers besoins de ce petit coin de terre et d'eau qu'on nomme la France. M. Necker leur proposa donc, attendu le vide absolu du trésor royal, de voter un emprunt de trente millions à cinq pour cent. Nos députés, après quelque résistance, y consentirent ; mais, pour être quelque chose dans cette opération, ils décrétèrent que l'emprunt ne serait qu'à quatre et demi pour cent ; et c'est ici que Paris se dévoila tout entier, que les représentans de la nation montrèrent leur insuffisance, et que M. Necker se moqua d'eux avec succès. L'emprunt ne réussit pas. L'incroyable patriotisme des Parisiens tint à une fraction, et M. Necker, qui sait aussi à quoi tiennent les miracles en finances, eut raison de faire entendre à nos députés qu'ils avaient eu trop bonne opinion des capitalistes ; qu'un mois passé dans des discussions métaphysiques avait refroidi les patriotes, éteint le crédit, et fait manquer le moment. Enfin, il ne leur dissimula point que l'Assemblée nationale risquait de s'égarer toutes les fois qu'elle s'écarterait de lui.

La sévère leçon qu'il leur donna fut suivie du projet d'un nouvel emprunt de 80 millions ; et pour mieux allécher le public, non-seulement le nouvel emprunt était à cinq pour cent, mais il fut encore libre aux capitalistes d'y placer moitié en papiers et moitié en espèces. Cette disposition, si avantageuse aux prêteurs, et si onéreuse au trésor royal, n'eut qu'un médiocre succès. M. Necker n'étant pas en état de donner un gage à ses emprunts doit renoncer à cette ressource. Il sera toujours abandonné des capitalistes de Paris, des capitalistes étrangers et de toute la France, qui craint de donner des armes à l'Assemblée nationale, en lui fournissant tout l'argent dont elle a besoin. Quand on n'hypothèque ses emprunts que sur *la loyauté française*, il ne faut compter que sur des patriotes qui ne calculent pas. C'est aussi le chemin qu'a pris M. Necker. Irrité des stériles discussions de nos députés, confus de la chute de ses emprunts, pressé d'ailleurs de tout le poids des circonstances, il vient d'apporter son *ultimatum* à l'Assemblée nationale. C'est un long discours dans lequel ce ministre déplore l'état affreux où les précipitations et les lenteurs de l'Assemblée nationale ont plongé la France : *précipitations de l'enthousiasme et de la peur*, quand il s'est agi d'attaquer l'autorité royale, et d'exterminer partout le gouvernement ; *lentes et longues délibérations*, lorsqu'il fallait promptement rétablir l'ordre et donner partout des digues au torrent qu'on avait débordé.

Pour remédier à des maux si grands et si urgens, M. Necker annonce 1°. des réformes et des économies sévères dans la maison du roi, de la reine et des princes ; dans tous les départemens, dans les traitemens, dans les pensions, etc. ; 2°. il propose une nouvelle manière d'étendre l'impôt sur toutes les terres, puisqu'il n'en est plus de privilégiées ; 3°. une contribution volontaire du quart de son revenu ; 4°. une invitation de porter les vaisselles plates et les bijoux à la monnaie ; 5°. des moyens de changer la caisse d'escompte en banque nationale, afin d'avoir du papier-monnaie ; 6°. une manière de s'emparer des dîmes qu'on avait abolies, et dont on avait, sans y penser, fait présent aux propriétaires qui ne s'y attendaient pas.

On voit que notre ministre des finances réunit les moyens de Silhouette, en demandant notre vaisselle, et ceux de Law en offrant du papier-monnaie. Il invite les particuliers riches à porter leur vaisselle, et les femmes des bourgeois et des paysans, leurs croix et leurs anneaux, dans les hôtels des monnaies, qui sont devenus des *troncs* pour les pauvres créanciers de l'état. Leurs majestés ont déjà donné l'exemple en envoyant leur vaisselle. L'Assemblée nationale elle-même est devenue un grand *mont-de-piété*, où quelques femmes de Paris ont déjà mis leurs bijoux en dépôt. Cette ressource annonce l'excès de la détresse, et tue le crédit qui est la seule *aumône* que l'on doive faire à un grand état. La pauvreté demande qu'on lui donne, et l'opulence veut seulement qu'on lui prête ; mais on prête beaucoup et l'on donne peu (1) : à moins toutefois

---

(1) Un pauvre vous demande de l'argent par pitié pour lui,

qu'un subit enthousiasme n'entraîne les provinces, et que chacun ne se dépouille pour sauver les créanciers de l'état. On ne peut rien calculer avec une nation vive et généreuse, et les miracles n'en seraient plus s'ils ne renversaient pas tous les raisonnemens. En quoi il faut se plaindre du malheur des temps, qui n'ont jamais permis à M. Necker de déployer les grands talens qu'il a reçus du ciel pour le salut de la république. Forcé de faire emprunts sur emprunts, et d'accroître ainsi le *déficit*, il ne peut aujourd'hui rasseoir la fortune publique qui chancèle dans ses mains, qu'en s'appuyant sur des impôts volontaires et des charités patriotiques. *Sa conduite*, dit-on, *est naturelle;* j'en conviens, mais pourquoi avait-on promis qu'elle serait *surnaturelle*? Les fanatiques de ce ministre, auquel on ne peut refuser de grandes qualités, nuiraient, s'il était possible, à sa réputation, en la faisant dégénérer en superstition.

Ce plan de M. Necker a été renvoyé au comité des finances, choisi dans le sein de l'Assemblée nationale. En attendant le rapport de ce comité, l'Assemblée a décrété que toutes les terres du royaume souffriraient' une répartition égale de

---

un voleur vous en demande par pitié pour vous-mêmes, et c'est en mêlant ces deux manières que les gouvernemens, tour à tour mendians ou voleurs, ont toujours l'argent des peuples.

(*Note de Rivarol.*)

l'impôt, proportionnellement à leur produit. Il a été décrété en même temps que, pour le reste de l'année 1789, le peuple serait soulagé de tout ce que les terres ci-devant privilégiées vont payer dorénavant. Nous aurons donc l'impôt territorial, proposé d'abord par M. de Calonne, et ensuite par M. l'archevêque de Sens. On crie beaucoup contre certains ministres, et on finit par ramper sur leurs traces, et par vivre des miettes de leur table.

Mais comme cet impôt territorial, tout juste qu'il est par rapport aux propriétaires, ne pèsera pas sur les capitalistes, sur les banquiers et sur tous ceux enfin qui ont leur fortune dans leur portefeuille, il faudra qu'on établisse quelque timbre qui assujettisse toutes les fortunes cachées; sans quoi, ceux qui possèdent presque tout le numéraire du royaume seraient toujours privilégiés. Si on adopte le timbre, ce sera encore une autre idée de M. de Calonne qu'on réalisera.

Quant aux autres propositions de M. Necker, on sent combien elles ont excité d'intérêt. Ce ministre voudrait faire de la caisse d'escompte une banque nationale; mais il est évident que si la nation se charge de tous les billets de cette caisse, qui circulent ou qui ne circulent plus aujourd'hui en Europe, le fardeau peut être au-dessus de ses forces. La cour, dit M. Necker, doit beaucoup à cette caisse, mais cette caisse doit bien plus au public; et comme elle ne paie pas à bureau ouvert, on peut dire qu'elle est dans un état de banqueroute habituelle, ainsi que tout homme qui obtient des arrêts de surséance (1). D'ailleurs cet article une fois décrété emporte avec lui la création d'un papier-monnaie ; et cette ressource entraîne des *banqueroutes nationales*. Ces banqueroutes nationales, disait Newton, sont aux banqueroutes des rois ce que celles des rois sont aux banqueroutes des particuliers ; et ce grand homme est mort persuadé que l'Angleterre, avec son papier-monnaie, finirait par une de ces grandes catastrophes. Il est certain qu'un peuple qui s'abandonne indiscrètement à la facilité de s'emprunter à lui-même, et de se payer en papier-monnaie, doit finir comme le Midas de la fable : les réalités disparaissent sous les mains qui créent toujours des signes (2). Voici une proportion éternelle : l'or

---

(1) Il y a plusieurs mois qu'un inconnu se présenta à la caisse d'escompte, avec une lettre de M. Necker, qui demandait 200,000 liv. A l'instant la somme demandée fut remise à cet homme, et on ne découvrit que le lendemain que cette lettre du ministre était un faux. On raisonna beaucoup sur cette aventure, et on oublia la seule réflexion qu'il y eût à faire ; c'est que la caisse d'escompte était aux ordres du ministre des finances, et comptait de l'argent sur sa simple signature. — Les billets de la caisse d'escompte ne sont au reste que des papiers de confiance, puisqu'on peut les refuser.

(*Note de Rivarol.*)

(2) *Découverte d'une nouvelle mine d'assignats.*

Dans une société à tribune, un chimiste dissertait à fond sur les richesses immenses des mines du royaume. Le déluge était

et le papier-monnaie sont les deux signes des richesses ; mais l'un est d'une convention universelle, et l'autre d'une convention locale et bornée. La rareté des métaux et les peines que coûte leur exploitation donnent à la terre le temps de porter des moissons, et les denrées peuvent atteindre ou suivre de près les signes qui les représentent. Mais est-ce que la nature peut marcher comme la plume d'un homme qui fait du papier-monnaie ? L'or, borné dans sa quantité, est illimité dans ses effets ; et le papier, illimité dans sa quantité, est au contraire fort circonscrit dans ses effets. Un peuple qui est forcé d'en venir à cet expédient ne doit pas perdre de vue ces maximes fondamentales (1).

───────────────

entré comme de raison dans sa dissertation, puisque, selon lui, et même selon d'autres, le bouleversement du globe avait enfoui dans le sein de la terre les trésors qu'il proposait d'en retirer. L'orateur était long et diffus. Un citoyen *actif* et pressé, et qui n'aime que les résultats, s'approche d'un paisible écouteur de la savante dissertation, et le prie de lui donner en peu de mots le produit net des idées du prédicateur. — Les voici : La France est pauvre à sa superficie ; elle est riche dans ses entrailles ; monsieur propose de mettre tout sens dessus dessous, pour nous rendre tous opulens. C'est bon, répondit le questionneur, nous y travaillerons. C'était un de nos législateurs profonds et de bonne foi. La scène est à 1789 : le chimiste s'appelle Hassenfratz ; il avait raison, et le questionneur n'avait pas tort. (*Actes des apôtres.*)

(*Note des éditeurs.*)

(1) Une foule de causes peuvent retarder à chaque instant la banqueroute d'une nation qui a trop fait de papier-monnaie,

Enfin, la contribution du quart de son revenu une fois payée est l'article qui a le plus embarrassé l'Assemblée nationale. Comment proposer en effet cet énorme surcroît d'imposition à un peuple à qui on ne parle depuis long-temps que de sa liberté et de sa souveraineté, et qui, loin de s'attendre à de nouveaux impôts, compte plutôt sur la réduction des anciens? L'Assemblée se trouva donc dans la plus cruelle des alternatives : il fallait ou se précipiter avec les créanciers du roi dans l'abîme de la banqueroute, ou ajouter encore une nouvelle tête à l'hydre de l'impôt. M. Necker était là aussi instant que la circonstance, aussi inflexible que la nécessité; il rendait l'Assemblée nationale responsable de tous les événemens si on tardait encore.

L'Assemblée, malgré le rapport de son comité, ne connaissant pas bien l'état des finances, incapable de discuter le projet de M. Necker, de s'en assurer le succès, ou de mettre rien de mieux à sa

---

mais rien ne peut l'empêcher. L'Angleterre, par exemple, a si prodigieusement accru son commerce dans les deux mondes, qu'elle a toujours pu donner de nouveaux gages à ses créanciers, soit par les denrées en nature, soit par les métaux que lui valent ses denrées. La postérité aura peine à croire qu'un petit peuple ait joui d'une si grande prospérité. Avant l'insurrection des Américains, on pouvait comparer cette puissance à un immense triangle dont la base était dans les deux Indes, et la pointe à l'embouchure de la Tamise.

(*Note de Rivarol.*)

place; sentant d'ailleurs que les créanciers de l'État ne se jetteraient pas, comme autant de Curtius, dans le gouffre du *déficit*, afin de le combler ; l'Assemblée, dis-je, prit brusquement son parti dans un objet de si haute importance. Elle qui avait passé plus d'une séance, sur une formule du serment, à délibérer si on mettrait *la patrie avant le roi*, ou *le roi avant la patrie*, et qui avait disputé, des journées entières, lors de la déclaration des droits de l'homme pour savoir si on disait que *les hommes naissent* ou *vivent*, ou *sont*, ou *demeurent libres* ; elle déclara donc que, n'ayant rien de mieux à proposer, elle adoptait mot à mot, et de confiance, le plan de M. Necker, dans l'espoir qu'un ministre qui jouissait d'une si grande popularité, ne ferait rien que d'agréable à la nation; et que, si le projet n'avait pas de suites heureuses, les députés seraient du moins absous par leur confiance même.

C'est ainsi que l'Assemblée nationale s'expliqua sur l'état des finances et sur les moyens de les régénérer : c'est ainsi que, sous prétexte des circonstances, la principale cause des états-généraux fut traitée comme si elle n'en était que l'accessoire. La constitution ne précédera pas l'arrangement des finances : l'empire est imposé, et il n'est pas constitué.

Pour expliquer ceci, il faut observer que les esprits emportés, les démagogues qui dominent l'Assemblée, et qui la mènent si violemment à leur but, ont fort bien réussi à renvoyer les troupes, à soulever Paris, à armer les bourgeois et les paysans, à accabler l'autorité royale, à détruire les droits et les revenus du prince et des particuliers ; mais que, lorsqu'il s'est agi de restaurer les finances, d'assurer les fortunes et de présenter un bon plan au roi et à la nation, ils n'ont pu s'en tirer que par un escamotage. M. Necker n'en a point été la dupe ; il a senti qu'on voulait le rendre responsable des suites du projet qu'il présentait. *Puisqu'on l'adopte aveuglément, il faut,* a-t-il dit, *qu'on me laisse maître du mode d'exécution.* Et alors, ce ministre jouant à lui seul le rôle de toute l'Assemblée, a dressé le décret de son plan. Mais l'Assemblée, qui se croit délivrée de la plus épineuse de ses fonctions, n'en sera pas moins responsable aux yeux de ses commettans, malgré les adresses verbeuses qu'elle leur fait passer pour excuser sa conduite. En effet, si le ministre des finances ne sauve pas l'État, M. Necker aura toujours le droit de s'en prendre à ceux qui ont trop affaibli l'autorité royale. Il ne suffit pas d'entasser décret sur décret, et de multiplier les règlemens et les lois, il faut avoir de quoi les faire exécuter : on se moquera toujours d'une académie de législateurs qui, avant de simplifier les rouages et de balancer les contre-poids d'une machine qu'on leur donne à raccommoder, commencent par en briser le ressort.

L'ordre des matières, plutôt que celui des temps,

nous a conduits jusqu'à cette dernière opération de M. Necker. Observons en passant que ce ministre, qu'on n'a pu renvoyer il y a trois mois, sans causer ou hâter une révolution, aurait bien de la peine, s'il s'en allait aujourd'hui, à nous faire remarquer sa fuite. Il faudrait que le journal de Paris nous en avertît. Il y a peu d'exemples de tant de bruit suivi d'un tel silence, et d'une telle obscurité après tant d'éclat. Ses amis ont cru l'arracher un moment aux ombres qui le couvrent, en le faisant président de district; et ce triste remède n'a fait que prouver l'excès du mal. Les réputations populaires sont sans doute intermittentes : qui ne vit que par le peuple doit souvent éprouver la mort de l'oubli, plus insupportable que tous les outrages, et plus amer que la perte de la vie ; mais l'état affreux de M. Necker et de sa gloire est le chef-d'œuvre de l'Assemblée nationale, qui s'est d'abord servie de la considération et de la popularité de ce ministre comme d'un levier pour renverser tous les obstacles, et qui l'abandonne à lui-même quand le danger est passé. Le malheur de M. Necker est d'avoir trop compté sur sa propre influence et sur la reconnaissance d'un corps : il a cru qu'il dirigerait facilement une puissance qu'il avait créée (1), ou qu'elle

---

(1) M. Necker fut traité à peu près par l'Assemblée nationale comme M. de Calonne l'avait été par celle des notables.

(*Note de Rivarol.*)

n'userait pas de toute la force qu'il lui avait donnée. C'est ainsi que certains hétérodoxes prétendent que Dieu s'est repenti d'avoir fait l'homme, faute d'avoir prévu que sa créature serait emportée par toutes les passions dont il l'avait pourvue.

Maintenant, pour ne rien omettre, il est nécessaire de remonter à l'époque où l'Assemblée nationale, honteuse des leçons qu'elle avait reçues, et du temps qu'elle avait perdu à faire un assortiment des droits de l'homme sauvage et des droits de l'homme social, se porta avec ardeur vers la constitution qu'attendait d'elle une monarchie qui, loin de commencer, a déjà duré quatorze siècles, et dans laquelle on ne trouverait pas, quoi qu'on en dise, un seul homme en état de pure nature.

Le comité choisi dans le sein de l'Asssemblée pour travailler à la constitution, offrit le résultat de ses méditations. M. Mounier, un des meilleurs esprits du comité, lut ce résultat, et prouva d'abord que notre gouvernement, quoique essentiellement monarchique, n'avait jamais eu de forme bien déterminée, depuis saint Louis, et surtout depuis Philippe-le-Bel, parce que tous les pouvoirs y étaient toujours confondus. L'autorité royale, qui ne suffit pas seule pour former une bonne constitution, n'a jamais pu contenter les Français, même sous nos meilleurs princes, en ce qu'elle était sans cesse aux prises avec les prétentions des corps, et avec la multitude des priviléges, et toujours égarée par la nullité et la malice des ministres. On pouvait bien en France parler au roi des intérêts du peuple ; mais on ne pouvait parler aux ministres que des intérêts du roi ; et chez les corps privilégiés, il n'était jamais question ni des intérêts du prince ni de ceux du peuple.

On est forcé, en lisant l'histoire, d'avouer que nos rois, afin d'accroître leur puissance, passaient leur vie à empiéter sur les priviléges de la noblesse et du clergé ; de sorte que le peuple et l'Assemblée nationale, en écrasant le clergé, la noblesse et la magistrature, dans la révolution actuelle, n'ont fait qu'achever l'ouvrage des rois.

Il n'en est pas moins vrai que, pressé par des besoins sans cesse renaissans, les monarques français aliénaient leur puissance pour de l'argent, toutes les fois qu'ils en trouvaient l'occasion (c'est ce qu'on entend par la vénalité des charges) : de sorte qu'en mêlant toujours les usurpations aux aliénations, ils se trouvaient tour à tour ou dans une injustice actuelle, ou dans une impuissance habituelle. Mais, lorsqu'ils se sentaient trop gênés par les priviléges attachés aux charges qu'ils avaient vendues, ils créaient un commissaire qui en faisait les fonctions, et n'en laissait que les honneurs au titulaire : autre source d'injustice. De là vient qu'on a toujours trouvé à l'administration française une physionomie double, s'il est permis de le dire ; d'un côté le propriétaire de la charge, et de l'autre le délégué du roi : ce qui occasionnait en même temps de perpétuels conflits et des coups d'autorité dans la capitale et dans les provinces.

Il arrivait de là que personne n'était à sa place. Le roi exerçait tous les jours le pouvoir judiciaire par d'éternelles évocations ou par des commissions particulières. Les parlemens usurpaient le pouvoir législatif, avec leurs *sanctions* et leurs *veto*, connus sous le nom d'*enregistrement*. Réunis à la noblesse et au clergé, ils contrariaient sans cesse le pouvoir exécutif. Si les rois étaient venus à bout de la magistrature, de la noblesse et du clergé, le combat aurait été de corps à corps entre le prince et les sujets, et tout aurait fini, ou par une constitution, ou par le despotisme le plus absolu. C'est l'état où nous sommes. De sorte que les résistances des corps privilégiés empêchaient ou un grand mal ou un grand bien; et que c'était précisément dans cette action du monarque et dans cette réaction des corps que consistait depuis huit cents ans le gouvernement français.

Je dis depuis huit cents ans, parce qu'avant saint Louis et Philippe-Auguste, le régime féodal, quoique extrêmement odieux, était une véritable constitution, une constitution ferme et vigoureuse, sur laquelle il n'y avait pas à disputer. Le mal, le bien, les priviléges les prérogatives, les droits et les servitudes, tout était réglé: les peuples étaient des troupeaux, les nobles des pâtres; le roi, maître d'un troupeau particulier, qu'on appelle *Domaine*, n'était que le chef des autres bergers, *primus inter pares*, d'où nous vient la *pairie* ; car on est en France comme aux Champs-Élysées, au milieu des ombres des anciennes réalités.

C'était alors que les nobles étaient de véritables aristocrates (1) : la nation entière leur servait de piédestal ; et de là vint cette race d'hommes colossaux et oppresseurs qui rendait les rois si petits et les peuples si pauvres. Il y avait plus de grandeur d'un côté, plus d'abaissement de l'autre ; plus d'éclat sur certaines têtes, une obscurité plus égale sur tout le reste ; plus de bonheur en masse, et moins d'hommes heureux. Mais, comme le bien et le mal sont toujours mêlés, c'est aussi de là que sortirent ces chevaliers français, si fiers, si brillans et si généreux, dont la race s'est tellement perdue, que leur histoire est déjà notre mythologie (2).

Lorsque les seigneurs, ruinés par le luxe ou par

---

(1) N'est-ce pas une dérision que d'appeler *aristocrates* de pauvres gentilshommes qui mettent leurs enfans à l'École militaire ou à Saint-Cyr, qui passent leur vie à mendier des secours dans toutes les antichambres de Paris et de Versailles, et qui peuvent mourir en prison pour une dette de cent écus ? Que doivent dire les magistrats de Berne et les nobles Vénitiens en apprenant que l'ignorance parisienne a fait du titre de leur gouvernement une injure et un tort pendable.

(*Note de Rivarol.*)

(2) Dans les Actes des apôtres, nous trouvons un morceau piquant, en forme de dénonciation, qui a pour but de montrer

les guerres d'outre-mer, vendirent leurs prérogatives, soit aux villes, soit aux princes, il n'y eut plus de constitution. Les rois soulevèrent les peuples et les aidèrent contre les nobles, jusqu'à ce que les nobles eux-mêmes, corrompus ou effrayés par les rois, s'entendirent avec eux contre les peuples.

Si les rois ne s'étaient pas ruinés à leur tour, rien n'aurait pu leur résister; mais le désordre de leurs finances les a forcés, comme les anciens nobles, à faire un marché avec le peuple; il a fallu donner une constitution aux Français, et il pourrait se faire que Louis XVI fût le dernier seigneur suzerain de son antique et noble tige.

Dans l'état où se trouvait la France depuis la révélation du *déficit*, un prince entouré de ministres habiles aurait choisi promptement le plus sûr et le plus honorable; il aurait fait des économies, des réformes et des retranchemens si sévères, qu'il se serait bientôt rendu indépendant : et au lieu de mendier de nouveaux impôts pour soutenir de vieux abus, il aurait été le maître de dicter à ses peuples une constitution qui eût fait leur bonheur et sa gloire (1). Mais sans doute qu'un

---

avec quelle légèreté souvent injuste on appliquait le terme d'aristocrate. *Voyez* les éclaircissemens (C).

(*Note des éditeurs.*)

(1) Les mots gouverneront toujours les hommes. Qu'un roi réforme mille officiers de son armée et autant de charges dans les cours, cette opération peut être assez cruelle pour coûter la vie à une foule d'individus; mais elle sera applaudie au Palais-

roi de France, même avec de bons ministres, n'était pas assez puissant pour opérer une seule des grandes réformes nont nous sommes aujourd'hui témoins. A la moindre suppression, les corps privilégiés et les courtisans demandaient les états-généraux : il a donc fallu les leur accorder. Le peuple a profité du concours des haines et du choc des intérêts.

La noblesse française était partagée. Celle de la cour et de Paris, odieuse depuis long-temps par l'agiotage de l'argent et le monopole de la faveur, fut d'abord abandonnée par la noblesse des provinces, et bientôt s'abandonnant elle-même,

---

Royal, et par conséquent parmi le peuple. Que ce même roi, pour ne pas fouler les provinces, retranche un quartier, je ne dis pas aux pauvres rentiers, mais aux riches capitalistes de Paris, il sera traité de banqueroutier, et son autorité et sa vie même seront en danger ; il est résulté de là que *point de banqueroute* a décidé du sort de la France. Si l'Assemblée, de concert avec la rue Vivienne, n'eût pas fait de ce mot un talisman si redoutable, elle aurait sauvé l'État en décrétant que *le roi ferait des réformes sur tout, sans excepter l'intérêt de la dette publique.* Mais, pour ne pas faire banqueroute, on a tellement défait la monarchie, que cette banqueroute si formidable, lorsqu'il nous restait encore des moyens de l'éviter, est devenue le moindre de nos maux, depuis que tant de destructions l'ont rendue inévitable. Je dis qu'elle est inévitable, non par les dettes qu'on avait, mais par les revenus qu'on n'a plus. Peut-être a-t-il fallu que le trône fût renversé pour être innocent et absous de tout ce passé : mais il faut aussi que nous sachions à qui nous en prendre.

(*Note de Rivarol.*)

elle n'a su que fuir et sauver son or (1). La plupart de ses députés ont anéanti, avec un plaisir stupide, leur antique existence dans l'Assemblée nationale, pour y exercer l'empire du moment. La conduite du clergé n'a pas été moins coupable; et les parlemens, qui avaient ouvert les portes de Rome aux Gaulois, ont attendu la mort dans leurs chaises curules. Aussi l'heureux tiers-état, profitant de l'avilissement des uns et du silence des autres, a d'abord triomphé de ceux contre lesquels on le dirigeait, et ensuite de ceux qui le poussaient. Les nobles qui, aux yeux du peuple, avaient tort seulement d'avoir des priviléges, ont bientôt eu tort d'être nobles. Héritiers des anciens conquérans du royaume, et possesseurs des plus grandes propriétés, ils n'ont su ni s'imposer, ni se réunir pour la défense commune; tandis que dans le tiers-état tout était force et harmonie. Les bourgeois se sont montrés magnifiques et le petit peuple courageux : de sorte que, dans cette grande révolution, les vainqueurs, tout atroces qu'ils sont, ont mérité leurs succès, et les vaincus leur infortune. Si l'Assemblée avait voulu, ou pour mieux dire, si elle l'avait pu, la révolution n'aurait détruit que des préjugés et des priviléges. Mais les orateurs, qui sont les passions des grandes assemblées, n'ont pas permis à la rai-

---

(1) Qu'est devenu le temps où *tout était perdu, hormis l'honneur.*   (*Note de Rivarol.*)

son de se faire entendre. Il a fallu faire du bruit plutôt que du bien ; gagner Paris avant de sauver l'État, et armer les provinces, en attendant qu'on réglât les finances.

Tout aurait pris une tournure plus heureuse, si les questions avaient été agitées et mûries dans les bureaux ; les orateurs et les émissaires du Palais-Royal n'y auraient pas brillé; le petit peuple, qui entourait l'Assemblée, n'aurait pas influé dans ses décrets, mais c'est précisément cette influence qu'on voulait établir. Aussi le temple de la législation s'est-il changé en un vain théâtre pour la foule des déclamateurs, en une arène orageuse, où l'audace et la violence ont triomphé de la faiblesse et de la timidité. C'est là qu'une populace, tour à tour idolâtre et furieuse, joint tantôt les menaces et tantôt les applaudissemens aux bruyantes voix de ses tribuns, qui mugissent des lois, et veulent improviser la constitution. Les premiers apôtres de la liberté, les Mounier, les Bergasse, les Malouet, *quorum melior sententia mentis;* tous les promoteurs enfin des états-généraux, qu'on trouvait si forts l'année dernière, et qui étaient alors les seuls hommes courageux du royaume, ont été bientôt accusés de faiblesse et de lâcheté par ceux mêmes qui tremblaient naguère sous la verge des ministres. Les satellites du despotisme royal, toujours prêts à servir le plus fort, sont devenus brusquement les satellites du despotisme populaire. Sont-ce en effet les plus violens démagogues de l'Assemblée qui ont parlé les premiers en faveur du peuple, eux qui rampaient à Versailles, ou se cachaient à Paris, quand la voix de Mounier tonnait pour la liberté publique dans toutes les villes du Dauphiné? Le travail du comité de constitution fut donc trouvé trop faible dans l'Assemblée; il ne statuait que l'équilibre des pouvoirs, le rétablissement de l'autorité royale, la liberté et la tranquillité publiques; il n'offrait en un mot qu'une constitution, et on voulait une révolution : Il pouvait tout terminer, et on voulait régner encore. Aussi fut-il d'abord rejeté plutôt que discuté : soit que la cabale qui maîtrisait l'Assemblée l'ait emporté; soit que le peuple ait intimidé les esprits; soit enfin qu'un corps législatif, qui a déjà fait une grande révolution, soit trop fort pour faire une constitution, et que des mains accoutumées à détruire et à donner la mort ne puissent pas édifier et donner la vie.

Mais, avant de dire ce que fit l'Assemblée nationale, arrêtons-nous un moment sur ce qu'on entend par constitution. On doit entendre par *constitution* la combinaison des trois pouvoirs, *législatif*, *exécutif* et *judiciaire*. La constitution est bonne quand les trois pouvoirs se combinent entre eux pour la prospérité du peuple et la gloire du gouvernement : la constitution est vicieuse quand les pouvoirs ou se confondent, ou se concentrent dans les mêmes mains pour le malheur des sujets, ou l'avilissement du prince et des magistrats.

Toute nation qui n'est pas sauvage est un corps politique et artificiel. Sa constitution le fait être, ses lois le font aller.

Dans le corps humain, c'est la combinaison des organes qui forme la constitution (1) : la tête dicte des lois, et les autres membres les exécutent. Il faut que la tête qui représente les pouvoirs législatif et judiciaire, soit calme et lente dans ses décrets! et que le bras, représentant du pouvoir exécutif, ait la promptitude et la force. Mais nous verrons bientôt comment l'Assemblée nationale n'a fait agir que la tête, et a paralysé le corps politique (2).

---

(1) Tacite se sert souvent de comparaisons du corps humain pour appuyer sa politique, et un politique italien (Cavriana) dit : *Que si on appliquait les aphorismes d'Hippocrate au gouvernement civil, on verrait qu'ils sont un fidèle itinéraire pour la conduite de la vie humaine.*

(*Note de Rivarol.*)

(2) Montesquieu, ayant établi le premier la distinction des trois pouvoirs, prouva qu'ils existaient dans chaque forme de gouvernement, soit démocratie ou monarchie, despotisme ou aristocratie, ainsi que les couleurs primitives existent et se retrouvent dans chaque rayon du soleil. Telle est la principale idée de ce grand homme. Mais il n'a pas nettement dit, en traitant des différentes sortes de gouvernement, que la démocratie pure, ainsi que le despotisme absolu, n'existaient pas et ne pouvaient exister sur la terre; que c'étaient deux êtres de raison, deux conceptions de notre esprit, deux patrons auxquels se

Aurait-on cru que les Français, qui louent et envient le gouvernement anglais depuis qu'ils le connaissent, manqueraient la première occasion qu'ils auraient de l'obtenir ? C'est pourtant ce qui

---

rapportaient tous les gouvernemens de ce monde ; puisqu'en effet il n'y a pas d'État où tout le peuple à la fois gouverne toujours par lui-même sans avoir de représentans, et qu'il n'y a point d'empire sur ce globe où la volonté d'un seul fasse tout sans obstacle. D'où il résulte que tous les gouvernemens possibles, flottant entre la démocratie pure et le despotisme absolu, comme entre deux extrêmes dont ils se rapprochent plus ou moins, il n'y a et n'y aura jamais en ce monde que des aristocraties, c'est-dire des gouvernemens mixtes.

On a donné proprement ce nom au gouvernement des États où un sénat inamovible gouverne tout sans jamais consulter le peuple. Telle est Venise, qu'on nomme aussi *république* ; c'est la pure aristocratie, en ce sens que les trois pouvoirs sont entre les mains des nobles, et que le peuple ne peut pas devenir noble ni entrer dans le sénat.

L'État où la volonté d'un seul fait le plus souvent loi, et décide de la vie et de la mort des sujets, s'appelle *État despotique*. Tel est l'empire turc. Mais il n'est pas vrai que le sultan soit le maître absolu ; son pouvoir trouve des bornes à chaque pas, et il est forcé de les respecter. Son empire est donc entre l'aristocratie et le despotisme ; mais il penche vers celui-ci.

L'état où la volonté d'un seul est quelquefois absolue, mais où des corps co-législatifs partagent à chaque instant l'exercice de la puissance, s'appelle *monarchie*. Cette espèce de gouvernement flotte entre le despotisme et l'aristocratie ; mais il penche vers celle-ci.

Enfin l'état où le peuple choisit ses magistrats pour un temps, et s'assemble souvent pour exercer la souveraineté, est une démocratie, et s'appelle *république*. Telles furent Athènes et Rome ;

arrive de nos jours, et sous nos yeux, et de notre aveu. Car, on ne peut se le dissimuler, la constitution est manquée, et la monarchie dissoute. A la vérité, on reconnaît encore trois puissances en France : Paris, l'Assemblée nationale et les municipalités des villes ; mais, où est le roi ? où sont les tribunaux ? Et si les assemblées provinciales n'arrêtent pas la grande Assemblée, si les districts de Paris ne contiennent pas l'Hôtel-de-Ville, que deviendrons-nous ?

La vanité de la plupart des députés est la cause d'un si grand malheur. C'est cette passion des petites âmes qui a séché dans leur germe les fruits de la révolution actuelle. Que demandions-nous en effet ? D'être aussi bien que les Anglais ; mais nos députés ont voulu que nous fussions mieux.

---

telle est l'Amérique septentrionale. Cet état flotte entre l'aristocratie et la démocratie, et penche vers celle-ci.

J.-J. Rousseau dit que dans un État le peuple n'est libre qu'au moment où il nomme ses magistrats et ses représentans; mais qu'il ne l'est plus dès qu'il les a nommés. Ce qui n'est pas vrai : ce peuple n'est pas toujours en exercice de souveraineté, mais il est toujours libre, soit qu'il se donne des lois, soit qu'il les exécute.

Ainsi Montesquieu, en définissant l'état despotique et l'état démocratique, a fait comme les géomètres lorsqu'ils parlent d'un point sans étendue, et d'une ligne sans largeur. La démocratie pure et le despotisme absolu sont deux couleurs premières dont les teintes dominent plus ou moins dans chaque sorte de gouvernement.

(*Note de Rivarol.*)

Au lieu de profiter de l'expérience faite sur l'Angleterre, ils ont voulu en faire une sur nous. Ils ont hasardé la monarchie. En vain la prudence leur disait d'*imiter ;* la vanité leur a dit de *créer,* et ils n'ont pas hésité.

Pour prendre la chose d'un peu haut, il est nécessaire de dire que, d'abord, après la réunion des trois ordres, deux factions partagèrent l'Assemblée nationale. La moins nombreuse et la mieux composée votait, d'après ses cahiers, pour une constitution également favorable à l'autorité royale et à la liberté publique. La plus nombreuse, la plus bruyante, celle enfin qui l'a emporté, comptant ses cahiers et le roi pour rien, voulait que le peuple fût *tout ;* ou, pour mieux dire, cette faction voulait être *tout* pour le peuple et tout par le peuple. On l'appelait communément la *faction du Palais-Royal,* non parce qu'elle avait dans son sein quelques membres qui ne travaillaient, à l'insu des autres que pour la maison d'Orléans, mais parce qu'elle était poussée et maîtrisée par les capitalistes dont le foyer était au Palais-Royal. Le même mot couvrait deux intérêts différens.

On demandera peut-être comment les provinces n'ont pas été révoltées du mépris des députés pour leurs instructions, ainsi que de tous les coups portés à l'autorité royale, et même aux propriétés et à la sûreté publique? C'est que les députés ayant inondé les provinces de faux exposés sur de prétendues conspirations contre leur vie ou leur liberté, les provinces n'ont jamais cru pouvoir donner assez de marques de reconnaissance et de confiance à leurs députés, et à la capitale, pour avoir résisté les premiers, et opposé la révolte à l'autorité. Il faut même que cet enthousiasme et cette ivresse des provinces pour l'Assemblée nationale et pour Paris durent encore, puisque l'affreuse situation du royaume et du roi n'a jamais pu leur dessiller les yeux.

Ce ne fut que le 6 juillet qu'on proposa de s'occuper de la constitution. Mais, avant même que la noblesse et le clergé se fussent pour ainsi dire engloutis et fondus dans le tiers-état, l'Assemblée avait décrété : « Qu'elle abolissait tous les impôts » existans comme illégaux dans le droit et dans la » forme, etc.; mais qu'en attendant, pour ne pas » bouleverser le royaume, on continuerait de les » payer, etc. » Presque tous les décrets de l'Assemblée nationale ont été faits sur ce modèle, c'est-à-dire que, dans le premier membre du décret, l'Assemblée *abolit*, et que, dans le second, elle *maintient* pour un temps. Mais le peuple n'a bien entendu, n'a exécuté que la première partie du décret, et s'est moqué de l'autre. Voilà la clef de tous les désordres dont nous gémissons.

Les écrivains du tiers-état, et en général tous les philosophes, ayant poussé à bout et forcé les conséquences du principe que *la souveraineté est dans le peuple*, il a bien fallu que la révolution, écrite dans les livres, fût jouée et représentée dans la capitale et dans les provinces. Pouvait-on, en effet, arrêter une Assemblée qui exerçait la souveraineté du peuple, et qui avait gagné l'armée? N'était-ce pas en même temps une véritable jouissance pour des députés dont la plupart avaient passé leur vie à saluer le bailli de leurs villages, ou à courtiser l'intendant de leurs provinces; n'était-ce pas, dis-je, une douce jouissance pour eux que de fouler aux pieds un des premiers trônes du monde? Des avocats pouvaient-ils résister au plaisir d'humilier les cours souveraines? Ceux qui n'avaient rien n'étaient-ils pas charmés de distribuer les trésors de l'église aux vampires de l'état?

On ne peut trop insister sur tout le mal que peut faire un bon principe quand on en abuse.

La *souveraineté est dans le peuple* : mais elle y est d'une manière implicite, c'est-à-dire, à condition que le peuple ne l'exercera jamais que pour nommer ses représentans ; et si c'est une monarchie, que le roi sera toujours le premier magistrat. Ainsi, quoiqu'il soit vrai au fond que tout vient de la terre, il ne faut pas moins qu'on la soumette, par le travail et la culture, comme on soumet le peuple par l'autorité et par les lois. La souveraineté est dans le peuple comme un fruit est dans nos champs, d'une manière abstraite. Il faut que le fruit passe par l'arbre qui le produit, et que l'autorité publique passe par le sceptre qui l'exerce. D'ailleurs, un peuple ne pourrait gouverner toujours par lui-même que dans une très-petite ville : il faudrait même que des orateurs turbulens et des tribuns emportés vinssent l'arracher tous les jours à ses ateliers pour le faire régner dans les places publiques : il faudrait donc qu'on le passionnât pour le tenir toujours en haleine. Or, dès que le *souverain* est passionné, il ne commet que des injustices, des violences et des crimes (1).

Cette maxime de la souveraineté du peuple avait pourtant si bien exalté les têtes, que l'Assemblée, au lieu de suivre prudemment le projet du comité de constitution, et de bâtir un édifice durable et régulier, s'abandonna toute entière au flux et reflux des motions, ainsi qu'à la fougue de ses orateurs qui entassèrent à l'envi décrets sur décrets, ruines sur ruines, pour satisfaire le peuple qui fourmillait dans les travées de la salle, menaçait au Palais-Royal, et fermentait dans les provinces.

Si, au lieu d'exciter le peuple on eût cherché à l'adoucir, on lui aurait dit qu'une nation n'a

---

(1) En général, le peuple est un souverain qui ne demande qu'à manger, et sa majesté est tranquille quand elle digère. Ceux qui aujourd'hui lui ôtent le pain, et ceux qui lui offrent le sceptre sont également coupables, et ne forment qu'une seule et même classe. Je m'en rapporte à MM. du comité des recherches.

(*Note de Rivarol.*)

point de droits contraires à son bonheur ; qu'un enfant qui se blesse exerce sa force et non ses droits : car tout peuple est enfant et tout gouvernement est père. Mais l'Assemblée avait un autre plan. Du principe de la souveraineté du peuple découlait nécessairement le dogme de l'égalité absolue parmi les hommes, et ce dogme de l'égalité des personnes ne conduirait pas moins nécessairement au partage égal des terres. Il est assez évident aujourd'hui que l'Assemblée nationale a pris, pour réussir, un des grands moyens de l'Évangile : c'est de prêcher la haine des riches ; c'est de les traiter tous de *mauvais riches*. De là au partage des biens il n'y a qu'un pas. C'est une dernière ressource que nos philosophes ne voient dans l'obscur avenir qu'avec une secrète horreur. Mais ils s'y seraient déjà résolus, si la longue défaillance du pouvoir exécutif ne leur eût donné le temps de tâtonner dans leur marche, et avant de s'arrêter à cet affreux moyen, d'essayer de tous les autres. Peut-être aussi que la condescendance du prince a empêché l'Assemblée de déployer toute son énergie, et de faire explosion ; le corps qui frappe, ne trouvant pas de point d'appui dans celui qui cède, fait moins de ravage ; et le gouvernement, en reculant sans cesse, a fait la résistance des *corps mous*. Heureusement encore que cet expédient d'armer le pauvre contre le riche est aussi absurde qu'exécrable. Il y a sans doute quinze ou seize millions d'hommes qui n'ont rien en France que leurs bras, et quatre ou cinq millions qui ont toutes les propriétés. Mais le besoin et la nécessité ont jeté plus de liens entre le pauvre et le riche que la philosophie n'en saurait rompre. C'est la nécessité qui fait sentir à la multitude des pauvres, qu'ils ne peuvent exister sans le petit nombre des riches : c'est cette providente nécessité qui défend au lierre d'étouffer, avec ses mille bras, le chêne qui le soutient et l'empêche de ramper sur la terre. Oui, la nécessité est plus humaine que la philosophie ; car c'est la nature qui fait la nécessité, et c'est nous qui faisons notre philosophie.

> Le riche est fait pour beaucoup dépenser;
> Le pauvre est fait pour beaucoup amasser :
> Et le travail, gagé par la mollesse,
> S'ouvre, à pas lents, la route à la richesse.

Ces rapports sont éternels. C'est de l'inégalité des conditions que résultent les ombres et les jours qui composent le tableau de la vie. Les novateurs espèrent en vain d'anéantir cette harmonie. L'*égalité absolue* parmi les hommes est le *mystère* des philosophes. Du moins l'église édifiait sans cesse ; mais les maximes actuelles ne tendent qu'à détruire. Elles ont déjà ruiné les riches sans enrichir les pauvres ; et au lieu de l'égalité des biens, nous n'avons encore que l'égalité des misères et des maux.

J'entends bien ce que c'est que la philosophie

d'un particulier ; ce que c'est qu'un homme dégagé des mœurs du peuple, et même des passions ; un philanthrope, un cosmopolite, pour qui toutes les nations ne forment qu'une seule et même famille ; mais qu'est-ce que la philosophie d'un peuple ? Qu'est-ce que cette philanthropie, cette liberté générale du commerce, cette charité qui consiste à renoncer à tous les avantages que les autres n'auraient pas ? Que serait-ce qu'un peuple sans passions, qui ouvrirait tous ses ports, détruirait ses douanes, partagerait sans cesse ses trésors et ses terres à tous les hommes qui se présenteraient sans fortune et sans talent ? Un homme n'est philosophe que parce qu'il n'est pas peuple ; donc un *peuple philosophe* ne serait pas *peuple*, ce qui est absurde. La vraie philosophie des peuples c'est la politique ; et tandis que la philosophie prêche aux individus la retraite, le mépris des richesses et des honneurs, la politique crie aux nations de s'enrichir aux dépens de leurs voisins, de couvrir les mers de leurs vaisseaux, et d'obtenir par leur industrie et leur activité la préférence dans tous les marchés de l'univers : car deux nations sont entre elles, en état de pure nature, comme deux sauvages qui se disputent la même proie.

D'ailleurs, il ne faut pas s'y tromper, le patriotisme est l'hypocrisie de notre siècle ; c'est l'ambition et la fureur de dominer qui se déguisent sous des noms populaires. Les places étaient prises dans l'ordre social ; il a donc fallu tout renverser pour se faire jour. Ce n'est point en effet le peuple, ce ne sont pas les pauvres, au nom desquels on a fait tant de mal, qui ont gagné à la révolution ; vous le voyez : la misère est plus grande, les pauvres plus nombreux (1), et la compassion est éteinte ; il n'y a plus de pitié, plus de commisération en France. On donnait beaucoup lorsqu'on croyait devoir des ménagemens ; la charité comblait sans cesse l'intervalle entre les petits et les grands ; la vanité et l'orgueil tournaient au profit de l'humanité : ce n'était pas une épée, c'était la prière qui armait la pauvreté ; et la richesse, qui a disparu devant la menace, ne rebutait pas la misère suppliante. Maintenant que peuvent donner des riches opprimés à des pauvres révoltés ? On a renversé les fontaines publiques, sous prétexte qu'elles accaparaient les eaux, et les eaux se sont perdues.

Nos philosophes répondent que les pauvres, qui dorénavant prendront tout, ne demanderont plus rien. Mais où trouveront-ils de quoi prendre, à moins d'un massacre général de tous les propriétaires ? Et alors, en poussant un tel système, il

---

(1) Il y a dans le monde, et il y aura toujours des pauvres de profession, *des mendians*, mais on ne devrait connaître que les pauvres ouvriers et les pauvres infirmes; on ne devrait avoir que des ateliers et des hôpitaux.

(*Note de Rivarol.*)

faudra donc que, de génération en génération, les pauvres massacrent toujours les riches, tant qu'il y aura de la variété dans les possessions ; tant qu'un homme cultivera son champ mieux qu'un autre ; tant que l'industrie l'emportera sur la paresse ; enfin, jusqu'à ce que la terre inculte et dépeuplée n'offre plus aux regards satisfaits de la philosophie que la vaste égalité des déserts, et l'affreuse monotonie des tombeaux.

Le mauvais génie qui préside à nos destins a voulu que, dès le premier pas que nous avons fait vers une constitution, il y ait eu un combat à mort entre le chef et les représentans de la nation. Le pouvoir exécutif et le pouvoir judiciaire ont péri dans l'action, et avec eux tout le nerf de la puissance législative. L'assemblée de nos représentans et de nos législateurs n'a plus été qu'une troupe victorieuse, usant partout du droit de conquête, et distribuant les dépouilles des vaincus à des vainqueurs qu'elle ne devait jamais contenter.

Mais la constitution, qui est à la fois l'effet et la cause du concert des trois pouvoirs et de leur combinaison, ne pouvait être le fruit d'une bataille et de leur anéantissement. Si l'Assemblée nationale, au lieu de partager et d'attiser la folle joie du peuple, eût pleuré sur sa funeste victoire, la nation entière, frappée de l'auguste douleur de ses représentans, aurait bientôt accordé à son chef le respect et la confiance, à la place de la crainte et de l'asservissement. Le monarque, ranimé par les hommages de son peuple, aurait à son tour maintenu de tout son empire les décrets de l'Assemblée; et déjà nous verrions la liberté sainte fleurir à l'ombre sacrée du pouvoir monarchique. Mais bien loin de les contenir, tout a concouru à soulever les peuples, et le colosse de la royauté, qui devait être relevé sur une base plus sûre, a été de jour en jour mieux renversé et couvert de plus d'outrages. En vain l'Assemblée nationale, comme les prêtres de l'ancienne Égypte, a-t-elle animé de son souffle ce colosse sans vie, et l'a-t-elle forcé d'articuler des oracles; le peuple était trop averti que la statue n'était plus un dieu, et le respect a disparu avec le prestige.

Dans le long intervalle qui s'était écoulé depuis le 17 juin jusqu'au 4 du mois d'août, on n'avait encore rien décrété de constitutionnel que *la réunion des trois ordres en Assemblée nationale, la responsabilité des ministres, et les droits de l'homme*, exprimés et contenus dans une *déclaration*, ainsi que nous l'avons dit.

M. Necker a été le premier ministre dénoncé à la nation, et il l'a été par M. de Mirabeau. Il est sans doute honorable d'être dénoncé par M. de Mirabeau; et cet événement peut être compté parmi les prospérités de M. Necker. Mais il peut se trouver un jour des députés assez bien famés pour que leur dénonciation flétrisse ou renverse un ministre, et ce frein est suffisant (1). Nous en faisons l'observation, parce que, dans la première ivresse de ses succès, l'Assemblée parut désirer de nommer elle-même les ministres du roi : ce qui eût établi la responsabilité en sens contraire. C'est l'Assemblée qui aurait alors répondu des ministres qu'elle aurait faits. A quel tribunal aurait-elle donc dénoncé son propre ouvrage ?

Nous avons déjà parlé de la déclaration des droits de l'homme. Cette pièce dangereuse renferme des droits que les citoyens ne pourront jamais exercer, même après l'entière exécution des décrets de l'Assemblée. Il y règne d'ailleurs une métaphysique vague, que le peuple trouva inintelligible et sans substance. Il fallut donc, pour

---

(1) Mirabeau, trouvant l'occasion de justifier, ou plutôt d'expliquer la conduite qui lui attirait ces reproches, s'exprime ainsi :

« Sans doute au milieu d'une jeunesse très-orageuse, par la faute des autres, et surtout par la mienne, j'ai eu de grands torts, et peu d'hommes ont, dans leur vie privée, donné plus que moi prétexte à la calomnie, pâture à la médisance; mais j'ose vous en attester tous, nul écrivain, nul homme public n'a plus que moi le droit de s'honorer de sentimens courageux, de vues désintéressées, d'une fière indépendance, d'une uniformité de principes inflexibles. Ma prétendue supériorité dans l'art de vous guider vers des buts contraires, est donc une injure vide de sens, un trait lancé du bas en haut, que trente volumes repoussent assez pour que je dédaigne de m'en occuper. » (*Courrier de Provence.*)

(*Note des éditeurs.*)

satisfaire ce maître impérieux, descendre de la théorie et des principes les plus abstraits aux conséquences et aux applications les plus matérielles de la souveraineté du peuple et de l'égalité absolue parmi les hommes.

Ce fut la nuit du 4 août que les démagogues de la noblesse, fatigués d'une longue discussion sur les droits de l'homme, et brûlant de signaler leur zèle, se levèrent tous à la fois, et demandèrent à grands cris les derniers soupirs du régime féodal (1). Ce mot électrisa l'Assemblée. On fit une division des derniers vestiges de ce régime en

---

(1) Mirabeau jugeait bien différemment cette époque célèbre. Voici ses expressions :

« Il est certain que la séance du 4 août offrait à des observateurs un spectacle singulier. Des hommes d'un rang distingué, proposant l'abolition du régime féodal et la restitution des premiers droits du peuple (car ce ne sont pas eux qui ont déshonoré ces actes d'équité en les appelant des sacrifices), excitèrent des acclamations universelles, espèce de tribut qu'on paie tous les jours à des phrases purement de mode, et qu'on ne pouvait refuser à des sentimens patriotiques. Pour qui connaît les grandes assemblées, les émotions dramatiques dont elles sont susceptibles, la séduction des applaudissemens, l'émulation de renchérir sur ses collègues, l'honneur du désintéressement personnel; enfin cette espèce d'ivresse noble qui accompagne une effervescence de générosité; pour qui réfléchit sur le concours de ces causes, tout ce qui paraît extraordinaire dans cette séance rentre dans la classe des choses communes. L'assemblée était dans un tourbillon électrique, et les commotions se succédaient sans intervalles. » (*Courrier de Provence.*)

(*Note des éditeurs.*)

droits personnels et en droits réels, tels qu'ils restaient encore aux propriétaires des fiefs. On abolit tous les droits personnels sans indemnité, on déclara tous les droits réels rachetables, et dans ceux-ci on abolit, encore sans indemnité, ceux qui avaient été personnels autrefois, et dont les redevables s'étaient rachetés pour de l'argent : ce qui réduisait tout à coup une foule de propriétaires à l'aumône, et annulait le droit acquis par les prescriptions ; droit si sacré quand on n'en a pas d'autre. On abolit aussi les justices seigneuriales, le droit des chasses et des colombiers (1), la vénalité des charges, le casuel des curés, les priviléges pécuniaires en matière d'impôts, les priviléges des provinces et des villes. On établit le rachat de toutes les rentes et redevances, l'admission à tous les emplois, sans distinction de naissance ; on proscrivit la pluralité des bénéfices ; on demanda l'état des pensions qui de-

---

(1) De joyeux épisodes se mêlaient quelquefois à ces grands intérêts. En voici un exemple :

« Je suis comme Catulle, a dit M. de Virieux, et je demande la permission d'offrir aussi mon moineau. (Cette expression excita beaucoup de gaieté dans l'Assemblée, et quelqu'un ayant dit tout haut, « Il est plus d'une Lesbie prête à l'accepter, » la salle retentit d'éclats plus bruyans.) Il est un objet assez léger en apparence, reprit-il, mais qui est très-onéreux aux cultivateurs, ce sont les colombiers ; j'en demande l'entière suppression dans tout le royaume. (*Courrier de Provence.*)

(*Note des éditeurs.*)

vaient être désormais réglées sur celle qu'on ferait au roi ; on abolit d'un seul coup les annates et les dîmes ; enfin on décréta qu'une médaille serait frappée en mémoire de tant de grandes délibérations prises pour le bonheur de la France (1); que tout le monde se réjouirait de tant de sacrifices faits à la liberté française; que Louis XVI en porterait le nom de *restaurateur;* qu'on chanterait un *Te Deum* dans sa chapelle, *et qu'il en serait.*

Le feu avait pris à toutes les têtes. Les cadets

---

(1) Parmi les droits abolis était celui de *main-morte.* Voici ce qu'en disait Mirabeau :

« Il n'y a point de mot qui aille mieux à la chose que celui de *main-morte.* Veut-on savoir l'origine de cette expression ; elle se présente d'abord comme figurée. Les *main-mortables* ne possédant originairement aucun fonds en propre, leur travail ne se rapportant point à eux, mais aux seigneurs, dont ils étaient serfs; se trouvant, à beaucoup d'égards, dans une incapacité qui ressemble à la mort civile, il y a là de quoi justifier cette dénomination ; mais elle a un sens propre qui la rend encore plus horrible. Le seigneur avait droit, selon plusieurs coutumes, de s'emparer, après la mort d'un chef de famille serf, du meilleur meuble de la maison; si le défunt n'en laissait point, on lui coupait la main droite, et on en faisait hommage au seigneur, comme un instrument qui lui avait été dévoué, mais dont il ne pouvait plus rien attendre. Image d'autant plus affreuse qu'elle est parfaitement juste. Cet usage barbare fut aboli dans le pays de Liége par le prince évêque, au 12e. siècle, selon les chroniques de Flandre. » (*Courrier de Provence.*)

(*Note des éditeurs.*)

de bonne maison, qui n'ont rien, furent ravis d'immoler leurs trop heureux aînés sur l'autel de la patrie; quelques curés de campagne ne goûtèrent pas avec moins de volupté le plaisir de renoncer aux bénéfices des autres; mais ce que la postérité aura peine à croire, c'est que le même enthousiasme gagna toute la noblesse; le zèle prit la marche du dépit: on fit sacrifices sur sacrifices; et comme le point d'honneur chez les Japonnais est de s'égorger en présence les uns des autres, les députés de la noblesse frappèrent à l'envi sur eux-mêmes, et du même coup sur leurs commettans. Le peuple, qui assistait à ce noble combat, augmentait par ses cris l'ivresse de ses nouveaux alliés; et les députés des communes, voyant que cette nuit mémorable ne leur offrait que du profit sans honneur, consolèrent leur amour-propre en admirant ce que peut la noblesse entée sur le tiers-état. Ils ont nommé cette nuit *la nuit des dupes;* les nobles l'ont nommée *la nuit des sacrifices.*

Tout cela se commit sous la présidence d'un M. Le Chapelier, avocat breton, d'un esprit vulgaire et d'un caractère hasardeux; qui, ayant à se plaindre de son ancienne réputation, avait, comme la France, besoin d'un nouvel ordre de choses pour se régénérer (1). On peut compter encore deux ou

---

(1) Rivarol, dans ce portrait, s'abandonne à son humeur satirique avec bien plus d'amertume que d'exactitude et de justice. La

trois hommes dans l'Assemblée nationale, protégés par une obscurité profonde. Le peuple, mêlé

Biographie universelle, qu'on n'accusera certes point de partialité en faveur des membres qui siégeaient au côté gauche dans l'Assemblée constituante, se montre mieux instruite et surtout plus équitable. « Le Chapelier, né à Rennes en 1754, était, dit cet
» ouvrage, fils d'un avocat distingué, qui avait obtenu des let-
» tres de noblesse, sur la demande des États de sa province.
» Il acquit lui-même une grande réputation au barreau, et se fit
» remarquer dans les troubles qui éclatèrent en 1787 entre la
» cour et les parlemens, ce qui le fit nommer en 1789 député
» du tiers-état aux États-généraux. Dès les premières séances il
» fut mis au rang des meilleurs orateurs de cette assemblée, et
» prit une grande part à tous ses travaux. »

On n'acquiert point *une grande réputation au barreau* quand on n'a, comme le prétend l'auteur des Mémoires, qu'un *esprit vulgaire*; et, quant au *caractère hasardeux*, il semble que Rivarol eût dû se montrer plus réservé sur de semblables accusations. Si Le Chapelier avait, dans sa jeunesse, montré du goût pour les plaisirs et l'éclat, la fortune dont jouissait sa famille, à la fois riche et considérée, satisfaisait à ses dépenses. Aimant la bonne société, fait pour y prendre place par la politesse de son esprit et de ses manières, Le Chapelier se trouvait, à cause de cela même, bien plus rapproché du parti aristocratique que du parti populaire. Aussi ne fut-il entraîné ni par les principes extrêmes, ni par les mouvemens violens qui présageaient le renversement du trône.

Il fut de la société des Feuillans. « Mais les tardifs efforts de ce
» parti ne purent, dit la *Biographie universelle*, arrêter le
» torrent; et le rapport que Le Chapelier fit à cette époque pour
» réprimer l'audace des clubs, fut dans la suite le prétexte de
» sa condamnation. S'étant retiré en Angleterre après la session,
» il revint à Paris pour empêcher qu'on ne mît le sequestre sur

aux séances, a désigné par sa haine et ses menaces ceux qui étaient dignes d'estime ; et ses bruyans applaudissemens ont dirigé le mépris des sages sur les autres. Les Pétion, les Buzot, les Barnave, les Lameth, les Menou, et tous ces noms, jadis si obscurs, qui enrouent aujourd'hui la renommée, ont fait du bruit sans acquérir de la gloire : car le bruit ne chasse pas l'obscurité, mais la gloire est comme la lumière. Il n'y a donc de mémorable dans l'Assemblée que l'Assemblée même.

Nous avons dit, il y a long-temps, que la noblesse, lorsqu'elle fut contrainte de se réunir au tiers-état, ne s'était réservé qu'une voix consultative, par respect pour ses mandats ; mais dans cette nuit, où l'on passait toutes les bornes, la sainteté du serment fut traitée comme les propriétés ; et, chose incroyable ! les consciences firent aussi leurs sacrifices. Les nobles délibérèrent sur

---

» ses biens ; mais il ne tarda pas à être arrêté, et fut traduit au
» tribunal révolutionnaire le même jour que Thouret et d'Es-
» preménil. Condamné à mort le 22 avril 1794, *comme ayant*
» *conspiré depuis* 1789 *en faveur de la royauté*, il fut conduit
» au supplice entre ses deux collègues. »

Il est certain que les principes et les sentimens de Le Chapelier *conspiraient* depuis bien long-temps contre les odieux excès auxquels on se livrait en France. Sa mort et la cause qui le fit monter sur l'échafaud suffiraient pour toute réponse aux assertions de Rivarol.

(*Note des éditeurs.*)

ce que les nobles proposaient ; ils crurent que, n'étant plus un *ordre*, ils allaient être un *pouvoir*. Mais ils se perdirent dans le tiers-état comme un faible ruisseau dans un fleuve immense ; et leur existence, qui n'était qu'une agréable chimère depuis l'extinction du régime féodal, ne sera plus aujourd'hui qu'une des absurdités de notre moderne constitution.

Maintenant il faut observer que tous les articles du 4 août ne furent pas décrétés dans la même nuit, mais qu'ils furent tous proposés : et c'en était assez pour le peuple, qui, dans les services qu'on lui rend, ne souffre pas la prudence, et ne pardonne pas le repentir.

Il y a sans doute, dans la liste des abandons, quelques articles sans reproche ; mais on peut dire que le vicomte de Noailles, député dont la verte jeunesse entraîna la maturité des autres, aurait dû se contenter d'offrir des sacrifices personnels, et ne pas faire de sa vertu particulière une nécessité pour tous.

L'article surtout qui consterna le plus une partie de l'Assemblée, les ministres, et en général tous ceux qui ne séparent pas la raison de la probité, ce fut l'abolition des dîmes (1). Le clergé

---

(1) Voyez dans les éclaircissemens (D) les motifs que Mirabeau fait valoir contre la dîme, et qu'il rapporte dans son *Courrier de Provence*.

(*Note des éditeurs.*)

résista à ce décret comme à sa destruction même, dont il était en effet l'avant-coureur. Les curés, qui s'étaient montrés jusqu'à ce jour le clergé du tiers-état, reculèrent au bord de l'abîme, mais la galerie furieuse les y poussait à grands cris : l'effroi les emporta, et ils se dispersèrent au milieu de la nuit avec tous les prélats, sans pouvoir toutefois se dérober au petit peuple de Versailles et aux agens du Palais-Royal, qui, fiers encore de toutes leurs victoires sur les deux ordres, et récemment de celle qu'ils venaient de remporter sur l'Assemblée même, en forçant M. Thouret, qui ne leur était pas agréable, à renoncer à la présidence, paraissaient plus irrités d'un refus que satisfaits de tant d'abandons.

Les prélats et les curés reçurent donc, pendant le reste de la nuit et les jours suivans, des avis si clairs et des paroles si positives sur le sort qui les attendait, qu'on vit six jours après M. l'archevêque de Paris s'avancer vers l'autel du patriotisme, pour y déposer, au nom de tous les membres du clergé, la renonciation à la dîme. Ce vertueux prélat fut outrageusement applaudi par le peuple qui entourait l'Assemblée ; et il termina son discours par confier et recommander l'existence de l'église à la noblesse et à la générosité d'un tel peuple.

Il fut donc dit que les dîmes étaient abolies au profit de la nation, sauf à aviser aux moyens de les *remplacer* pour subvenir à l'entretien des ministres des autels.

Ainsi fut abrogée la dîme, ce tribut patriarchal, le plus antique et le plus vénérable qui existât parmi les hommes ; ainsi fut brisé le lien qui attachait les espérances de la terre aux bontés du ciel, l'intérêt du pontife à la prospérité du laboureur, et les cantiques et les prières de tous les âges aux fleurs et aux fruits de toutes les saisons.

Par un tel décret, l'Assemblée nationale, appelée à la restauration des finances, perdait 70 millions de revenu, produit des dîmes ecclésiastiques; le trésor public restait chargé de l'entretien du clergé, et la classe des riches propriétaires, auxquels on ne songeait pas, gagnait en partie ce que perdait l'église.

C'est en vain que les députés de quelques provinces, revenus de leur ivresse, déclarèrent, le jour suivant, que l'adhésion à de tels sacrifices passait leurs pouvoirs : c'est en vain que l'abbé Sieyes, idole du Palais-Royal (1) et premier apôtre de la démocratie, monta dans la tribune pour défendre les propriétés de l'église : en vain cria-

---

(1) Les Actes des apôtres nous fournissent une satire maligne et ingénieuse, où, dans une fête burlesque, comparaissent successivement divers députés réunis par le plaisir. L'abbé Sieyes n'y est pas oublié. Voyez éclaircissement (E).

(*Note des éditeurs.*)

t-il aux démagogues qu'*ils voulaient être libres*, *et qu'ils ne savaient pas être justes;* il se consuma sans fruit au milieu des feux qu'il avait allumés; il perdit à la fois sa cause et sa popularité. L'on se demandait comment celui qui avait dans ses premiers ouvrages renversé les bases de toutes les propriétés, pouvait se flatter de faire respecter celles du clergé. Il montrait la vérité, on ne vit que l'intérêt : on l'opposa à lui-même ; et le peuple, étonné qu'après avoir conseillé d'égorger le troupeau il voulût conserver les toisons, força les sages à convenir que l'abbé Sieyes raisonnait mal dans la tribune, ou qu'il avait mal raisonné dans ses livres ; de sorte qu'il trompa deux partis à la fois ; le clergé, qui n'avait d'abord trouvé en lui qu'un philosophe sous l'habit de prêtre, et le Palais-Royal, qui ne voyait qu'un prêtre sous le manteau du philosophe.

L'abbé de Montesquiou mêla de la grâce à de l'érudition dans cette grande cause ; et l'abbé Maury s'y porta avec une force éloquente (1). Tous deux aimèrent mieux braver le peuple que leur conscience. On les verra reparaître dans le dernier combat du peuple contre l'église, quand les agio-

---

(1) Dans la discussion sur la vérification de la dette publique, l'abbé Maury, se livrant à la fougue de son éloquence, fut censuré. Il est curieux de voir comment son adversaire constant, Mirabeau, se comporta dans cette circonstance. (Éclaircissement (F), tiré du *Courrier de Provence*.)

(*Note des éditeurs.*)

teurs, toujours plus furieux, auront trouvé un complice dans l'épiscopat (1).

Dans le décret voté sur la dîme, il était dit que la nation *la remplacerait*: ce qui supposait que l'on paierait à l'église l'équivalent des dîmes. Mais dans l'intervalle de la rédaction du décret, on se souvint qu'on n'avait aboli la dîme que pour mettre les terres en état de porter de plus gros impôts, afin de satisfaire les capitalistes; et on vit que le fisc ne gagnerait rien à l'abolition des dîmes, si on en donnait la valeur en argent aux églises.

Aussi, quand les secrétaires de l'Assemblée présentèrent la rédaction du décret tel qu'il avait été voté, les força-t-on de substituer le mot vague de *traitement* à l'expression fixe de *remplacement*; et comme ils alléguaient le respect dû au texte du décret, on leur répondit que l'Assemblée législative de France n'avait pu dire un mot pour l'autre. Ainsi la mauvaise foi parut moins dangereuse qu'une simple erreur, et on mentit afin d'être infaillible.

Nous pourrions faire beaucoup d'autres observations sur l'indigeste amas des arrêtés de la nuit du 4 août; mais l'abondance des matières hâte notre marche. Il faut se contenter de dire que, malgré l'infidélité de la rédaction, le décret sur

---

(1) M. de Talleyrand-Périgord, évêque d'Autun, jeune novateur, qui a plus d'esprit d'intrigue que de véritable esprit.
(*Note de Rivarol.*)

les dîmes ne produisit rien de ce qu'on s'en était promis. D'un côté, le petit peuple entendit ne plus payer cet impôt, et s'imagina que l'Assemblée en avait fait présent à la nation ; de l'autre côté, quelques municipalités se proposèrent d'en appliquer le quart à leurs pauvres, et leur exemple est contagieux. De sorte que ce qu'on pourra percevoir dorénavant sur les riches propriétaires, sera plus qu'absorbé par le strict nécessaire du clergé, et par l'intérêt de sa dette.

Les capitalistes ne gagneront donc rien au scandale de ce décret. Le crédit public, qui souffre de toutes les convulsions du corps politique, a baissé de plus en plus, et le vicomte de Noailles lui a porté innocemment le dernier coup, en forçant l'Assemblée à fixer l'intérêt de l'emprunt à quatre et demi pour cent. C'est pour la première fois, peut-être que la baisse de l'intérêt a été la suite du discrédit et du défaut d'argent. Aussi a-t-on vu plus haut le succès de cet emprunt.

Il faut dire aussi que l'abolition des justices seigneuriales laissa les campagnes sans tribunaux, dans le temps même où la liberté indéfinie de la chasse (1) couvrait les chemins et les champs de

---

(1) M. de Mirabeau a parlé sur la réserve proposée par M. de Clermont-Tonnerre, relativement aux plaisirs du roi : il observa que l'Assemblée venait de déclarer que le droit de chasse était inhérent à la propriété, et ne pouvait plus en être séparé. « Je ne comprends pas, dit-il, comment l'on propose

bandits et de paysans armés (1). «L'Assemblée nationale stipulait bien dans chaque décret, qu'en attendant on paierait les anciens droits ; qu'on respecterait, en attendant, les anciens tribunaux ;

à l'Assemblée, qui vient de statuer ce principe, de décider que le roi, ce gardien, ce protecteur de toutes les propriétés, sera l'objet d'une exception dans une loi qui consacre les propriétés. Je ne comprends pas comment l'auguste délégué de la nation peut être dispensé de la loi commune. Je ne comprends pas comment vous pourriez disposer en sa faveur de propriétés qui ne sont pas les vôtres. — Mais la prérogative royale ! — Ah ! certes, la prérogative royale est d'un prix trop élevé à mes yeux pour que je consente à la faire consister dans le futile privilége d'un passe-temps oppressif. Quand il sera question de la prérogative royale, c'est-à-dire, comme je le démontrerai en son temps, du plus précieux domaine du peuple, on jugera si j'en connais l'étendue, et je défie d'avance le plus respectable de mes collègues d'en porter plus loin le respect religieux.

» Mais la prérogative royale n'a rien de commun avec ce qu'on appelle les plaisirs du roi, qui n'enferment pas une étendue moindre que la circonférence d'un rayon de vingt lieues, où s'exercent tous les raffinemens de la tyrannie des chasses. Que le roi, comme tout autre propriétaire, chasse dans ses domaines ; ils sont assez étendus sans doute. Tout homme a droit de chasse sur son champ, nul n'a droit de chasse sur le champ d'autrui ! ce principe est sacré pour le monarque comme pour tout autre. » (*Courrier de Provence.*)

(*Note des éditeurs.*)

(1) La pêche fut sans doute comprise tacitement dans l'arrêté sur la chasse, et décrétée *in petto* ; car on n'a jamais rien proposé ni délibéré à son sujet, et son nom n'a pas encore été prononcé.

(*Note de Rivarol.*)

mais le peuple qui, disait-on, devait être apaisé par tant de sacrifices, et dont le comte de Castellane, le vicomte de Noailles et le duc d'Aiguillon répondaient, ne s'est montré que plus insatiable et plus féroce : c'est à l'époque des abandons qu'il s'est brûlé plus de châteaux et commis plus de meurtres dans toute l'étendue du royaume. L'Assemblée abolissait les droits féodaux, et le peuple mettait le feu à toutes les archives et à tous les titres ; l'Assemblée effaçait la distinction de la naissance, et le peuple massacrait les nobles ; l'Assemblée décrétait contre les priviléges pécuniaires une égale répartition des impôts, et le peuple n'en a plus payé du tout. De sorte que ce peuple, armé du pouvoir exécutif, s'est toujours lancé au-delà des décrets de l'Assemblée ; qu'il a sans cesse décidé par le fait ce qu'elle essayait d'établir par le droit ; qu'elle a fini par lui sembler timide et méprisable ; et que déjà ses oracles ne sont pas moins décriés que les ordres du roi.

En flattant le peuple, l'Assemblée nationale tendait à deux fins : l'une était d'accabler l'autorité royale, et l'autre de préparer la nation à mieux se soumettre aux lois et aux contributions nouvelles. Mais le peuple n'a servi que le premier vœu de l'Assemblée ; et, sur tout le reste, il l'a maîtrisée tyranniquement. Elle s'est servie de Paris pour renverser le trône ; Paris se sert d'elle pour dominer la France. C'est une chose merveilleuse que l'attention délicate et la souplesse avec laquelle cette puissance législative se conforme à l'esprit populaire. Elle a sévi contre les parlemens, parce que le peuple les abandonne ; mais elle respecte les districts qui la bravent : elle empêche les assemblées provinciales, quand le peuple les proscrit ; et tremble devant des bureaux renforcés que le peuple soutient. Enfin, toutes les fois que la populace fermente, l'Assemblée nationale partage ou dissimule ses excès ; semblable à un navire porté sur une mer orageuse, elle s'élève ou s'abaisse au gré des flots qui la poussent. Ses décrets, j'en excepte ceux auxquels le peuple parisien ne s'intéresse pas, sont préparés ou révisés dans les districts et au Palais-Royal. En un mot, telle est aujourd'hui la triste dépendance et l'état de fluctuation de cette auguste assemblée, qu'elle peut faire rire l'Europe autant qu'elle fait gémir la France.

Si le roi n'avait pas eu le malheur d'assembler les états-généraux si près de la capitale, et de les adosser à cet énorme foyer de mécontentemens et de corruptions de tous genres, il est démontré que les mauvais génies de l'Assemblée n'auraient su où allumer leurs torches, et que Paris n'eût pas incendié le royaume. C'est d'une circonstance qui parut d'abord si indifférente, que dérivent pourtant les malheurs et la honte des Français. Car à peine l'Assemblée nationale fut-elle formée à Versailles, qu'il s'établit la plus étroite alliance entre elle et Paris. La clause du traité fut que la capitale humilierait le trône aux pieds de l'Assemblée, et que l'Assemblée livrerait les provinces à la capitale ; une troisième puissance accéda au traité et se chargea de la corruption des troupes. Mais ses plénipotentiaires avaient des instructions si secrètes, et tellement séparées de la cause commune, que, si le sort eût favorisé le crime, il se serait trouvé que Paris et l'Assemblée n'auraient travaillé que pour cette puissance. Je la ferai sortir de l'ombre où elle se cache, quand les événemens me la dénonceront. Le temps viendra où, comme l'Arioste, j'aurai aussi mon héros :

> Dirò d'*Orleando* in un medesmo tratto
> Cosa non detta in prose mai nè in rima ;
> Che per *denari* venne in *favore e amato*
> D'huom che sì *vile* era stimato prima.

En attendant, il est vrai de dire que plus le roi accorde à l'Assemblée, plus l'Assemblée est forcée d'accorder à Paris. Mais le roi n'est responsable de rien, pas même de ses ministres, qui sont de l'Assemblée (1); pas même de sa personne, qui dépend de l'Assemblée.

---

(1) On avait proposé de déclarer qu'aucun député ne pourrait être ministre ; voici la réponse de Mirabeau :

« Je crois, Messieurs, qu'il peut être utile d'empêcher que tel membre de l'Assemblée n'entre dans le ministère.

» Mais comme, pour obtenir cet avantage particulier, il ne convient pas de sacrifier un grand principe, je propose pour amendement de réduire l'exclusion du ministère aux membres de

Je ne dois pas passer sous silence, à propos du décret sur la chasse, qu'il a été suivi d'une prise

---

l'Assemblée que l'auteur de la motion paraît redouter, et je me charge de vous les faire connaître.

» Il n'y a, Messieurs, que deux personnes dans l'Assemblée qui puissent être l'objet secret de cette motion ; les autres ont donné assez de preuves de liberté, de courage et d'esprit public pour rassurer l'honorable député. Mais il y a deux membres sur lesquels lui et moi pourront parler avec plus de liberté, qu'il dépend de lui et de moi d'exclure, et certainement sa motion ne peut porter que sur l'un des deux.

» Quels sont ces membres ? Vous l'avez déjà deviné, Messieurs, c'est l'auteur de la motion et moi.

» Je dis d'abord l'auteur de la motion, parce qu'il est possible que sa modestie embarrassée ou son courage mal affermi aient redouté quelque grande marque de confiance, et qu'il ait voulu se ménager le moyen de la refuser, en faisant admettre une exclusion générale.

» Je dis ensuite moi-même, parce que des bruits populaires répandus sur mon compte ont donné des craintes à certaines personnes, et peut-être des espérances à quelques autres ; qu'il est très-possible que l'auteur de la motion ait cru ces bruits ; qu'il est très-possible encore qu'il ait de moi l'idée que j'en ai moi-même ; et dès-lors je ne suis pas étonné qu'il me croie incapable de remplir une mission que je regarde comme fort au-dessus, non de mon zèle, mais de mes lumières et de mes talens, surtout si elle devait me priver des leçons et des conseils que je n'ai cessé de recevoir dans cette assemblée.

» Voici donc, Messieurs, l'amendement que je vous propose : c'est de borner l'exclusion demandée à M. de Mirabeau, député des communes de la sénéchaussée d'Aix.

» Je me croirai fort heureux si, au prix de mon exclusion, je puis conserver à cette assemblée l'espérance de voir plusieurs

d'armes générale dans tout le royaume ; d'où il est résulté qu'un homme, qui ne pouvait répondre de la moindre partie de ma fortune, peut cependant disposer de ma vie, ou commettre des désordres qu'il n'est pas en état de réparer. Il n'y a donc pas de compensation. La pauvreté devient un moyen d'échapper aux lois, et les riches seront moins assurés de leur vie que ceux qui n'ont pas de quoi vivre. Ceci est fondamental en Angleterre : un homme n'a le droit d'y porter les armes que lorsqu'il est en état de répondre de toutes ses actions.

Le même défaut se retrouve dans le décret qui admet indistinctement tous les sujets aux mêmes emplois. On leur confiera des dépôts sans qu'ils en puissent répondre ; sur la supposition que, n'ayant pas les trésors de la fortune, ils auront les dons de la nature et de l'éducation, c'est-à-dire les talens et les vertus. Mais pourquoi l'Assemblée nationale, en statuant l'égalité des droits parmi les hommes, n'a-t-elle pas décrété qu'ils auraient tous également des talens et des vertus ? Il est vrai que la nature résisterait mieux que la monarchie aux décrets de l'Assemblée (1).

---

de ses membres, dignes de toute ma confiance et de tout mon respect, devenir les conseillers intimes de la nation et du roi, que je ne cesserai de regarder comme indivisibles. » (*Courrier de Provence.*)

(*Note des éditeurs.*)

(1) Voyez dans les éclaircissemens (G), un projet de décret

Cette nature est inégale dans ses productions ; elle l'est encore dans les présens qu'elle dispense, et cette inégalité, nous l'appelons variété. Pourquoi ne pas donner le même nom à la distinction des rangs et à l'inégalité des conditions? Les rangs, direz-vous, sont odieux, et les grandes fortunes insupportables. Mais la loi est-elle donc aux ordres de l'envie, et doit-on consulter la laideur et la sottise sur le prix du génie et de la beauté? On a voulu faire de la France une grande loterie où chacun pût gagner sans y mettre. Parcourez la série des décrets de l'Assemblée, vous croirez entendre, à l'éloquence près, la voix des Gracques et de tous ces tribuns qui adulaient la canaille latine, et qui finirent par renverser la république. L'Assemblée nationale, en détruisant la hiérarchie des conditions, si conforme à la nature des monarchies, pense obtenir un meilleur ordre de chose : penserait-elle aussi, en donnant aux notes la même valeur, et en les rangeant toutes sur une même ligne, créer d'autres accords, et donner au monde une nouvelle harmonie?

Pendant qu'on rédigeait la déclaration des droits de l'homme et les articles de la nuit du 4 août, nuit désastreuse, qu'on peut appeler la *St.-Barthélemy des propriétés*, le royaume était désolé par le fer et par le feu autant que par la disette.

---

fort plaisant pour établir l'égalité absolue dans le monde ; il est extrait des *Actes des apôtres*.

(*Note des éditeurs.*)

Des courriers, porteurs de faux ordres du roi, parcouraient les campagnes, et les soulevaient contre les châteaux et les maisons des grands propriétaires. Dans les villes on semait des bruits de complots, de conspiration, de dépôt d'armes et d'approche de troupes. L'Assemblée recevait chaque jour des avis alarmans ; et chaque jour, pour toute réponse, elle abattait quelque partie de l'ancien édifice, croyant arrêter l'incendie par la démolition. Enfin, les plaintes devinrent si touchantes, et les tableaux de nos désastres si effrayans, qu'elle nomma un comité des recherches ; mais ce comité ne nomma personne. L'ambassadeur d'Angleterre ne gagna rien à dénoncer le complot sur Brest, les courriers furent arrêtés en vain : un histrion se fit pendre inutilement (1). Soit que le comité cherchât d'autres coupables que ceux qu'il trouvait, soit qu'il eût trouvé ceux qu'il ne cherchait pas, il est certain qu'également sourd et muet, il n'a voulu ni entendre ce qu'on lui disait, ni rapporter ce qu'il savait.

Il a fallu des crimes et des catastrophes épouvantables pour qu'on rougît de sa discrétion : les partis opposés dans l'Assemblée nationale l'ont uniquement sommé de parler ; et M. Goupil, le Calchas de ce comité, n'a pu refuser de paraître à la tribune. Mais il a jeté dans l'Assemblée des

---

(1) Bordier, acteur du théâtre des Variétés, qui soulevait Rouen avec l'or du Palais-Royal.

(*Note de Rivarol.*)

paroles si ambiguës et des soupçons si étranges, qu'on a regretté son silence. Après lui, un de ses collègues, M. Glezen (il est bien triste d'être obligé de nommer de pareilles gens), a parlé plus clairement, et a dirigé les soupçons des uns et les alarmes des autres sur M. Malouet, citoyen éloquent, dont la haine des pervers affermit de jour en jour la réputation. Tous les yeux se sont alors tournés sur lui : les mauvais citoyens étaient ravis qu'il fût accusé, et les bons tremblaient qu'il fût coupable. Mais M. Malouet a bientôt dissipé la joie des uns et la crainte des autres ; il a demandé, avec la contenance d'un homme irréprochable, la preuve de son crime : le président du comité a produit une lettre que tout honnête homme voudrait avoir écrite (1). L'Assemblée confuse a cassé les membres de son tribunal d'inquisition, et en a nommé d'autres. M. Goupil, couvert de honte, reste avec son collègue, situé dans l'opinion publique entre la sottise et la méchanceté : car le peu de réputation dont il jouit le rend maître du choix.

Comparez maintenant cette tiédeur de l'Assemblée nationale, et l'hypocrite retenue de ses inquisiteurs, à la fureur avec laquelle on a poursuivi l'histoire fabuleuse de Vesoul, et celle du

---

(1) Mirabeau explique toute cette affaire avec beaucoup d'impartialité dans son *Courrier de Provence*. Éclaircissement (H).
(*Note des éditeurs.*)

comte d'Esterhazy, aux accusations multipliées du crime de *lèze-nation*, à la barbare ignorance de tous les principes avec laquelle on instruit aujourd'hui le procès du prince de Lambesc, du baron de Bezenval, et de M. Augeard. Vous verrez, dans l'affaire de Vesoul, l'Assemblée faire semblant de croire qu'un conseiller du parlement de Besançon, partant pour la Suisse, a recommandé à ses gens de rassembler dans son château les paysans de sa terre, et de faire sauter le château et tous ses habitans avec de la poudre à canon. Vous verrez l'Assemblée feindre de croire qu'un homme sensé a pu donner un tel ordre, et, qui pis est, compter sur l'obéissance dans un moment où les riches n'ont pas d'autres ennemis que leurs domestiques. Vous la verrez compromettre indécemment un roi qu'elle a déjà tant abaissé aux yeux de l'Europe entière ; lui arracher des ordres que Louis XIV aurait craint de donner dans toute sa gloire ; le forcer enfin d'écrire à toutes les puissances pour redemander le conseiller de Besançon. Dans l'affaire de M. d'Esterhazy, vous verrez encore l'Assemblée faire des recherches odieuses, qui ne tournent qu'à la honte des démagogues, étonnés qu'un ami de la reine pût être innocent. Et si vous jetez les yeux sur les procès innombrables qu'on intente à ceux qui ont *lésé la nation*, combien ne serez-vous pas indigné qu'une assemblée législative crée dans son sein un tribunal d'inquisition, et souffre qu'il s'en élève un autre dans Paris; destinés l'un et l'autre à poursuivre un crime qu'ils ne peuvent ni expliquer, ni constater. Une assemblée législative pourra-t-elle se disculper jamais d'avoir érigé un tribunal pour des crimes d'une nouvelle espèce, sans lui avoir tracé la moindre instruction ? Cette Assemblée ignore-t-elle que, dans les guerres civiles et dans une insurrection, le souverain est divisé ? que par conséquent les deux partis sont dans un véritable état de guerre, et qu'on n'est coupable ni dans l'un ni dans l'autre; ou, pour mieux dire, qu'on est coupable dans l'un et dans l'autre ?

Iliacos intrà muros peccatur et extrà.

Il faut, pour avoir le droit de punir un officier du roi, prouver, ou qu'il a commis des cruautés inutiles en défendant le prince, ou que le prince, étant reconnu pour fou, on a droit de s'en prendre à ceux qui ont exécuté ses ordres contre son peuple. Mais on ne peut alléguer ici ni l'un ni l'autre cas. Le roi, toujours humain, s'est joint lui-même à son peuple; M. de Besenval et les autres officiers se sont à peine montrés dans Paris, le jour de l'insurrection, où tout Français était indécis du nom qu'il portait en ce moment (1).

---

(1) Extrait du discours de M. Garat jeune, en faveur de M. de Besenval.

« M. de Besenval est accusé par la voix publique d'être coupable envers la nation ; mais par qui peut-il être légitimement dénoncé, et devant quel tribunal doit-il l'être? Je ne crois pas,

Car, de même que, dans l'instant de la fermentation, les fruits ne sont plus des fruits, et la liqueur n'existe pas encore ; ainsi, dans la crise d'une insurrection, les sujets ne sont plus sujets ; l'État n'est plus l'État ; tout est soldat, tout est champ de bataille. Mais après la réunion les citoyens reparaissent : et, loin que les vainqueurs aient à poursuivre les vaincus dans les tribunaux,

---

Messieurs, que dans ce moment il existe en France un tribunal revêtu de pouvoirs nécessaires pour recevoir et pour juger une semblable accusation.

» Les délits de ce genre doivent être dénoncés par la nation ou par ses représentans. C'est donc vous, Messieurs, qui devriez être ses dénonciateurs.

» Mais vous ne pouvez pas être ses dénonciateurs et ses juges ; premièrement, parce que vous ne pouvez pas être juges à la fois et dénonciateurs ; secondement, parce que vous êtes législateurs, et que vous ne pouvez pas être non plus législateurs et juges.

» Il faudrait donc, Messieurs, que vous érigeassiez un tribunal qui jugerait d'après les formes, d'après les lois que vous lui auriez prescrites.

» Si vous voulez que le baron de Besenval soit jugé, c'est l'unique parti que vous ayez à prendre.

» Il y en a un autre qui est également dans vos pouvoirs, et qui serait davantage, ce me semble, dans votre humanité.

» Ce serait de prononcer une amnistie générale, au nom de la nation la plus noble et la plus miséricordieuse, pour les délits commis contre elle avant ce jour de paix où la nation et le monarque ont renouvelé, en quelque sorte, leur contrat d'union et d'amour. » (*Courrier de Provence.*)

(*Note des éditeurs.*)

il ne doit plus rester aux uns et aux autres que le regret des maux qu'ils se sont faits. Le peuple demeure inviolable aux yeux du prince comme le prince aux yeux du peuple, et cette inviolabilité s'étend à tous dans l'un et l'autre parti : voilà le droit des gens, voilà le sens commun. Je le dis hautement : le procès du baron de Besenval est la honte de l'Assemblée qui l'autorise, et des absurdes inquisiteurs qui le poursuivent.

Parmi les mesures que prit l'Assemblée nationale pour arrêter le cours des assassinats et des incendies, on doit observer le nouveau serment qu'elle exigea des troupes : et ce moyen caractérise les lumières et les intentions de l'Assemblée. Il fut décrété que les troupes prêteraient serment entre les mains des officiers municipaux, *à la nation, à la loi et au roi.* Si nos soldats raisonnent, il est certain qu'il n'y a plus d'armée en France ; et alors qu'importe la forme du serment ? Mais s'ils sont hors d'état d'analyser cette formule, il faut qu'on leur dise, et ils le sentent grossièrement, qu'il y a quelque chose entre la nation et le roi ; et comme cette chose, qui est la loi, est un être abstrait qui ne doit jamais tomber sous leurs yeux, il en résulte que l'idée jadis si claire du serment prêté à un roi reste obscure et sans force dans leur esprit. D'ailleurs, après la défection générale, la nation ne doit pas plus compter sur l'armée que le roi lui-même. Cette formule du nouveau serment est donc inutile ou vicieuse, sans compter que, dans une constitution monarchique, le roi étant le chef de la nation et l'organe des lois, le serment prêté à sa personne l'est aussi aux lois et à la nation. Mais je me trompe quand je dis que cette formule du serment militaire est inutile ; elle tend au grand but d'avilir l'autorité royale.

Les Juifs présentèrent aussi à l'Assemblée un récit pathétique de toutes les horreurs qu'on exerçait sur eux en Alsace et dans d'autres provinces, depuis les premiers décrets de l'Assemblée. Ils demandaient humblement d'être compris dans la déclaration des droits. Les Juifs, sans lesquels nous ne serions pas chrétiens, ne seraient donc pas hommes sans nous ! Que dira la postérité de ce lamentable mélange de vénération et de culte pour les pères, de mépris et de barbarie envers les enfans ?

M. Bergasse, membre du comité de constitution, présenta vers cette même époque un excellent travail sur les lois judiciaires, et se montra aussi opposé aux Target (1) et à tous les esprits

---

(1) « Si l'on se ressouvient encore que M. Target a été président de la plus auguste assemblée de l'univers, on nous pardonnera de rapporter une anecdote qui prouve combien cet excellent homme a de ressources dans l'esprit.

Il présidait une séance du soir : il était question d'une réclamation sur la nomination de la municipalité de Ruel : on venait de renvoyer l'affaire de Saint-Jean d'Angely à la municipalité de la Rochelle. M. Target (pour abréger sans doute, car il a les intentions pures) proposa de renvoyer l'affaire de Ruel à une municipalité voisine. Tous les hommes instruits savent

mal sains de l'Assemblée, que ceux-ci le sont ordinairement à la raison et à la véritable éloquence. Je ne sais quel député ouvrit alors l'importante question de la *liberté des consciences*. Cet objet politique et religieux devait mettre en jeu toutes les éloquences de l'Assemblée, et chacun s'y attendait : mais on venait de porter un si rude coup aux propriétés de l'église, par la suppression des dîmes, qu'on crut inhumain de lui ôter l'empire que lui donne l'unité du culte, en permettant l'exercice public de toutes les religions : ici la philosophie de l'Assemblée se montra toute financière. Elle se souvint que jadis l'église accordait les biens spirituels en échange des biens temporels, et elle s'en souvint pour l'imiter et pour la consoler, ce semble, de la perte des uns par le maintien des autres. C'était une dérision. M. Rabaut-Saint-Étienne, député et philosophe protestant, pérora plutôt qu'il ne combattit pour cette

---

que le président ne peut point ouvrir d'avis. M. le marquis de Foucault se leva, et appuya la motion de M. le président. — Monsieur, ce n'est point une motion, c'est un avis. — J'appuie l'avis de M. le président. — Monsieur, ce n'est point un avis, c'est une observation. — J'appuie l'observation de M. le président. — Monsieur, ce n'est point une observation, c'est un développement. — J'appuie le développement de M. le président..... M. Target, qui n'avait eu que le dessein de faire une plaisanterie, voyant que l'Assemblée prenait la chose au sérieux, termina là le dialogue, qui aurait pu devenir très-piquant. » (*Actes des apôtres.*)

(*Note des éditeurs.*)

grande cause ; soit qu'il en ait renvoyé le succès à une autre époque, soit qu'il en regarde le décret comme nécessaire, d'après la déclaration des droits de l'homme, soit enfin qu'ayant montré, dès l'ouverture des états-généraux, des prétentions embarrassantes, il ait voulu les justifier par un zèle prudent, ou les expier par un silence honorable.

Les différens décrets émanés de l'Assemblée nationale, depuis sa formation, avaient été publiés dans les provinces, tantôt au nom de l'Assemblée, et tantôt de par le roi. Tous ces décrets, excepté ceux par lesquels les communes se déclarèrent *Assemblée nationale*, et déclarèrent en même temps *tous les impôts existans, illégaux*, ne regardaient que la tranquillité publique, la disette et la libre circulation des grains. L'Assemblée *ordonnait* la tranquillité, et *recommandait* l'abondance : sa majesté, à qui l'on renvoyait ces ordonnances, les recevait de la main du président, et les remettait à ses ministres qui les faisaient parvenir dans tout le royaume.

Mais à mesure qu'on avançait dans la déclaration des droits de l'homme, et dans les articles de la constitution, lorsqu'on vit éclore au grand jour, dans la séance du 5 août, la foule des articles qu'on devait aux ténèbres de la nuit, il fallut bien s'occuper des moyens de les faire accepter à sa majesté, déterminer la nature de la sanction royale, et fixer ainsi la part du prince dans la législation, c'est-à-dire, dans la souveraineté.

Loin de m'excuser aux yeux de mes lecteurs de la sécheresse de la discussion où je vais m'engager, je leur demande au contraire un nouveau degré d'attention. L'intérêt du sujet doit les soutenir contre sa sévérité. Il faut que je rassemble en peu de lignes des faits qui ont coûté bien des séances à l'Assemblée, bien des intrigues et des crimes au Palais-Royal; il faut encore que ces faits soient jugés d'après des principes qui ont exigé des volumes, et sur lesquels, malgré l'*Esprit des Lois*, et surtout le *Contrat Social*, nous avons encore toute notre innocence. Mais avec les plus grands efforts, dit l'auteur de ce dernier ouvrage, on n'est pas clair pour qui n'est pas attentif. Il n'est pas en effet de clarté pour la distraction.

En partant du principe, que la souveraineté est dans la totalité de la nation, il faut se bien répéter les vérités suivantes.

Dans toute nation, il y a le *Souverain*, l'*État* et le *Gouvernement*. Le Souverain est la source de tous les pouvoirs, le Gouvernement est la force qui les exerce, et l'État est le sujet. Si la nation se gouverne elle-même, elle est à la fois l'État et le Souverain; le Gouvernement, qui s'appelle alors démocratie, se cache et disparaît comme un ressort intime et secret entre le Souverain et l'État; n'étant à personne en particulier, il n'est visible que dans les actes qu'il fait, et le peuple est tout ensemble maître et sujet. C'est ainsi que chaque individu se gouverne démocratiquement ; nous nous commandons à nous-mêmes, et nous nous obéissons. Aussi, plus un peuple est simple, plus il ressemble à un seul homme, et mieux la démocratie lui convient. *S'il existait*, dit Rousseau, *un peuple de dieux, il se conduirait démocratiquement*. Mais, où trouver un tel peuple ? Il n'y a pas de démocratie pure sur la terre. On ne connaît pas de peuple assez simple dans ses mœurs, ou assez peu nombreux pour se gouverner constamment lui-même. De quelque côté qu'une nation se tourne, il faut qu'elle se fie à quelqu'un : or, dès qu'un peuple a pris des guides ou des chefs, quelque nom qu'on leur donne, c'est toujours une aristocratie. Dès que le Gouvernement se sépare du Souverain et de l'État pour former un corps à part, dès qu'il est visible, il est aristocratique. Mais on est convenu pourtant d'appeler démocratiques les États où le peuple se rassemble souvent pour nommer ses magistrats. Dans un tel État, la force du Souverain est à son *maximum*, et celle du Gouvernement est au contraire à son *minimum*.

S'il y a dans une nation une assemblée de magistrats et de sénateurs toujours subsistante, que le peuple ne puisse changer à son gré, alors la souveraineté est comme aliénée ; le Gouvernement en remplit les fonctions ; le sénat est maître de l'État, tout le reste est sujet. C'est proprement l'aristocratie. Dans ces sortes d'États, le Gouvernement a une force moyenne.

Le gouvernement monarchique est comme un resserrement de l'aristocratie. Un seul homme y fait les fonctions de tout un sénat. Il est chef de l'État, il est roi ou monarque, c'est-à-dire, magistrat suprême, s'il gouverne sur des lois consenties par le vœu ou par le silence de la nation : s'il fait lui-même les lois, il est despote, et ce nom lui convient, lors même qu'il fait le bonheur de ses sujets. L'être le plus aimé est alors le plus tyrannique. Dans un tel État, le Gouvernement est à son *maximum* et brille d'un grand éclat. La souveraineté nationale est tout-à-fait éclipsée. Elle ne peut, comme le feu central, se manifester que par des explosions. Le peuple, semblable aux géans de la fable, soulève les montagnes sous lesquelles il est enseveli, et la terre en est ébranlée : c'est le principe de l'insurrection.

Il n'existe pas un pur despotisme dans le monde : tous les gouvernemens sont plus ou moins aristocratiques, ainsi que nous l'avons dit ailleurs. Mais il peut se trouver des nations qui souffrent tous les maux du despotisme, sans que le prince jouisse de toute la plénitude des pouvoirs. Un homme ne peut pas tout vouloir, et toujours vouloir.

La fameuse devise des Romains, *Senatus, Populusque Romanus*, contient le germe de toutes ces idées. Le peuple est tout ensemble l'État et le

Souverain, et le sénat est le chef de l'État ou le Gouvernement (1).

Maintenant que nous avons établi ce que c'est que *Souverain*, *État* et *Gouvernement*, il nous reste à dire pourquoi le Souverain et l'État sont deux êtres simples, et pourquoi le Gouvernement est un être composé.

La nation, en sa qualité de Souverain, est un être simple, parce qu'elle n'a qu'une volonté qui est de se maintenir par de bonnes lois. L'État ne présente aussi qu'une idée, c'est la somme des sujets. Mais le Gouvernement, qui est l'effet immédiat de la volonté du Souverain, est composé des trois pouvoirs qui sont contenus dans cette volonté : le législatif, l'exécutif et le judiciaire.

La constitution étant le rapport du Souverain à l'État, on sent bien que le gouvernement est la pièce importante de cette machine; c'est lui qui donne la vie et le mouvement. Il s'agit donc, pour que la constitution soit bonne, de bien combiner les trois pouvoirs; et c'est ici que commence la grande cause que le roi a perdue,

---

(1) Ce qu'on appelait *plebs* ou petit peuple, était bien compris dans *populus*, de même que les patriciens qui n'étaient pas sénateurs; mais on trouvait un moyen d'éluder l'influence de cette vile populace par une certaine manière de prendre les suffrages. Il n'y a eu dans la république que les tyrans qui aient fait leur cour à la canaille.

(*Note de Rivarol.*)

non contre la nation, mais contre quelques démagogues.

L'expérience des siècles passés prouve que, toutes les fois que le peuple a exercé par lui-même les trois pouvoirs, la démocratie s'est changée en anarchie : des orateurs violens agitaient la multitude, comme les vents soulèvent les flots ; et le peuple, flatté par les démagogues, avait tous les défauts des tyrans : il abrogeait les meilleures lois, condamnait les meilleurs citoyens, et dissipait les revenus publics. Dans Athènes le Souverain était fou et l'État malheureux.

Cette expérience de tous les siècles prouve encore que, si les trois pouvoirs sont réunis entre les mains d'un sénat ou d'un seul homme, il y a despotisme aristocratique et monarchique.

Il a donc fallu, pour se donner une constitution tolérable, que la souveraineté se divisât. Mais la tardive expérience est encore venue au secours de la raison, et a démontré que chaque fois qu'on n'établit que deux corps dépositaires du pouvoir, on engage un combat qui doit finir par l'extinction de l'un ou de l'autre, et le renversement de la chose publique. Lorsqu'à Rome on eut chassé les rois, le sénat se mit à leur place et gouverna despotiquement, jusqu'à ce que le peuple, par ses fréquentes insurrections, l'eût forcé à reconnaître la magistrature des tribuns. Dès ce jour, la paix fut bannie de Rome ; les tribuns, ayant trop abaissé le sénat, tuèrent la liberté à force d'indépendance, et conduisirent violemment le peuple-roi à l'esclavage.

L'Angleterre, plus sage ou plus heureuse que toute l'antiquité, au gouvernement de Sparte près, dont le sien est une image, a trouvé le véritable mode d'une constitution convenable à un peuple puissant. Les pouvoirs y sont partagés entre les représentans du peuple, qu'on nomme *communes*, le sénat appelé *chambre haute*, et le roi. De sorte que les communes tendant sans cesse vers la démocratie, la chambre haute vers les prérogatives de l'aristocratie, et le roi vers le despotisme, il en résulte un gouvernement mixte, dont les forces se tempèrent mutuellement, et qui réunit la plus vive énergie à la plus grande solidité. La chambre des communes et celle des pairs proposent la loi; le prince l'approuve ou la rejette; et c'est par ce *veto absolu* qu'il intervient dans le pouvoir législatif : il est en outre revêtu de tout le pouvoir exécutif. Quant au pouvoir judiciaire, chacun sait qu'en Angleterrre on est jugé par ses pairs. Les juges sont des citoyens qu'on nomme *jurés*, pris dans toutes les classes, et capables de répondre de toutes leurs actions. Sur quoi nous observerons que Montesquieu, ayant trouvé la distinction des trois pouvoirs, se trompa lorsqu'il établit que le pouvoir judiciaire devait toujours être confié à des corps de magistrature. Il résulterait d'un tel principe, qu'on ne serait jamais jugé par ses pairs, que tout citoyen ne pourrait être juge, et que les juges seraient un État dans l'État. Montesquieu, avec tout son génie, voyait partout les Parlemens de France.

Il a donc fallu, pour former une bonne constitution, le concours de trois forces; il a fallu que la puissance législative fût partagée entre le peuple, le sénat et le roi, et que la puissance fût toute entière concentrée dans la main du prince. Ce n'est point le hasard qui l'a voulu ainsi; c'est la nature des choses, qui, lorsqu'elle est bien connue, devient notre raison. Demander pourquoi il a fallu trois élémens pour faire une constitution durable, c'est demander pourquoi il faut sept tons à la musique, ou sept couleurs à la lumière; c'est demander pourquoi il faut trois termes pour une proportion. Or, il n'y a point de constitution, *si le Gouvernement ne sert pas de moyenne proportionnelle entre le Souverain et l'État* (1). J'excepte la démocratie

---

(1) Le sénat de Rome ayant ce qu'on appelle l'*initiative* de la loi, c'est-à-dire le droit de la proposer, le peuple, afin de se défendre des atteintes de ce corps législatif, donna le *veto* à ses tribuns, et ce *veto* fut absolu. Si les tribuns avaient eu l'*initiative*, le sénat aurait eu le *veto*. Car dès qu'un corps dans l'État dit : *je veux*, il faut qu'il s'en trouve un autre qui puisse dire : *je ne veux pas*; sans quoi il y a despotisme. Mais, Rome ayant fait la faute de ne pas créer une troisième force entre ses tribuns et le sénat, on eut une anarchie et des guerres civiles perpétuelles qui auraient conduit la république à une fin plus prompte, si la conquête du monde n'eût extrêmement occupé le peuple et le sénat. Au reste, ce *veto* absolu était une prérogative si considérable, que si les tribuns avaient eu l'armée,

pure, qui, semblable à l'unité, contient toutes les perfections : le Souverain, l'État et le Gouvernement n'étant qu'un, il y a *identité*, et alors on se passe des proportions comme on se passe de l'image quand on a la réalité. Mais nous avons dit qu'il n'existait pas de démocratie pure; et si l'on nous objecte qu'elle pourrait, à toute rigueur, exister dans une très-petite ville, nous répondrons qu'il faudra que les citoyens d'une telle ville soient sans cesse occupés à régner les uns sur les autres, c'est-à-dire à faire observer les lois, et à expédier les affaires publiques; qu'il faudra par conséquent qu'ils aient des esclaves pour leurs affaires domestiques. Il serait donc vrai, comme Hobbes et Rousseau l'ont soupçonné, que la liberté suprême ne pourrait exister sans l'extrême esclavage; comme il est certain qu'on n'exercerait pas la clémence s'il n'y avait pas d'offense.

Mais revenons à l'Angleterre, modèle des grands États qui sont forcés d'avoir des représentans, et de diviser la souveraineté. Cromwel, qui était

---

ils auraient été rois. Aussi les empereurs, tout grands pontifes, tout capitaines perpétuels qu'ils étaient, n'auraient-ils pu se soutenir contre le sénat, sans la puissance tribunitienne. C'est ce qui les rendit despotes : ils réunirent alors toutes les magistratures, tout le Gouvernement, tout l'État enfin dans leur personne. C'est à cette époque, dit-on, et à cause de cette réunion de pouvoirs, que la flatterie commença à parler au pluriel à une seule personne, et à lui dire *vous*.

(*Note de Rivarol.*)

animé du même esprit que l'Assemblée nationale, ayant aboli la chambre des pairs, elle se rétablit d'elle-même avec la royauté. Sans elle le roi, toujours aux prises avec les communes, aurait régné comme Cromwel, ou succombé comme Charles Ier ; il n'y aurait eu sur le trône qu'un fantôme ou qu'un tyran. Tel est l'admirable effet des deux chambres combinées avec la prérogative royale, que la loi se fait toujours à la majorité de deux contre un. Au lieu que s'il n'y avait qu'une chambre, telle que l'Assemblée nationale, composée, je suppose, de douze cents personnes, la majorité ne serait qu'une pluralité ; on aurait souvent six cent un contre cinq cent quatre-vingt-dix-neuf : de sorte que s'il y avait scission ouverte, la minorité pourrait battre la majorité; et cela, parce qu'au lieu d'être proportionnelle et vraiment politique, la majorité ne serait qu'arithmétique, ne serait que d'une tête : ce qui serait absurde.

Un second effet de la combinaison des deux chambres avec la royauté, c'est que le prince, revêtu du pouvoir exécutif, est aussi partie intégrante du pouvoir législatif, par son *veto absolu*. Car s'il n'avait pas ce *veto*, s'il n'était point partie de la puissance législative, par conséquent du *Souverain*, il ne serait que le commissaire de celle des deux chambres qui l'aurait emporté sur l'autre. Tel qu'un poids qu'une main prudente jette avec discernement dans l'un ou l'autre bassin d'une balance, ce *veto* décide les mouvemens du corps politique ; c'est l'arme défensive de la royauté, et jamais cette arme ne peut devenir offensive. Le roi, étant constitutionnel, n'est jamais tenté de refuser une loi qui est bonne à la constitution : sa raison et son intérêt se confondent sans cesse ; et quand une loi blesse sa prérogative, et qu'il empêche cette loi, il se trouve toujours qu'il a refusé une loi qui blessait la constitution. Voilà pourquoi les rois d'Angleterre n'usent presque jamais de cette prérogative qui fait leur essence ; elle leur sert plutôt qu'ils ne s'en servent, parce qu'on ne peut vouloir attaquer la constitution dans leur personne, et qu'une loi est toujours bonne quand elle est bonne à l'État. S'il arrivait pourtant que le roi *empêchât* un *bill* passé dans les deux chambres, et nécessaire à la prospérité publique, alors les communes refuseraient les subsides ; la vie du corps politique serait suspendue, et le peuple, réveillé par ce grand conflit, déciderait la question. C'est le cas de l'appel au peuple, ressource également redoutable aux deux partis. Je dois dire enfin que le roi d'Angleterre ayant la plénitude du pouvoir exécutif, ses ministres sont responsables de tous les actes d'autorité ; tandis que le roi lui-même reste inviolable, parce qu'il est, par son *veto absolu*, partie du Souverain. Car, s'il n'avait qu'un *veto suspensif*, il serait absurde qu'il fût inviolable et sacré, n'étant qu'un simple commissaire du Souverain qui est toujours tout entier dans le corps législatif. Il résulte de tout cela que le roi d'Angleterre est un véritable monarque.

Au fond, il n'y a de pouvoir dans un État que le pouvoir législatif; les deux autres ne sont que des actes de celui-là, des offices, des magistratures. Car à quoi servirait de faire des lois, si elles n'étaient pas exécutées, si l'on ne jugeait pas d'après elles? Ce pouvoir a donc besoin d'être divisé comme trop redoutable, et emportant avec lui tous les genres de pouvoirs. D'ailleurs, quand il est partagé, sa marche est plus lente et plus mesurée. Le pouvoir exécutif ne peut, au contraire, se passer de promptitude; il faut donc qu'il ne réside que dans une seule main. Quant à ce qu'on appelle puissance judiciaire, jurisprudence et judicature, ces trois idées sont mieux fixées en Angleterre que partout ailleurs.

Voilà les principes et les bases d'après lesquels nous allons examiner les démarches de l'Assemblée nationale dans la plus importante de ses époques; et nous verrons que c'est tantôt d'après et tantôt contre ces principes, qu'elle a conduit la fortune publique.

Les ordres du chef, dit Rousseau, peuvent passer pour des volontés générales, tant que le Souverain (la nation) ne s'y oppose pas. Alors le silence universel forme le consentement du peuple. Ainsi, à partir du texte de l'écrivain qui a le mieux dit, avec les Anglais, que la souveraineté est dans le peuple, il est certain qu'après un silence de plusieurs règnes, Louis XVI exerçait légitimement la souveraineté de la nation sur la nation ; et qu'il n'en a jamais fait un plus grand acte, je dirai même un acte plus courageux, qu'en convoquant une assemblée populaire.

Si la nation française, sortant de la longue tutelle des rois, et se rassemblant à la voix de son chef, eût dit à ses commissaires, « Allez, exter- » minez la monarchie, et faites-nous une démo- » cratie ; » il serait arrivé, ou que le prince aurait été abandonné de tout le monde, ce qui eût d'abord terminé la question ; ou qu'il y aurait eu un parti et une armée ; et alors il y aurait eu partage dans la souveraineté, et guerre civile ; le problème politique eût été décidé par la force.

Mais la nation a dit à ses députés : « Allez vous » concerter avec ce prince, et faites-nous une » constitution et de bonnes lois ! » C'était laisser au roi une grande part dans la législation, c'était désigner clairement qu'on voulait une monarchie. Il n'y avait pas là d'équivoque: Cette phrase impérative et simple, *Vous ne ferez rien sans le concours et la sanction du roi*, nous menait directement à la constitution anglaise. Mais, si une foule de causes premières avait nécessité une révolution quelconque, des causes secondes non moins impérieuses la décidèrent tout-à-fait démocratique : et c'est ici le temps, je pense, de parler plus hautement des véritables et secrets moteurs de la révolution présente ; de fixer les soupçons ; de donner une base aux conjectures, et de démasquer l'hypocrisie. Il faut quitter un moment la scène, pour descendre sous le théâtre, où sont cachés les ressorts qui font mouvoir tant d'acteurs différens.

Les faits et la réflexion m'en désignent quatre : le parti de M. Necker, celui de la maison d'Orléans, celui des capitalistes, et celui du tiers-état, qui s'est trouvé la nation.

Tant que l'effort des trois premiers partis a paru dirigé contre le roi, la noblesse et le clergé, le quatrième l'a secondé merveilleusement, tant à Paris que dans les provinces et dans l'Assemblée nationale : mais, dès qu'ils ont laissé pénétrer quelque dessein particulier, la multitude les a brusquement abandonnés. Il a fallu que tout suivît le torrent que rien ne pouvait diriger. La faction démocratique elle-même s'est vue emportée au-delà de ses propres mesures, par ce même peuple qui, d'abord instrument d'ambition et de vengeance, l'a été bientôt d'oppression et de ruine ; dont chacun s'est d'abord servi, et qui bientôt s'est servi de tous; qui enfin n'a d'abord reçu quelques impulsions que pour donner aussitôt des lois. Esquissons rapidement les différens acteurs que je viens de nommer.

M. Necker, dont j'ai d'abord à parler, aurait-il l'inconvénient de ces problèmes qu'on agite toujours et qu'on ne résout jamais ? A le prendre d'un peu loin, on voit que, dès que cet illustre étranger fut tranquille sur sa fortune particulière, il s'inquiéta beaucoup de la fortune publique, et ne dormit plus qu'il ne se fût assuré lui-même de l'état de nos affaires. Des intrigues cachées et des besoins connus le portèrent au ministère des finances.

Genève, sa patrie, est une ville qu'on pourrait appeler, comme Lima, *la ville d'argent.* Elle en a une quantité immense, parce qu'ayant d'abord placé ses fonds sur la France, elle n'a cessé depuis d'y accumuler les intérêts de son capital. Ébloui de l'énorme existence que ce métal donne à sa petite république, M. Necker ne conçut pas d'autre prospérité pour un état. Il voulut donc attirer tout l'or des provinces et de l'étranger à la capitale, et tout celui de la capitale au trésor royal; oubliant l'agriculture et le commerce, pour ne *travailler qu'en finances ;* et en effet, pendant son premier ministère l'argent manqua partout, excepté au trésor royal (1).

---

(1) Genève ne tient à la France que par des fils d'argent : mais le gouvernement et la capitale tiennent au royaume par des liens de chair et de sang. Le territoire de Genève n'est qu'un étroit ruban autour de ses remparts, et la France est un empire agricole. Si dans son vaste territoire il n'y avait eu jusqu'ici que des laboureurs, et si des commerçans s'y établissaient pour la première fois, je ne doute pas, malgré la facilité que ces hommes nouveaux procureraient à la vente et aux transport des denrées, que les laboureurs, accoutumés à vendre et à transporter eux-mêmes, ne s'en plaignissent bientôt, à cause du haut prix que le commerce donnerait à l'argent. Que dirait

Mais ce ministre, étant encore plus nécessaire qu'agréable, fut obligé de se retirer. C'est pendant sa retraite que ses successeurs, avec plus d'esprit et moins de crédit que lui, ont achevé de prouver combien son système était meurtrier. Ils ont suivi M. Necker pas à pas; et d'emprunt en emprunt ils ont conduit la France au bord des états-généraux.

Pendant sa disgrâce, M. Necker, qui se voyait de jour en jour devenir plus indispensable, n'eut

---

donc le cultivateur, si, au milieu de ces marchands de denrées, il s'élevait encore des marchands d'argent? Alors l'homme de la terre que le commerçant n'aurait éloigné seulement que d'un degré du signe de la richesse, s'en trouverait éloigné de plus de dix par l'homme à argent, qui deviendrait ainsi le fléau du commerce et de l'agriculture à la fois.

La faveur que le gouvernement accorde aux sujets doit toujours être en raison inverse de la mobilité de leurs richesses. Ainsi celui qu'on doit favoriser le plus, c'est le laboureur, véritable enfant de la terre, dont les richesses sont immobiles comme elles: et qui, pour produire, a besoin de l'espace, du temps et de tous les élémens de la nature. Après lui, vient le commerçant dont les richesses sont un peu plus mobiles, mais qui ne peut pourtant se passer du temps, des chemins, des fleuves et des mers. Je mets au dernier rang l'homme à argent, qui, tel qu'un magicien, peut d'un trait de plume transporter sa fortune au bout du monde; et qui, n'agitant jamais que des signes, se dérobe également à la nature et à la société. Le gouvernement ne doit rien à un tel homme. Cette maxime est fondamentale, et on peut toujours juger un ministre d'après elle.

(*Note de Rivarol.*)

point la coquetterie de se dérober au culte que ses amis entretenaient religieusement pour lui à Paris et à Versailles : il ne cacha point le regret qu'il avait d'avoir perdu sa place ; il mit, au contraire, dans chacun de ses écrits tout l'ennui de son repos et tout le poids de sa retraite. Mais, instruit par son premier séjour à Versailles, il conçut le dessein, si jamais il rentrait dans le ministère, d'attacher la fortune publique à sa personne, afin de ne plus dépendre des faiblesses ou des caprices de la cour. Je ne saurais dire, et vraisemblablement M. Necker ne l'a jamais bien su lui-même, sous quel titre il aurait réuni les suffrages de la nation. Mais il parut, au moment où ce ministre fut rappelé, une brochure d'un nommé M. Bouys, qui peut fixer nos incertitudes sur cette étrange difficulté.

Dans cet ouvrage on exposait avec franchise, d'un côté, l'extrême faiblesse du gouvernement, les lassitudes du roi, l'irrévérence des peuples; de l'autre, le danger d'une telle nouveauté que des états-généraux, à la suite des longs mécontentemens, des espérances exagérées, et de l'inexpérience de la nation ; enfin on s'étendait sur l'inouïe popularité dont jouissait M. Necker, sur ses vertus connues, sur son crédit en Europe, et on demandait nettement pour lui le *protectorat*. Ce livre, répandu avec profusion par les amis de M. Necker, et soutenu par d'autres écrits, parut également fanatique au peuple qui demandait les états-généraux, et à la cour qui ne les redoutait pas. Mais ce qui sembla fou en ce moment, à force de malheurs est à la fin devenu raisonnable.

En effet, qu'on suppose un moment que M. Necker, en rentrant au ministère, eût fait oublier au peuple jusqu'au désir d'avoir des états-généraux ; supposons que la nation et le prince se fussent également jetés dans ses bras : alors, s'il est vrai, comme on ne peut en douter, que ce ministre eût fait avec facilité ce qu'on tente aujourd'hui avec tant d'efforts et si peu de succès, je veux dire un établissement de banque et des emprunts ; s'il est vrai encore que la constitution, achetée par tant de malheurs, ne convienne pas à la France ; alors, dis-je, il restera prouvé que la cour, plus encore que la nation, aurait gagné au protectorat de M. Necker. Doux et modéré dans ses moyens ; persuadé qu'un roi de France est maître absolu, adoré du peuple ; heureux de passer sa vie dans le labyrinthe de la banque et des finances, il eût été ce que les Grecs appelaient un *tyran désarmé*. Qu'on juge ce qu'a dû faire l'Assemblée nationale pour faire aimer une telle hypothèse, et regretter un tel état de choses.

Quoi qu'il en soit, M. Necker, renonçant à l'espoir d'éluder les états-généraux, ne songea plus qu'à les former et à les diriger ; et s'il mit encore de l'embarras et des lenteurs dans la convocation, ce fut pour laisser au peuple le temps de se dégoûter de cette ressource, et de lui abandonner entièrement le gouvernail de l'état.

Avec la clef que je viens de donner, on explique pourquoi M. Necker, en accordant deux voix au *tiers*, contraria le vœu des notables qu'il avait assemblés lui-même. Il fallait gagner le gros de la nation ;

Pourquoi en même temps il pencha vers la délibération par ordre : il ne fallait pas perdre les effets d'une minorité dans le clergé, et d'une minorité dans la noblesse, qu'on avait pratiquées à dessein. D'ailleurs il comptait sur la reconnaissance du tiers, et il était loin de prévoir que ce tiers lui cachait une assemblée nationale. De là ces conférences secrètes avec les Target et autres députés ; de là aussi l'éloignement de M. Coster, premier commis des finances, auquel on préféra des hommes plus dociles ;

Pourquoi, afin de ne pas rendre la cour trop indépendante, il négligea de faire des emprunts lorsqu'il n'était pas encore responsable et décrié ;

Pourquoi, dans le discours d'ouverture aux états-généraux, il affecta de leur dire, afin d'éveiller leur reconnaissance : *Si j'avais voulu, le roi ne vous eût pas assemblés ;*

Pourquoi, afin de rabaisser leur importance, à leurs propres yeux, il parla du *déficit* comme d'une légère difficulté. On sait que ce discours le perdit à Paris, et qu'il fallut ensuite une disgrâce éclatante pour lui redonner la faveur populaire.

On peut expliquer par-là toute sa conduite dans la disette, tantôt artificielle et tantôt réelle qui affligea la France, lorsque les batteries dirigées contre M. l'archevêque de Sens commencèrent à tirer sur son successeur.

Par-là on explique encore pourquoi M. Necker, en quittant le roi, au mois de juillet, put prédire à ses amis une guerre civile dans les vingt-quatre heures, avec tant de certitude.

Mais, dans tous ces événemens et dans toutes ces circonstances, on voit constamment un homme joué par une foule de démagogues qui n'étaient pas venus pour élever un ministre, mais pour renverser une monarchie. Son crédit, qui parut tout à coup se raviver lors de son retour et de son triomphe à Paris, s'amortit promptement par les soins des districts, et se perdit dans l'éclat de l'Assemblée nationale. Aussi le dégoût, l'humeur et l'abattement ont percé dans ses discours et dans ses actions. Son dernier effort a été successivement *pour* et *contre* la sanction royale; lorsque, ne voulant ou ne pouvant plus être le premier ministre du dernier roi de l'Europe, il a voulu du moins être l'instrument nécessaire de la première nation du monde, *sous les auspices de la plus auguste assemblée de l'univers.*

Le parti de la maison d'Orléans ne s'est aussi manifesté qu'à cette époque, et c'est pour ce moment-là que j'en réserve l'histoire, afin de ne pas séparer cette découverte de l'incroyable surprise où elle jeta la foule inattentive des députés, des capitalistes et du peuple parisien.

Ces deux dernières factions (je veux dire les capitalistes et le peuple, dont les intérêts, d'ailleurs si opposés, se sont si souvent confondus) combinèrent surtout leurs efforts dans cette conjoncture.

Les capitalistes, par qui la révolution a commencé, n'étaient pas si difficiles en constitution ; et ils auraient donné les mains à tout, pourvu qu'on les payât. Ils imploraient tout simplement la *garantie de la nation, par les mérites de M. Necker*, sans autre verbiage. Ils voulaient que M. Necker régnât pour les payer ; qu'on essayât d'une révolution pour les payer ; que tout fût renversé, pourvu qu'on les payât. Ils ne concevaient pas que l'Assemblée nationale fût autre chose qu'un comité des finances. Ils sentaient bien que, dans l'état présent, la France n'était pas libre de les payer ; et c'est en ce sens qu'ils voulaient qu'elle fût libre. Ils sentaient aussi que le combat serait à mort entre Paris et le reste du royaume ; mais ils s'y exposaient (1). Ils aidèrent

---

(1) Il y a trente ans que J.-J. Rousseau écrivait au contrôleur général Silhouette : « Ne pouvant sauver l'État qu'aux dépens de la capitale qui l'a perdu, vous avez bravé les gagneurs d'argent. »

(*Note de Rivarol.*)

donc le peuple et l'Assemblée nationale à s'emparer de tout, à condition que tout serait conservé pour eux. Et, en effet, l'Assemblée s'est conduite avec les provinces en véritable assemblée de créanciers (1).

Une fois que les démagogues de l'Assemblée et les philosophes du Palais-Royal eurent le mot des capitalistes, ils se garantirent mutuellement la dette et la révolution. Le marquis de la Fayette

---

(1) Le marquis de Montesquiou, ayant géré long-temps les écuries de *Monsieur,* crut pouvoir diriger le comité des finances, et fit un plan. Mais son travail, celui de M. Dupont et de quelques autres députés, celui de M. Necker, et même les plans de banque sont presque illusoires, en ce qu'ils n'ont d'autre base que la totalité des anciens impôts qu'on n'a plus, les biens de l'Église, dont l'administration ne serait pas aussi facile que l'a été leur usurpation, et enfin le *quart patriotique.* On peut prouver que le produit combiné du quart patriotique et des biens du clergé n'équivaudra pas aux revenus qu'on a perdus et qu'on perd tous les jours : restera donc l'éternel *deficit,* et la certitude de la banqueroute. Ce qu'il y a de déplorable, c'est que tant de malheurs, d'attentats et de sacrifices sont perdus; les écus patriotiques et *sacriléges* qu'on frappe chaque jour vont s'engloutir aussitôt dans les coffres des riches capitalistes; car plus ils sont riches et plus l'État leur doit. Il n'y a que l'Assemblée nationale qui, toujours auguste et toujours inaltérable, touche héroïquement ses trente mille livres par jour, au milieu de tant de désastres : *Impavidam feriunt ruinæ.*

Un retard dans le paiement des grosses rentes, une économie sévère, et le maintien des anciens impôts, étaient l'unique planche dans le naufrage.

(*Note de Rivarol.*)

promit d'être un héros ; M. Bailly promit d'être un sage; l'abbé Sièyes dit qu'il serait un Lycurgue ou un Platon, au choix de l'Assemblée : M. Chassebeuf parla d'Érostrate : les Barnave, les Pétion, les Buzot et les Target, engagèrent leurs poumons; les Bussi de Lameth, les Guépard de Toulongeon et les Bureau de Puzy, dirent qu'ils feraient nombre ; on ne manquait pas de tartufes ; le Palais-Royal promit des malfaiteurs, et on compta de tous les côtés sur M. de Mirabeau (1).

Il faut se garder de comparer cette révolution à aucune autre révolution de l'histoire ancienne ou moderne. Dans un grand royaume, où la naissance, l'honneur, les dignités, les talens, jetaient tant de différence entre les hommes ; où tout avait son rang, où la population, la distance et les variétés des provinces ne permettent pas d'autre gouvernement que la monarchie ; il s'est fait pourtant une révolution toute populaire, comme elle se serait faite dans une petite ville où on aurait égorgé ses magistrats. La majorité de l'Assemblée nationale était *peuple;* les princes et les grands, qui avaient des prétentions, n'ont pu se faire entendre qu'en se faisant *peuple.* Les mots de *patrie,*

---

(1) On peut rapprocher de cette satire énergique la satire non moins amère que nous trouvons dans les Actes des apôtres, sous le titre du *Livre noir.* Elle est ingénieuse et dramatique. Éclaircissement (I).

(*Note des éditeurs.*)

de *citoyen* et de *liberté*, ont retenti des Alpes aux Pyrénées, et de la Méditerranée au bord de l'Océan : comme si, pour avoir un pays, on avait une patrie ! comme si, pour être bourgeois, on était citoyen ! comme si, pour être libre, il ne fallait qu'être barbare !

Cette révolution a mis au jour une foule de mauvais génies et de prétendus philosophes, qui ont cru aller à la liberté parce qu'ils fuyaient les lois, et haïr la servitude parce qu'elle ne les tirait pas de la misère. Combien de suppôts de la police ont été surpris qu'on les priât de travailler à la liberté ! combien de beaux-esprits ont été plus généreux qu'ils ne voulaient ! Leur fortune tenait aux abus de l'ancien régime, et ils n'ont acquis d'autre liberté que celle de mourir de faim. Les uns, jadis aux pieds des grands, s'humiliaient par système, ne pouvant se passer des dédains de l'opulence : leur ambition répondait de leur fidélité. Les autres, prenant l'envie pour la fierté, haïssaient les riches sans aimer la chose publique ; ou, pour mieux dire, ils aimaient tant la fortune, qu'ils ne pouvaient souffrir ceux qui la possédaient. Les uns et les autres ont passé la première partie de leur vie à déclamer ou à ramper; ils en passeront le reste à être insolens ou factieux : jamais ils ne seront citoyens.

Mais les capitalistes et les démagogues s'en sont servis avec habileté ; et, du reste, ils n'ont rebuté personne. La halle et les clubs, l'académie et la police, les filles et les philosophes, les brochures et les poignards, ceux qui raisonnaient sur le *véto*, ceux qui le croyaient le grand mot du despotisme, ceux qui le prenaient pour un impôt, enfin, la lie de Paris, c'est-à-dire du monde, tout est entré dans l'armée démocratique!

Nous avons dit que la populace parisienne, qu'on appelle la nation, poussée par les ennemis du roi, ne travailla d'abord que pour eux : ce qui le prouve, c'est qu'elle prit la Bastille, dont elle n'avait rien à craindre, et qu'elle oublia Bicêtre qu'elle ne peut éviter ; c'est qu'elle mit en fuite ou massacra ceux qui la nourrissaient et l'enrichissaient ; qu'elle dispersa les farines qu'on amassait de tous côtés pour elle ; et que, dans sa folle ivresse, elle se plaça toujours d'elle-même, entre la famine et la révolte. Nous l'avons vue un jour suivre les impulsions du parti d'Orléans, sans le savoir ; favoriser ensuite les vues de l'Assemblée nationale ; se jouer bientôt de l'un et de l'autre, et se montrer tour à tour idolâtre ou rassasiée de M. Necker dont elle ne fut jamais que méprisée et redoutée. Dans son grossier instinct, elle a servi à détruire la royauté, selon le vœu de l'Assemblée ; mais elle a sauvé jusqu'ici la personne du roi, et a déjoué par-là le parti d'Orléans, comme on le verra bientôt. Elle a épouvanté les nobles et le clergé, pour gagner l'argent que lui prodiguaient deux partis différens ; mais elle a renversé les barrières, et refusé de payer les impôts, en se moquant des décrets de l'Assemblée nationale, des gémissemens de M. Necker, et des cris des capitalistes. De sorte qu'également favorable et redoutable aux différentes factions, cette populace parisienne a fini par enfanter ce qu'elle n'avait pas conçu, je veux dire une anarchie démocratique, dont tous les profits seront pour elle, tous les honneurs et tous les périls pour l'Assemblée nationale. Oui, tous les périls et toutes les catastrophes seront pour vous, Assemblée nationale, qui n'avez point su qu'on ne fonde point la démocratie dans un vaste empire, et surtout qu'on ne laisse point de capitale dans une démocratie ! Aussi n'aurez-vous aboli la royauté dans le gouvernement que pour la retrouver dans une grande ville; vous n'aurez plus le roi des Français, mais vous aurez la reine des cités.

C'est vers la fin du mois d'août que, toutes les cabales étant prêtes, on commença par se demander ce que c'était que la sanction royale, et, par cette seule question, on troubla ce qui était fort clair. On trouva dans le mot *sanction* l'acceptation, la promulgation, la publication, et deux sortes de *véto*, l'un *suspensif*, et l'autre *absolu*. Certes ! la nation n'avait songé à aucune de ces subtilités. En disant à ses députés : *Vous ne ferez rien sans le concours du roi*, elle l'avait reconnu partie intégrante du Souverain, c'est-à-dire, du pouvoir législatif. La constitution et les lois ne pouvaient donc se passer du consentement royal.

L'Assemblée nationale se tira de cette première difficulté en déclarant que ses mandats ne pouvaient être d'aucun poids dans cette question ; que d'ailleurs ils ne spécifiaient pas si l'empêchement royal serait absolu ou illimité, ou s'il ne serait que suspensif. Les modérés disaient qu'ils auraient à rougir pour la nation, si la France ne retirait de son assemblée législative qu'une constitution aussi imparfaite que celle de l'Angleterre ; et ils travaillaient de bonne foi à nous éviter cette honte et ce malheur.

Mais les chefs de parti, voyant qu'heureusement la majorité de l'Assemblée n'entendait pas l'état de la question, craignirent les lumières qui pouvaient jaillir d'une longue délibération ; ils craignirent surtout le travail du comité de constitution : en effet ce comité demanda positivement deux chambres, et le *véto absolu* pour le roi. A ces mots, on n'entendit qu'un cri. Une de ces chambres, disait-on, sera l'aristocratie, et le *véto absolu* sera le despotisme. Les habiles songèrent donc à profiter au plus tôt de cette fureur et de cette ignorance, en y joignant un peu de terreur. Le Palais-Royal s'était attroupé ; les courriers allaient et venaient sans cesse de Paris à Versailles ; les motions se succédaient avec une rapidité prodigieuse ; la fougue et l'effervescence étaient au comble ; tout frémissait au seul nom du *véto royal* :

enfin, avec ce mot, on fit une telle peur au peuple, qu'il en devint effrayant. Un démocrate se leva, et, le sabre à la main, il écrivit à l'Assemblée nationale pour la prévenir que quinze mille hommes allaient partir pour *éclairer les châteaux* des députés qui soutenaient le *veto absolu*, et qu'une seconde armée irait à Versailles pour enlever le roi et la famille royale.

L'Assemblée, épouvantée de tant de zèle, trembla de tous ses membres, excepté pourtant de ceux qui étaient dans le secret, et c'était le petit nombre. Le marquis de la Fayette, sommé de répondre de la tranquillité publique, et ne jugeant pas que le moment d'enlever le roi fût venu, opposa des troupes et du canon au patriotisme du Palais-Royal, et le bon démocrate Saint-Huruge, coupable d'avoir proposé ce qu'on a depuis exécuté, fut mis en prison. Mais on refusa de faire des perquisitions ultérieures, et M. Mounier, qui proposait cinq cent mille livres pour celui qui dénoncerait les auteurs d'une conspiration contre la personne du roi et la liberté de l'Assemblée nationale, ne fut point écouté.

L'émotion avait gagné les provinces, d'autant qu'elles ne savaient pas trop de quoi il s'agissait. La patrie de M. Le Chapelier se distingua : le petit peuple de Rennes proposa à tout hasard une armée au secours du *veto suspensif ;* car c'était là que la plupart voyaient la constitution ; d'autres la voyaient dans les impôts ; le parti d'Orléans la cherchait dans l'anarchie ; M. Necker dans le *veto absolu*, mais secrètement. C'est ainsi qu'un Français voit l'étoile polaire en Allemagne ; un Allemand la voit en Suède, et un Suédois en Laponie.

Au sein des fureurs démocratiques, des dissensions, des frayeurs et des corruptions de tout genre ; avec de mauvaises intentions, de mauvaises actions et de mauvaises harangues ; enfin avec tous les élémens d'une révolution, on croit bien que l'Assemblée nationale ne pouvait que réussir ; et pourtant je ne saurais trop insister sur l'habileté de sa conduite dans un moment si critique.

Elle décréta d'abord que la France était un État monarchique ; que la personne du roi était inviolable, et la couronne héréditaire de mâle en mâle, par ordre de primogéniture, à l'exclusion des femmes, sans prononcer sur les renonciations ; mais elle décréta tout aussitôt que l'Assemblée était permanente (sans s'expliquer sur cette permanence) ; qu'elle ne serait composée que d'une chambre ; et que le pouvoir législatif tout entier résidait dans cette chambre. De sorte qu'elle déclarait que la France était une *monarchie ;* mais il fallait entendre une *démocratie.* Par-là, toute discussion ultérieure sur la nature du *veto* devenait superflue ; et c'est ce que MM. Mounier, Bergasse et Lally-Tollendal, membres du comité de constitution, comprirent si bien, qu'ils donnèrent leur démission. Les autres membres du comité

MM. l'abbé Sieyes, l'évêque d'Autun, Le Chapelier et Clermont-Tonnerre, qui semblaient partager le mépris qu'on avait fait de leur plan, furent obligés de donner aussi leur démission, ne fût-ce que par pudeur. Mais, comme ils ne pouvaient être à la fois humiliés et satisfaits de la décision de l'Assemblée, ils entrèrent sans rougir dans le nouveau comité que l'on forma.

M. de Mirabeau ne craignit point de se montrer en faveur du *veto illimité*, tant il était sûr qu'on se moquerait de ses efforts (1)! mais il ne voulait

---

(1) Voici une partie de ses raisonnemens sur ce sujet :

« Il a fallu rendre la couronne héréditaire pour qu'elle ne fût pas une cause perpétuelle de bouleversement ; il en est résulté la nécessité de rendre la personne du roi irréprochable et sacrée, sans quoi on n'aurait jamais mis le trône à l'abri des ambitieux. Or, quelle n'est pas déjà la puissance d'un chef héréditaire et rendu inviolable ? Le refus de faire exécuter une loi qu'il jugerait contraire à ses intérêts, dont sa qualité de chef du pouvoir exécutif le rend gardien, ce refus suffira-t-il pour le faire déchoir de ses hautes prérogatives ? Ce serait détruire d'une main ce que vous auriez élevé de l'autre; ce serait associer à une précaution de paix et de sureté le moyen le plus propre à soulever sans cesse les plus terribles orages?

» Passez de cette considération aux instrumens du pouvoir, qui doivent être entre les mains du chef de la nation ; c'est à vingt-cinq millions d'hommes qu'il doit commander ; c'est sur tous les points d'une étendue de trente mille lieues carrées que son pouvoir doit être sans cesse prêt à se montrer pour protéger ou défendre, et l'on prétendrait que le chef, dépositaire légitime des moyens que ce pouvoir exige, pourrait être contraint

pas trop se trouver en contradiction avec lui-même ; il se souvenait d'avoir écrit vingt fois, qu'on ne pouvait se passer de la sanction royale ; et il voulait concilier ses écrits et ses amis. C'était un concert d'hypocrites.

Cependant M. Necker, ne voulant pas être le ministre d'un roi sans couronne, favorisait sous main la foule des honnêtes gens, moins éclairés que bien intentionnés, qui combattaient encore pour le *veto absolu.* Ils disaient tous qu'un roi auquel on n'accorde qu'un *veto suspensif* n'est plus roi ; qu'il est tout au plus capitaine-général, homme à brevet et à pension. Quelle dérision, en effet, d'accorder au chef de l'État un droit *d'empêcher* qui *n'empêchera pas !* Le peuple verra sans

---

de faire exécuter des lois qu'il n'aurait pas consenties ! Mais par quels troubles affreux, par quelles insurrections convulsives et sanguinaires voudrait-on donc nous faire passer pour combattre sa résistance ? Quand la loi est sous la sauvegarde de l'opinion publique, elle devient vraiment impérieuse pour le chef que vous ayez armé de toute la force publique ; mais quel est le moment où l'on peut compter sur cet empire de l'opinion publique ? N'est-ce pas lorsque le chef du pouvoir exécutif a lui-même donné son consentement à la loi, et que ce consentement est connu de tous les citoyens ? N'est-ce pas uniquement alors que l'opinion publique la place irrévocablement au-dessus de lui, et le force, sous peine de devenir un objet d'horreur, à exécuter ce qu'il a promis ; car son consentement, en qualité de chef de la puissance exécutive, n'est autre chose que l'engagement solennel de faire exécuter la loi qu'il vient de revêtir de sa sanction. » (*Courrier de Provence.*)

(*Note des éditeurs.*)

cesse l'instant où il faudra que le prince obéisse ; et par-là même le voilà avili dans l'opinion. L'Assemblée forcera le roi à enregistrer ses décrets, beaucoup mieux que le roi ne forçait les parlemens à enregistrer ses édits. Aussi, pour éviter un affront inévitable, le prince qui n'aura qu'un *veto suspensif* obéira toujours à la première sommation ; et on ne lui aurait conféré qu'une prérogative illusoire. D'où il résulte que, si cette précaution d'un *veto suspensif*, pendant une ou plusieurs législatures, paraissait nécessaire au nouvel ordre de choses, on aurait encore manqué le but qu'on s'est proposé.

C'est ainsi que raisonnaient les bonnes intentions dépourvues de principes (1). Mais les démagogues, forts de logique et d'ironie, leur répondirent : « Vous ne savez pas ce que vous demandez ; » la souveraineté étant toute entière dans l'As- » semblée législative et dans les municipalités, » qui seront les instrumens de l'Assemblée, nous » tromperions le roi et le peuple à la fois si, après » avoir décrété l'unité de la chambre législative,

---

(1) Il y a une précision assez énergique dans cette épigramme qui frappe aussi des deux côtés :

Dans l'auguste assemblée il est sûr que tout cloche.
La raison ? Chacun l'aperçoit ;
Le côté droit est toujours gauche,
Et le gauche n'est jamais droit.

ACTES DES APÔTRES.

(*Note des éditeurs.*)

» nous accordions au prince un *veto absolu et
» illimité ;* puisqu'alors nous le ferions intervenir
» dans la souveraineté, d'où il est exclu, ce qui
» tromperait le peuple ; et que nous engagerions
» à chaque législature une guerre civile, dans
» laquelle le peuple se rangerait toujours du côté
» de l'Assemblée, ce qui tromperait le roi. Car,
» si on partageait la souveraineté entre le prince
» et l'Assemblée, où serait le corps qui pourrait
» s'interposer en cas de *veto ?* Il y aurait toujours
» appel au peuple, c'est-à-dire insurrection. Vous
» nous direz peut-être que nous constituons une
» monarchie sans monarque, ou une démocratie
» embarrassée d'un fantôme de roi ; et nous en
» convenons. Mais on ne peut aller du premier pas
» à la perfection. Il a fallu se prêter un peu à
» l'habitude, à la faiblesse et aux vieux préjugés.
» Les mots effarouchent plus que les choses ; *la
» France république* aurait peut-être révolté les
» provinces ; d'ailleurs il aurait fallu expulser ou
» massacrer la famille royale : mais le temps mûrit
» tout. Au lieu que la démocratie, sous le nom et
» les apparences de la monarchie, sera le mot
» secret de la constitution, le prix de nos lumiè-
» res, et l'heureux lien de tous les partis et de tous
» les intérêts. »

M. Necker, voyant qu'il était dupe des démagogues, et que l'anéantissement de la monarchie
était forcé, tâcha du moins d'intervenir dans ce
dernier acte. N'ayant pu obtenir au roi le *veto ab-*

solu, il conçut le dessein de lui arracher à lui-même la demande d'un *veto suspensif*, et se servit de la fermentation des esprits et des menaces du Palais-Royal pour intimider le conseil. Il communiqua sa prudence et même son effroi à tant de députés, qu'il aurait pu, au besoin, pratiquer une majorité dans l'Assemblée nationale. Enfin, pour influer d'une manière plus incontestable dans cette décision, il envoya son rapport, qui était tout en faveur du *veto suspensif*; s'obstinant à faire un tel présent à l'Assemblée et à la nation, et ne voulant pas mourir sans avoir été en France ministre républicain ou national.

M. Mounier, président de l'Assemblée, montra une dextérité et une finesse dont il est rare que les honnêtes gens aient occasion de faire usage. Certain que le rapport envoyé par M. Necker était favorable au *veto suspensif*, il feignit de craindre qu'il n'y fût contraire; et comme il n'est pas probable qu'un ministre cherche à rabaisser son maître, M. Mounier se servit très-bien de la vraisemblance contre la vérité, et de tous les partis contre le désir de M. Necker. Il fut donc décidé que, favorable ou non à la prérogative royale, la lettre ministérielle ne serait pas ouverte; et c'est à M. Mounier que M. Necker doit, ou le bonheur de n'avoir pas trempé dans la coupable décision de l'Assemblée, ou le malheur d'être compté pour rien dans la constitution.

Tel fut le dernier essai politique de ce ministre

sur l'Assemblée nationale. S'il y a paru quelquefois depuis cette époque, c'était pour obtenir des décrets en faveur de ses emprunts, et d'une petite banque entée sur la caisse d'escompte. Nous en avons parlé. Pressé entre les besoins toujours renaissans de l'État (1), et les aveugles et mauvaises intentions des démagogues, ce ministre n'a jamais

---

(1) Quelques femmes ayant fait l'offrande de leurs bijoux dans ce moment de crise, voici comme Mirabeau rend compte de leur dévouement :

« M. l'abbé Sieyes devait monter à la tribune, lorsqu'on a annoncé à l'Assemblée que quelques citoyennes demandaient à présenter elles-mêmes une offrande qu'elles faisaient à la patrie. C'était une contribution volontaire de bijoux qu'elles ont destinés à être le commencement d'un fonds pour acquitter la dette publique. Ce dépouillement, ce luxe nouveau, si digne de la liberté, ce n'était point des femmes d'un rang élevé qui en donnaient l'exemple : c'étaient des femmes ou des filles d'artistes, qui se sont flattées qu'à leur imitation la vanité cèderait partout au patriotisme ; que la modestie du sexe allait créer un nouveau trésor pour l'État, et que l'opinion publique, la seule loi somptuaire qui puisse être efficace, honorant plus les privations que les parures, prendrait une direction nouvelle aussi favorable aux mœurs que féconde en ressources pour le royaume. Si leur exemple avait beaucoup d'imitateurs, il est certain que, jusqu'à la restauration de l'État, le seul ornement des femmes serait de n'en point avoir, et que les métaux, dont l'usage est dépravé par ces ruineuses frivolités, rentreraient dans la circulation, et ranimeraient les arts et l'agriculture ; c'est ainsi que la vertu s'allie aux plus profondes spéculations de la politique ; et qu'une société de femmes estimables auraient commencé une importante révolution, en ne consultant que le

pu parler que d'argent dans ses apparitions à l'Assemblée nationale, et n'a jamais osé en demander assez : de sorte qu'il a toujours eu le malheur d'être insuffisant dans un système qui ne suffit pas.

En rassemblant sous un même coup d'œil les différens traits de M. Necker, on ne peut s'empêcher de regretter que ce ministre ait si peu connu ses forces, ou qu'il en ait si mal usé. Quel moment en effet que son retour en France, je ne dis pas pour lui seulement, mais pour la monarchie! Je ne suis pas de ceux qui pensent qu'en rentrant dans le ministère il eût pu éluder les états-géné-

---

sentiment, précisément comme si elles avaient été dirigées par les lumières des plus savans économistes.

» Quant à la manière dont cette offrande a été présentée et reçue, nous nous bornerons au récit des faits : les applaudissemens les plus vifs, les plus répétés, ont signalé l'entrée des dames ; leur discours, dont la lecture a été faite par un député; la réponse du président, et la distinction qu'on leur a donnée d'occuper une place distinguée dans le parquet, pendant le reste de la séance. On a cité les dames romaines : elles ont plus d'une fois sauvé leur patrie ; mais l'urbanité romaine n'a jamais égalé la galanterie française. Tout se perfectionne avec le temps. On remarque avec plaisir ce trait national. Nous sommes loin de juger le mérite de cette offrande par la valeur du présent : l'estimation d'un huissier priseur n'est point la mesure de la nôtre. Nous espérons beaucoup de l'exemple, et nous sommes persuadés que le désir des vingt citoyennes de Paris est d'avoir un grand nombre de rivales. » (*Courrier de Provence.*)

(*Note des éditeurs.*)

raux; mais je crois fermement qu'au retour de son exil il aurait pu imposer à l'Assemblée nationale, qui ne pouvait se passer de lui pour maîtriser le royaume; qu'il l'aurait forcée de suivre ses cahiers, et qu'en cas de résistance il l'aurait dénoncée avec succès à la nation. Tout cela pouvait réussir à M. Necker; et c'était une assez grande gloire. Aujourd'hui le roi lui devrait un trône; la France une constitution, les capitalistes une solide garantie, et l'Assemblée nationale elle-même des actions de grâces, pour l'avoir sauvée de la prévarication. Mais, trop occupé de son projet, au lieu de relever l'autorité royale, il se plut à triompher d'elle en faisant son entrée à Paris, accompagné de son épouse et de sa fille; faiblesse qu'on n'a pardonnée qu'à elles. On lui reprochera toujours de s'être si mal servi du prétexte que lui offrait la détention de M. de Bezenval dont il demanda humblement la liberté à un Hôtel-de-Ville; reconnaissant ainsi, en homme du peuple, une puissance subalterne née d'hier; et oubliant, comme ministre du roi, l'antique majesté de ses maîtres, au nom desquels lui seul peut-être dans tout le royaume pouvait parler encore avec noblesse et fermeté. L'encensoir des peuples lui fit croire qu'il pouvait négliger ou avilir le sceptre des rois. On le vit adresser le même discours à l'Hôtel-de-Ville de Paris et à l'Assemblée nationale, et confondre ainsi deux pouvoirs si différens dans un seul et même hommage. Mais l'affront qu'il reçut des districts, au milieu de son triomphe, lui fit sentir avec amertume qu'il n'avait fait, par cette fausse démarche, qu'accroître l'influence de l'Assemblée nationale sur le peuple, la stupide admiration des provinces pour Paris, et l'irrévérence universelle pour le trône, au pied duquel il reste lui-même attaché sans force et sans éclat. Il n'y a plus qu'une conspiration contre sa personne, ébruitée avec art, qui puisse lui redonner ce qu'il a perdu, en réveillant pour lui les alarmes et la tendresse du peuple. Mais ce moyen, dont les démagogues se sont emparés, est un peu usé, et finira par être absolument décrié.

Cependant le jour même où M. Necker envoyait son rapport à l'Assemblée nationale, M. de la Fayette écrivait au président de l'Assemblée qu'il ne répondait pas du sang prêt à couler : tous les ministres, plus frappés des maux présens qu'on pouvait éviter, que des maux à venir qui sont inévitables, s'étaient réunis dans les mêmes frayeurs. Ce fut donc aux cris unanimes du Palais-Royal, des districts, des démagogues, et même des ministres, qu'il fut décidé : « Que tout
» le pouvoir législatif, c'est-à-dire que la souve-
» raineté appartenant à l'Assemblée nationale, le
» roi ne pouvait opposer aux actes du souverain
» qu'un refus suspensif ; et on décréta que son
» refus cesserait à la seconde des législatures qui
» suivrait celle qui aurait proposé la loi refusée. »

On convint pourtant que le roi pouvait inviter l'Assemblée à prendre un objet en considération ; mais toute proposition de loi lui fut interdite. Enfin le roi de France fut mis hors de la constitution française ; et si on dit encore que son consentement est *nécessaire*, il faut entendre qu'il est *forcé*.

M. de Mirabeau, qui feignait toujours de plaider pour la prérogative royale, voulut qu'on accordât au roi le pouvoir exécutif *suprême* ; on en a fait un décret qui réunit, dans un seul mot, une dérision et une sottise. Le pouvoir d'exécuter les volontés d'autrui est toujours suprême ; c'est la suprématie d'un intendant de maison ; tout domestique a le pouvoir exécutif suprême autour de son maître : Louis XVI n'est donc plus que le grand-officier de l'Assemblée nationale. Le titre de roi lui est conservé comme une antique décoration dont la politesse moderne n'a jamais privé les rois détrônés.

Ainsi fut abolie ou suspendue, le vendredi 11 septembre 1789, la monarchie française, fondée l'an 420 de l'ère chrétienne, après quatorze siècles de fortunes diverses ; d'abord aristocratie royale et militaire, ensuite monarchie plus ou moins absolue, et maintenant démocratie, armoriée d'une couronne.

Ce serait en effet le comble de l'hypocrisie ou de l'ignorance que d'appeler encore la France une *monarchie* (1). Ce serait tromper Louis XVI, qui, pour avoir signé quelques décrets, peut se croire membre et garant d'une constitution dont il est absolument exclu. Ce serait tromper la nation, qui se figure que ses représentans ont parfaitement suivi ou interprété ses mandats, que le gouvernement est encore monarchique, et que le consentement du successeur de Louis XV est nécessaire aux actes de l'Assemblée nationale, tandis qu'il est certain que la couronne n'est plus qu'une ombre vaine, et que les signatures de Louis XVI sont à la fois inutiles et frappées de nullité, ainsi que je le démontrerai bientôt.

Je dois dire aussi, et le descendant de nos anciens rois ne saurait trop se le répéter, que sa personne n'est désormais inviolable que par le troisième décret de l'Assemblée nationale, et non par sa nature, comme ci-devant. Ce caractère sacré n'est plus la prérogative et l'essence du trône : c'est une grâce et un don de l'Assemblée; et c'est ce que M. de Mirabeau fit très-bien entendre lorsqu'il demanda l'horrible permission de dénoncer la personne la plus sacrée de l'État après celle du roi.

Je le déclare donc à la face de l'Europe, l'As-

---

(1) Dans un passage remarquable des *Actes des apôtres*, on suppose que Rousseau paraît au milieu des législateurs et juge leur ouvrage. Voyez Éclaircissement (J).

(*Note des éditeurs.*)

semblée nationale ayant tué la royauté dans la personne de Louis XVI, je ne vois de souverain en France que cette Assemblée, et je révère avec elle l'Hôtel-de-Ville, les districts et le Palais-Royal. Voilà mes législateurs et mes rois; ils peuvent me compter au rang de leurs sujets : et malheur, dans une révolution, à qui ne pouvant dresser des échafauds, ne dresse pas des autels !

Pour ne pas laisser plus d'excuse que de refuge aux victimes de la révolution, l'Assemblée nationale achève d'envelopper l'État dans ses vastes filets, par son double travail sur l'organisation des assemblées futures et des municipalités. Le représentant du plus petit canton, une fois député, ne dépendra plus de ses commettans : il leur sera étranger et sacré, comme représentant de la France entière : il leur sera également inviolable et irrévocable, comme membre du Souverain. Une telle démocratie sera une des plus violentes aristocraties qui aient jamais existé. A la vérité, les sessions ou législatures sont bornées à deux ans; mais l'Assemblée sera perpétuelle, les commissions sont amovibles, et les pouvoirs immuables. De sorte que nos envoyés, librement élus, gouverneront forcément en souverains successifs, et puisqu'il faut le dire, en despotes. Car partout où il y a réunion de pouvoirs, il y a despotisme. Or, telle est, d'après les décrets de l'Assemblée nationale, la constitution française : « Il n'y a point en France » d'autorité supérieure à la loi, *article* 1er.; et

» cette autorité réside dans l'Assemblée nationale.
» *Art.* 8. Y a-t-il là quelque équivoque, ou quelque ressource pour la royauté?

Après avoir reconnu ainsi hautement et sans détour la suprématie de l'Assemblée nationale, qu'il me soit permis de dire que, si elle a d'abord manqué à la fidélité due à ses mandats en abolissant de fait le gouvernement monarchique, elle ne pèche pas moins aujourd'hui contre la politique, lorsque, pour la forme, elle laisse subsister des vestiges de ce gouvernement dans une véritable démocratie. Quand on a rendu le roi inutile, pourquoi ne pas le déclarer tel? Pourquoi laisser la nation chargée de l'entretien d'une cour? et pourquoi tendre le piége de la royauté à cinq ou six millions de bons Français qui seront toujours tentés de traiter Louis XVI en roi, et se rendront sans le savoir criminels de lèse-majesté nationale?

Il est certain qu'aux yeux de l'Europe et de la postérité, l'Assemblée se disculperait plus aisément de l'usurpation de la souveraineté que de l'usage qu'elle en a fait en constituant la France. Elle aurait du moins l'excuse de César, si on lui reprochait son injustice : *non violandum jus, nisi regnandi gratiâ;* il ne faut violer la justice que pour une couronne. Mais l'Assemblée pourra-t-elle excuser sa mauvaise foi ou son ignorance, lorsqu'on lui objectera qu'il est contre la nature des choses, contre tout principe, et contre l'exemple de tous les temps, qu'une grande monarchie se change en république? *Moins les volontés particulières*, dit Rousseau, *se rapportent à la volonté générale* (c'est-à-dire les mœurs aux lois), *plus la force réprimante doit augmenter*. Donc que le gouvernement, pour être bon, doit être relativement plus fort à mesure que le peuple est plus nombreux. Mais plus il y a de magistrats, plus le gouvernement est faible. Et voilà pourquoi Machiavel, Montesquieu, et les écrivains législateurs, ont observé que les républiques en s'agrandissant tombaient nécessairement dans l'aristocratie, et de celle-ci dans la monarchie, parce qu'il est de la nature des gouvernemens de se resserrer à mesure que les États s'accroissent et se corrompent. D'où il résulte que la France n'a pu se relâcher brusquement de tout l'espace qui se trouve entre la monarchie absolue et la démocratie, et passer ainsi d'un extrême à l'autre, sans rouler vers l'anarchie par ce mouvement aveugle et rétrograde. Aussi tout y est frappé de paralysie, tout est ébranlé, tout est suspendu en France : l'armée, les tribunaux, le commerce, les établissemens, les arts, les travaux, les devoirs, et jusqu'aux espérances et aux désirs les plus doux. L'amour se tait, la nature est interdite ; on ne sait où placer ses enfans, on ne se marie qu'en tremblant dans ce malheureux empire. Comme au contraire tout y aurait pris une face nouvelle ! Comme la France se serait rajeunie, si l'Assemblée y eût réglé les choses d'après leur nature éternelle ; si elle eût réduit le despotisme ministériel à la véritable et franche monarchie, au lieu de rebrousser d'elle-même du despotisme d'un seul à celui de tous !

Voilà ce que tous les bons esprits vous crient par ma bouche, députés de la France ; et leur voix fera pâlir ceux de vous qui ont connu ces principes, et rougir ceux qui les ont ignorés. Il est, n'en doutez pas, des juges redoutables pour vous, qui savent que dans tout événement le succès n'est qu'une imposture, et qui vous blâmeront encore plus d'avoir manqué la constitution, que vous ne vous applaudissez d'avoir humilié le trône. Peut-être aussi, puisque la perversité humaine a voulu qu'une sottise fût plus déshonorante qu'une violence ou qu'une injustice, peut-être conviendrez-vous plutôt de votre perfidie que de votre ignorance. Mais je vous le prédis : que vous ayez ignoré ou méconnu les lois d'une bonne constitution, vous ne jouirez pas long-temps de votre ouvrage. Les corps ne se reposent que dans leur centre de gravité ; la France, que vous avez soulevée, mais que vous n'avez pas assise sur sa vraie base, va s'agiter dans les convulsions de l'anarchie, et tomber enfin dans le gouvernement monarchique, ou se démembrer par sa chute, et se former en provinces fédératives, comme la Suisse. Vous ne pouvez éviter une de ces deux révolutions. A quoi sert de dissimuler ? La France, que vous avez façonnée, ne verra pas la troisième de vos législatures : il faut qu'elle devienne une véritable monarchie comme l'Angleterre, à moins que tout ne finisse encore par le despotisme royal : et c'est à vous que nous le devrons. Oui, nous vous devrons le despotisme d'un seul, Assemblée nationale, puisque vous l'avez voulu, et on le préférera à votre despotisme. Que le roi ait une armée, ou que l'armée ait un roi ; et la France expiera vos erreurs et vos crimes ! Tel est en effet votre véritable crime, Assemblée nationale ; c'est d'avoir calomnié la révolution, en lui faisant porter des fruits empoisonnés. Vous l'avez si bien calomniée, cette révolution, qu'elle sera maudite dans tous les siècles, et que nous aimerons mieux le repos d'une véritable servitude que les mouvemens douloureux d'une fausse liberté (1).

On se demandera toujours pourquoi la majorité de l'Assemblée, qui n'était pas dans le secret des ennemis du roi, s'opposa pourtant avec eux à la création d'une seconde chambre ; ce qui entraîna

---

(1) En dernier résultat, tous les philosophes, Aristote, Hobbes, Rousseau, et tous ceux qui ont parlé avec le plus de raison et d'enthousiasme de la liberté, ont fini par penser que la monarchie convenait parfaitement aux grands empires, et ils ne l'ont pas caché : nous y laissons réfléchir le lecteur. Ces philosophes ont parlé de la liberté comme d'une maîtresse, et de l'autorité comme d'une femme légitime.

(*Note de Rivarol.*)

le refus du *veto absolu ;* et nous devons cette explication à nos lecteurs.

Quoique les nobles qui nous restent ne soient tout au plus que les mânes de leurs ancêtres, et que les rois les aient autant affaiblis par les collègues qu'il leur ont donnés que par les priviléges qu'ils leur ont enlevés, c'est pourtant contre eux que la haine du petit peuple fut d'abord dirigée à l'ouverture des états-généraux. On ne parlait que de leur aristocratie ; et on en parlait la flamme et le fer à la main (1). L'Assemblée nationale, qui attisait cette fermentation, ne fut plus maîtresse de l'éteindre, lorsque le moment de la constitution arriva ; lorsqu'il fut besoin d'écarter les passions et de réunir les idées ; lorsqu'enfin il eût été si nécessaire que la France, prête à se former en corps politique, ne se privât d'aucun de ses membres. On feignit de croire, et le plus grand nombre crut en effet, qu'il était impossible de former cette seconde chambre autrement qu'avec des nobles. Or, de quel front présenter un sénat de nobles à un peuple qu'on avait tant excité contre eux, et à qui on avait fait croire qu'*aristocrate* et *gentilhomme* étaient synonymes ? Mais l'Assemblée se trompait elle-même ; et la punition

---

(1) Nous rejetons dans les éclaircissemens (K) un passage très-spirituel, mais très-violent, où par une dénonciation factice les auteurs des Actes des apôtres font la satire de la révolution.

(*Note des éditeurs.*)

d'avoir une fois égaré le peuple fut de ne pouvoir plus le ramener.

Les nobles sont des monnaies plus ou moins anciennes, dont le temps a fait des médailles; ils sont inévitables dans la monarchie, mais ils ne sont pas nécessaires pour fonder un sénat. On peut introduire l'aristocratie dans une bonne constitution, sans recourir aux anciens nobles. Un sénat de paysans serait très-bien une assemblée d'aristocrates; il est vrai qu'ils seraient bientôt patriciens et nobles. L'aristocratie jette de sa nature un grand lustre sur chacun de ses membres; mais, lorsqu'en formant un sénat on rejette les nobles, on se prive d'instrumens déjà brillantés par le temps : on a des nobles nouveaux, et par conséquent un sénat moins vénérable.

L'Amérique septentrionale n'ayant pas, comme les anciens royaumes d'Europe, un roi et une noblesse pour élémens de sa constitution, s'en est pourtant donné les simulacres dans son président et dans son sénat. Cette terre, encore neuve, n'a pu suppléer aux effets du temps que par des suppositions : elle feint que son président est roi, et que son sénat est noble. Mais comme la noblesse est un souvenir, le vœu des peuples, et même l'éclat des lettres, n'ont pu la confier, par exemple, à Washington ou à Franklin; tout ce qu'ils peuvent obtenir de leur réputation, comme Cicéron et tant d'autres grands hommes, c'est de commencer une race. On descendra d'eux, mais ils ne descendent que de leurs œuvres. J'ai vu le temps où nos démagogues connaissaient fort bien en quoi consiste l'essence de la noblesse. *Nous méprisons*, disaient-ils, *le duc de Bouteville ; mais nous ne pouvons mépriser son nom.* Voilà, en un mot, ce que c'est que la noblesse : c'est un nom gravé par la main du temps dans la mémoire des hommes ; et voilà ce que l'Amérique n'a pu donner. Ses élémens étaient tous de même nature ; ils étaient homogènes en politique : elle n'a pu anoblir certaines familles en les déclarant sénatoriales, et laisser les autres dans l'obscurité plébéienne. Elle a donc fait son sénat électif : d'où il résulte que son gouvernement, qui s'appelle congrès, n'est au fond qu'une seule et même chambre, divisée en deux sections ou bureaux. Le président, pris dans le peuple ; n'a pu aussi qu'être électif. Par conséquent, l'aristocratie et la royauté ne sont, à Philadelphie, que des apparences, des fictions, dont le législateur a cherché à fortifier le gouvernement. Mais la démocratie l'emporte si bien, qu'il n'est pas de petit canton qui ne se détache à son gré de l'intérêt général, et même de l'État. L'Amérique septentrionale ne peut donc servir de modèle à la France qui doit se conserver en masse, si elle ne veut pas descendre de son rang en Europe. C'est cet orgueil national et politique, inné dans tous les Français, et fondé sur l'honneur d'appartenir à un grand empire, dont je me sers, comme d'un levier, pour renverser l'édifice de l'Assemblée législative : car si chaque petit canton en France se séparait de la cause et de la masse communes, pour se gouverner à son gré, je ne trouverais plus d'autre absurdité dans la constitution, que le fantôme royal et l'entretien d'une cour (1).

Il fallait donc, pour asseoir à jamais la constitution française sur ses vrais fondemens, conserver la monarchie, établir les communes, et créer l'aristocratie dans un sénat essentiellement inamovible, c'est-à-dire héréditaire et peu nombreux (2): Il serait résulté de ces trois forces,

---

(1) Il n'y a jamais eu de grande république sur la terre qui ne se soit aussitôt changée en monarchie. C'est pour éviter les usurpations des généraux d'armée qui reviennent victorieux, et la tyrannie du gouvernement militaire, que les grands peuples donnent volontairement à leur constitution le poids du diadème. Si Marius, Sylla ou César, au retour de leurs conquêtes, avaient trouvé à Rome un roi héréditaire, ils n'auraient pu se faire couronner par leurs soldats. La démocratie, dans un état comme la France, enclavée parmi des nations rivales et guerrières, et forcée à représenter sans cesse sur le grand théâtre de l'Europe, est donc une absurdité. Mais, disent les démagogues, voilà justement pourquoi nous avons laissé le roi ; et moi, je leur réponds qu'ils ont laissé trop ou trop peu.

(*Note de Rivarol.*)

(2) Nos démagogues disent toujours qu'il est absurde et odieux qu'un homme naisse *magistrat;* mais sans compter que par-là ils excluent le roi héréditaire qu'ils ont admis, je leur demande à mon tour si un homme naît *père de famille ?* Il naît enfant, et la nature l'appelle à la paternité, comme la société à la magistrature ou à la propriété d'une grande fortune. Le temps le

dont chacune est despotique par sa nature, un gouvernement sans despotisme, mais si énergique

---

rend propre à faire des enfans et des lois. L'absurdité serait réelle si le fils d'un pair siégeait au parlement avant la majorité, qui est la permission d'être homme donnée par la nature. La brillante et véritable prérogative d'un aristocrate est de siéger en personne, ainsi que le monarque, dans le sanctuaire des lois, tandis que le peuple n'y assiste que par députés; et cela doit être dans un grand empire, où l'on est forcé de combiner les trois gouvernemens. Le peuple est si près de la souveraineté par la force et le nombre, qu'il peut et doit en être écarté par la représentation, sans trop s'affaiblir. Les pairs, éloignés de la souveraineté par leur petit nombre, s'en rapprochent par leurs prérogatives, et surtout par le droit de présence dans l'assemblée législative, sans pour cela devenir trop redoutables. Enfin le roi, réduit à sa seule personne, serait tout-à-fait hors de la souveraineté, sans le *veto absolu*.

Mais on peut faire au gouvernement d'Angleterre un reproche fondé sur le privilége qu'a le monarque de faire autant de pairs qu'il veut. On aurait dû borner le nombre des membres de la chambre haute, par une loi constitutionnelle, puisque ceux de la chambre basse sont limités sur le nombre des villes et bourgs qui ont droit d'envoyer au parlement. Si son intérêt ne s'y opposait pas, le roi pourrait accroître tellement le nombre des pairs, qu'il transporterait la démocratie dans la chambre haute, et l'aristocratie dans la chambre basse : ce qui subvertirait l'État, puisqu'encore un coup la démocratie est le gouvernement de plusieurs, l'aristocratie de quelques-uns, et la monarchie d'un seul.

J'ajouterai, car on ne peut se détacher de cette intéressante discussion, qu'en Angleterre les traces de la féodalité se font sentir dans la forme des députations, puisqu'il y a des villes considérables qui ont peu d'envoyés; d'autres qui n'en ont

et si plein, que la France serait rapidement montée au point de grandeur où sa nature l'appelle ; tel qu'un arbre dont les sucs ne sont plus détournés remplit bientôt la terre de ses racines, et le ciel de son feuillage (1).

Rien ne devait donc arrêter l'Assemblée nationale dans la formation des deux chambres. MM. de Clermont-Tonnerre, de Mortemart et de la Rochefoucault s'étant fait peuple, pourquoi MM. Pétion, Populus et Regnault n'auraient-ils pas été sénateurs ? Mais aussi, en formant un sénat, comment refuser la préférence à cette minorité de la noblesse qui s'était montrée si populaire ? Il était d'ailleurs si naturel que les premiers séna-

---

point, et de petits bourgs qui en ont plusieurs. Cela vient des anciens priviléges des lieux. Le temps et le commerce ont opéré de grands changemens dans les villes, sans rien innover dans les prérogatives. La France, appelée à une nouvelle constitution, évitera cet inconvénient.

(*Note de Rivarol.*)

(1) Toute force dans la nature est despotique comme toute volonté dans l'homme. Un seul gramen peuplerait la terre en peu de temps, un seul hareng, à force de multiplier, remplirait les mers, si les autres plantes et les autres poissons les laissaient faire. Mais comme chaque plante et chaque animal tend aussi avec la même énergie à occuper toute la terre, il en arrive que ces différentes forces également despotiques se répriment mutuellement ; il se fait entre elles une compensation dont les lois nous échappent, mais d'où il résulte que, sans jamais se détruire, elles retiennent chaque espèce dans ses propres limites.

(*Note de Rivarol.*)

teurs français fussent nobles, il aurait paru si ridicule qu'ils ne le fussent pas, que cette considération arrêta beaucoup de membres dans l'Assemblée nationale; de sorte qu'on peut dire que les nobles de la minorité ont été deux fois bien coupables : d'abord envers le roi, auquel ils ont été si funestes ; ensuite envers la nation, qu'ils aimaient de toute leur haine pour le roi, et qu'avec tant d'amour ils ont privée d'une bonne et véritable constitution, en empêchant la division de la puissance législative. Au reste, il faut toujours convenir que le plus grand nombre n'entendait pas l'état de la question ; et cela seul peut assurer leur innocence. On en a vu qui disaient naïvement : *Nous n'aimons pas le gouvernement d'Angleterre*, comme ils auraient dit : *Nous n'aimons pas la géométrie*. Et M. de la Fayette était si persuadé qu'une seconde chambre était inutile à la constitution, et que l'Assemblée nationale servait déjà d'exemple à l'Europe, qu'il disait à un Anglais qui retournait à Londres : *Adieu, Monsieur ; vous ne trouverez plus de chambre haute à votre arrivée*. Mot remarquable et rapporté à Londres, où il a beaucoup déridé la gravité britannique.

Voilà les raisons et les hommes qui ont balancé nos destinées : c'est par-là que nous avons eu cette constitution qui soumet les campagnes à l'aristocratie des villes, les villes aux municipalités, les municipalités et les villes à l'Assemblée nationale, et qui ne laisse au roi que l'exergue des monnaies. On parle maintenant de lui ravir ses domaines. Ce sera, sans doute, la dernière action de l'Assemblée contre le roi. Sur quoi nous observerons que jamais le domaine n'appartint mieux au roi que depuis que lui-même tient si peu à l'État ; mais on veut sans doute que ce prince soit d'autant plus dépendant de nous que nous dépendons moins de lui : *Ne quid inausum intentatumve fuisset.*

Je ne peux sortir de cette importante question sans répondre à la demande naturelle que font sans cesse les étrangers. « Nous concevons, disent-
» ils, que Paris excité, soulevé, embrasé par les
» partis qui fermentaient dans son sein, ait tout-
» à-coup lié avec l'Assemblée nationale un étroit et
» rapide commerce de prévarications, de crimes
» et d'extravagances de toute espèce. Mais com-
» ment les provinces ont-elles reçu, rendu et donné
» tour-à-tour ces impressions furieuses ? Comment
» n'ont-elles pas été révoltées de l'infidélité de
» leurs représentans, lorsqu'elles ont vu que le
» roi était exclu de la constitution. »

Il faut d'abord convenir que l'impolitique rassemblement des troupes autour de l'Assemblée nationale fit tout-à-coup changer la nature des choses. Le roi ne fut plus un père de famille environné de ses enfans, mais un maître ombrageux entouré de satellites. Paris, éternel objet de méfiance et centre de toutes les corruptions, attira subitement tous les vœux et toutes les espérances : enfin, l'Assemblée nationale fut le vaisseau de l'État; et on le vit en péril : de sorte que, malgré les ordres précis qu'il avait reçus, en partant pour sa destination, le cas du naufrage, qu'on n'avait pas prévu, étant arrivé, on laissa le vaisseau aborder où il voulut. Des courriers sans nombre, dépêchés par les factieux, fortifièrent ce sentiment universel par les terreurs qu'ils semèrent dans les provinces. Les curés en parlaient d'une bouche affamée, et le consacraient dans toutes les chaires (1). L'exil inopportun de M. Necker mêla le deuil à la fureur, et son retour forcé par le peuple l'enorgueillit sans le calmer. Le roi perdait chaque jour une bataille contre l'Assemblée nationale, et ses ministres se trompaient et le trompaient en tout. Une main peu connue, mais sûre (2) lui présenta inutilement le tableau du présent et de l'avenir. On avait trop dissimulé à ce

---

(1) J'ai oublié de dire, lorsque je récapitulais les moyens de M. Necker, que le clergé, ayant enfin résolu d'améliorer le sort des curés à portions congrues, en portant leurs gages à 1200 livres, chargea l'abbé de Montesquiou, son agent, d'en parler à M. Necker : car cette opération ne pouvait se faire sans le concours du ministre des finances, à cause des engagemens que le clergé avait pris pour le roi. Mais c'est précisément ce que M. Necker ne voulait pas ; il se serait privé d'une foule d'instrumens très-actifs, s'il eût souffert qu'on satisfit les curés avant l'ouverture des états-généraux.

(2) C'est l'auteur lui-même.

(*Notes de Rivarol.*)

prince que, du jour où le monarque consulte les sujets, la souveraineté est comme suspendue. Il y avait interrègne sans que sa majesté s'en doutât. Le silence raisonné de M. Necker fut d'autant plus perfide, qu'il rassura la conscience des provinces, dont il était encore plus que des finances le véritable directeur. Ce silence sur les entreprises de l'Assemblée avait un double sens : il parut d'improbation à la cour et d'approbation à Paris et dans les provinces. En un mot, le silence de M. Necker était comme son discours d'ouverture aux états-généraux. C'est dans ce discours, qui mécontenta tous les partis, parce qu'il était fait dans l'intention de les contenter tous ; c'est, dis-je, dans ce discours, que des yeux exercés trouvèrent les plis, les nœuds et les replis de la politique de ce ministre qui ouvrit les états-généraux comme Janus ouvrait l'année romaine, avec une tête à deux visages.

Toutefois, malgré les embûches de M. Necker, l'impéritie des ministres, et la fièvre parisienne, si l'Assemblée nationale, délibérant sur la sanction royale, eût dit : *Le roi sera-t-il de la constitution ou n'en sera-t-il pas ? La France sera-t-elle une monarchie ou un état démocratique ?* Je ne doute pas que les provinces ne se fussent hautement décidées pour l'affirmative, et qu'elles n'eussent forcé la constitution monarchique entre les mains de l'Assemblée nationale. Mais les démagogues, ayant dressé la question d'une manière insidieuse, l'enveloppèrent de termes techniques, et firent broncher également l'ignorance et la bonne foi de tous les Français. Il en est peu qui ne croient Louis XVI roi de France avec son *veto suspensif;* mais notre devoir est de les avertir qu'ils n'ont plus de roi ; et nous l'avons dit assez clairement et assez hautement, pour que la sottise et la mauvaise foi restent à jamais sans excuses.

Il faut encore observer, en terminant cette longue et importante discussion, que s'il y a eu beaucoup d'adhésions de la part des provinces aux décrets de l'Assemblée, les protestations contre ces mêmes décrets n'ont pas manqué non plus. Mais l'Assemblée a mis autant de prudence et même de bonté à dissimuler celles-ci, que d'ostentation et de plaisir à proclamer les autres.

J'écrivais ceci pendant que tout ceci se passait; mais je suis la voix qui crie dans le désert. Le peuple, ébloui, se croit éclairé ; atroce et furieux, il se croit libre, et n'est au fond qu'un esclave révolté (1). Les esprits les mieux intentionnés n'en-

---

(1) Le mot de liberté sera toujours une énigme, tant qu'on y verra autre chose que l'ouvrage des lois et le fruit de la constitution, tant qu'on la confondra avec l'indépendance naturelle. Il nous manque une bonne définition de la liberté. Pour parvenir à s'entendre, il faudrait d'abord se demander quels sont les élémens de la liberté. Il me semble que l'homme sortant de l'état naturel pour arriver à l'état social perd son indépendance pour acquérir plus de sûreté ; la liberté est donc l'effet *d'un contrat entre l'indépendance et la sûreté.* L'homme quitte ses

tendent rien depuis long-temps à notre situation : les cabales ont tellement croisé les intérêts et obscurci tous les faits ; l'Assemblée nationale a si bien démenti ses cahiers par ses principes et ses principes par ses actions ; toutes les têtes sont si pleines de comités et de districts, de départemens et de municipalités, de crimes et de conjurations, que dans cet affreux chaos on distingue à peine le cri du malheur, toujours couvert par celui de *constitution* et de *liberté ;* paroles de mensonge et de confusion, qui jettent partout l'erreur et l'effroi, et chassent l'espoir et la lumière.

Il faut pourtant que je dévoile encore de nouveaux crimes : j'ai à parler de la naissance, des progrès et de l'explosion de la faction d'Orléans, pour achever le tableau des causes de la révolution, et m'approcher enfin, non sans horreur, de

---

compagnons des bois qui ne le gênent pas, mais qui peuvent le dévorer, pour venir trouver une société qui ne le dévorera pas, mais qui doit le gêner. Il stipule ses intérêts du mieux qu'il peut ; et, lorsqu'il entre dans une bonne constitution, il cède le moins de son indépendance, et obtient le plus de sûreté qu'il est possible. C'est un vaisseau qui se fait assurer en quittant le rivage, et qui, pour la garantie du tout, diminue volontairement ses profits. Avec cette définition de la liberté, on explique tous les phénomènes qu'elle nous présente dans l'histoire ancienne et moderne. A Rome et dans Athènes, par exemple, l'indépendance l'emportait sur la sûreté ; dans une monarchie, comme l'Angleterre, la sûreté l'emporte sur l'indépendance, etc.

(*Note de Rivarol.*)

la nuit du 6 octobre ; de cette nuit qui n'a pu couvrir nos attentats de son ombre, et qui correspond dans l'histoire à celle de la St.-Barthélemi. Il était donc dans ta destinée, ô France ! de rougir deux fois aux yeux de l'univers, d'abord du crime du roi contre son peuple, et ensuite de l'attentat du peuple contre son roi !

Ce fut vers le milieu du mois de septembre, lorsqu'on statua l'hérédité du trône par ordre *de primogéniture, parmi les mâles, à l'exclusion des femmes ;* ce fut, dis-je, au milieu du mois de septembre que la cabale d'Orléans jeta tout-à-coup le masque patriotique, et se montra sous sa véritable forme au milieu de l'Assemblée nationale. Car l'ordre de primogéniture était à peine prononcé, qu'un M. Reubell se leva pour observer que ce décret *appelait au trône la branche espagnole, au préjudice de la maison d'Orléans.* Il fut suivi de M. de Mirabeau (1), de quelques gentilshommes de la minorité, et enfin du marquis de Sillery, capitaine des gardes du duc d'Orléans, et confident de ses plaisirs, qui se trouvant *par hasard*, comme il le dit lui-même, le traité d'Utrecht dans la poche, se mit à lire à haute voix l'article de la renonciation de la branche espagnole, et déposa le traité sur le bureau.

---

(1) Voyez dans les Éclaircissemens (L) quelques extraits de son discours à cette occasion. *(Note des éditeurs.)*

Alors tous les yeux se dessillèrent ; les différentes factions se regardèrent avec une surprise mêlée de honte ; elles voyaient par qui elles avaient été secondées, et pour qui elles avaient travaillé. Le public, partageant aussitôt l'affront de cette découverte, se rappela avec dépit quel avait été, dans le cours de sa vie entière, ce prince qui n'avait que six mois de patriotisme (1). On se souvint du mépris qu'il avait toujours montré pour l'opinion publique ; sentiment qui est le dernier terme de la corruption lorsqu'il n'est pas le comble de la philosophie, lorsqu'il n'est pas surtout suivi du mépris des richesses. On lui pardonnera d'autant moins de mépriser l'opinion publique, qu'il en avait mieux capté la faveur lorsqu'elle était devenue nécessaire à son ambition. On rougissait en même temps de ne s'être pas assez scandalisé des aumônes que ce prince distribuait aux pauvres vers le temps de la convocation des états-généraux. Lorsqu'un méchant fait le bien, on peut juger par un tel effort de tout le mal qu'il prépare. Les instructions à ses bailliages, rédigées par l'abbé Sieyes et frappées de démocratie, revenaient

---

(1) Dès le commencement de l'année 1788, M. le duc d'Orléans parut vouloir se rapprocher du peuple, dont il n'avait jusque-là négligé ni le mépris ni la haine ; il fit annoncer des distributions de pain à sa porte, et remplit les papiers publics de sa bienfaisance. L'hiver joignit ses rigueurs aux démonstrations de ce prince, et leur donna de l'éclat.

(*Note de Rivarol.*)

aussi en mémoire. On renouvela les plaintes sur l'illégale élection de la noblesse de Paris, élection dévouée à M. le duc d'Orléans, et qui n'a jeté dans l'Assemblée nationale que des membres illettrés, ou des orateurs furieux. Ce fut un symptôme bien effrayant de ce qui allait arriver que l'insouciance de tout Paris pour les vices manifestes de cette élection : mais telle était déjà l'ivresse des capitalistes, qu'ils supportèrent avec joie le mépris de leurs pouvoirs et de toutes les règles, pour aller plus vite à la révolution.

Ceux qui ont jugé le plus sainement de l'esprit qui régnait alors dans la chambre des communes conviennent unanimement que la majorité y était disposée à tout bien ; qu'elle n'aspirait qu'à la réforme des abus, au maintien de l'autorité royale, et, pour tout dire, à une véritable constitution. L'abbé Sieyes n'avait pas encore fait sa république ; on rougissait encore du comte de Mirabeau. Mais la jonction des curés et des quarante-sept gentilshommes fut une véritable irruption, qui troubla toutes les idées, et les détourna de leur cours par un mouvement violent et irrégulier. Le moment où M. le duc d'Orléans entra dans la salle des communes, suivi des quarante-sept gentilshommes ne pouvait être oublié. On sait que, pour se donner un front plus calme et plus digne de son entreprise, il entra plastronné dans la salle ; mais la peur se glisse sous les plus fortes cuirasses, et va saisir le cœur qui lui convient. Ce prince se trouva mal en sortant de la chambre de la noblesse pour passer au tiers-état; et le zèle aveugle de quelques courtisans qui lui découvrirent la poitrine éventa le secret de cette défaillance.

Lorsque le roi, mieux convaincu que ses ministres des trahisons et de la puissance de ses ennemis, écrivit à la majorité des nobles pour les remercier de leur zèle et les engager à se réunir aux factieux, M. le comte d'Artois leur écrivit aussi de hâter cette réunion, afin de sauver les jours du roi; et lorsque sa majesté vint avec ses frères pour reconnaître les États-généraux *Assemblée nationale*, et leur annoncer le renvoi des troupes, ainsi que le rappel de M. Necker, il se trouva qu'un député du tiers, nommé Blanc, était à l'agonie. Quelqu'un apprit à ce mourant que le roi et ses frères étaient sortis sains et saufs de l'Assemblée nationale; à ces mots il poussa un grand cri et expira en prononçant le nom du comte d'Artois. Était-ce de rage ou de satisfaction? Sa prompte mort enveloppa cette question d'un doute éternel. Voilà ce que chacun se rappelait en ces circonstances. Un officier d'artillerie (1) très-

---

(1) M. de la Clos, auteur d'un roman intitulé *les Liaisons dangereuses*, ouvrage très-moral dans le fond, puisqu'il y peint fort bien le vice et la corruption des mœurs, mais dont on lui fit un crime à cause de l'étrange réputation dont il jouissait. Si Molière avait eu de mauvaises mœurs, on lui aurait reproché

connu fortifiait aussi les soupçons contre M. le duc d'Orléans, par ses liaisons avec lui. Si on n'osait reprocher à M. Necker les fréquentes visites de ce prince, on ne se souvenait pas moins qu'ils avaient été couronnés tous deux en effigie, au Palais-Royal, le 12 juillet, et que leurs bustes avaient été portés dans les rues, aux acclamations du peuple et des capitalistes : on les voyait toujours sur le même piédestal et sous le même laurier (1). Tout cela expliquait pourquoi la cour ne recevait pas un échec ou une nouvelle affligeante, que le Palais-Royal n'illuminât aussitôt ; et pourquoi madame de Sillery faisait danser mademoiselle d'Orléans avec les enfans du peuple au cirque du Palais-Royal. Déjà on osait soupçonner ce prince des soulèvemens périodiques de la populace et des famines toujours renaissantes qui, sans lui, étaient inexplicables, ainsi que les troubles de toutes les villes où se trouvaient des officiers attachés à sa personne et à sa maison. On a découvert que les droits que son ambition avait abolis dans plusieurs villes de son apanage,

---

le Tartufe. Au reste ce roman est écrit d'un style agréable, mais sans imagination et sans éclat.

(1) Il nous semble difficile que M. Necker puisse se laver jamais d'un pareil reproche. Le peuple criait en promenant son buste et celui du duc d'Orléans, *vive Louis XVII et M. Necker!* mais il ne porta aucune plainte contre ce crime dans les papiers publics. Son silence le lui fit partager.

(*Notes de Rivarol.*)

son dépit et son avarice les avaient bientôt rétablis ; que des actes de bienfaisance et d'humanité, proclamés avec ostentation dans toutes les feuilles du jour, étaient faux ou exagérés, soit dans leur durée, soit dans leur importance. Enfin on se demanda ce qu'un prince du sang avait à gagner dans une révolution toute démocratique, dont les fruits devaient être si amers à sa maison ? Il aurait fallu supposer à ce prince le cœur d'un héros brûlant d'amour pour le peuple, et d'un sage dégagé des grandeurs et des biens de ce monde. C'était trop de suppositions et de difficultés à la fois ; mais tout s'aplanissait en lui donnant, au lieu de l'héroïsme d'un patriote, l'ambition d'un mécontent qui veut tourner une révolution à son profit, et rassembler pour lui seul les débris d'une monarchie. Cette idée ne passait pas les conceptions du petit peuple. Il paraissait tout simple que le premier prince du sang, avec d'immenses revenus, se fût regardé comme le suppléant naturel des héritiers du trône; qu'il eût songé non-seulement à profiter des fautes du roi, des fureurs du peuple, et de toutes les factions de l'Assemblée nationale, mais encore à diriger les unes et les autres, afin de s'élever par l'effort de tant de causes ennemies, ainsi qu'un vaisseau monte sur les vagues qui grondent et se brisent sous lui. Mais, comme dans les conjurations on a plus souvent affaire à l'esprit et au caractère d'un chef qu'à son or, il semblait étonnant que des gens d'esprit se fussent liés et dévoués à ce prince. Aussi combien de fois, plus inquiets de lui que de la révolution, les a-t-on vus frémir et s'indigner contre eux-mêmes d'avoir placé leurs projets, leur honneur et leur vie sur une telle tête! Leurs perplexités durèrent tant qu'il resta assez de puissance au roi pour que M. le duc d'Orléans fût tenté d'aller se jeter à ses pieds. Ce prince, toujours prêt à racheter sa vie à force de victimes, a donc été constamment plus redoutable à sa faction que le roi lui-même.

Telles furent à la cour, dans l'Assemblée nationale, et même chez le peuple, les impressions, les promptes conséquences et les suites de la découverte du complot de M. le duc d'Orléans. Mais, à quelque défaveur que ce prince fût tout à coup tombé, il lui restait encore tant de moyens, son or circulait si abondamment dans Paris (1), et la faiblesse du Gouvernement était si visible, que ses partisans dans l'Assemblée nationale ne se déconcertèrent pas. La question sur les droits et les renonciations de la branche espagnole fut poussée pendant quatre jours avec une fureur inconcevable; jamais, au congrès d'Utrecht, les ennemis

---

(1) Quelques personnes prétendent que cet or était aux Anglais, et que M. le duc d'Orléans a spéculé sur la révolution. Il faut attendre, pour prononcer là-dessus que M. Pitt se soit expliqué sur les 24 millions de dépenses secrètes dont il a parlé dans la chambre basse. Au reste, nous avons aidé de notre or et de notre sang l'insurrection américaine.

(*Note de Rivarol.*)

de Louis XIV ne mirent plus de barrières entre les couronnes de France et d'Espagne ; jamais la jalousie de l'Angleterre et de l'Empereur ne s'exprima comme la faction d'Orléans. Les séances furent si longues et si orageuses, qu'on voyait bien d'un côté que l'Assemblée nationale résistait de bonne foi, et que de l'autre, la faction d'Orléans était plus embarrassée de l'Escurial que de Versailles. Toutes les factions se montrèrent à nu : l'une en voulait au roi, et les autres à la royauté ; c'était, en un mot, un combat de *régicides* et de *régnicides ;* ces derniers l'emportèrent : on se défia plus de Philippe d'Orléans que de Louis XVI, et on ne voulut pas d'un crime inutile. La populace parisienne a depuis jugé comme l'Assemblée nationale : elle a renversé le trône, mais elle a sauvé la personne du roi. Peut-être n'est-il pas inutile d'observer qu'au milieu des louanges dont on s'efforçait de relever le *patriotisme* du duc d'Orléans, ainsi que ses autres *vertus* et toutes les obligations que lui avaient l'Assemblée et la révolution, un député fit remarquer avec quelle délicatesse ce prince s'absentait de l'Assemblée depuis qu'on y agitait ses intérêts : sur quoi un autre député supplia très-plaisamment l'Assemblée d'observer que le roi d'Espagne avait la même délicatesse.

En effet, l'Assemblée ne s'étant pas expliquée entre la maison d'Orléans et la branche espagnole, et ayant au contraire prononcé sur l'hérédité du trône, sans rien préjuger sur l'effet des renonciations, il ne resta plus au duc d'Orléans d'autre parti que d'exciter une tempête populaire assez violente pour submerger la famille royale, et, s'il le fallait, l'Assemblée nationale elle-même.

Avant de m'enfoncer dans les horreurs du 6 octobre, je dois un coup d'œil à cette portion de l'Assemblée nationale qui n'est d'aucun parti, qui n'a été d'aucun secret, qui n'a montré enfin ni vice ni vertu. Il semble que des députés qu'on ne saurait ni louer ni blâmer doivent nécessairement ou braver la censure, ou réclamer l'indulgence. Mais j'empêcherai qu'ils n'apportent un jour l'excuse de leur nullité au tribunal de l'histoire. Je leur dirai qu'ils ont fait nombre avec les méchans ; qu'ils sont coupables de tout le mal qu'ils n'ont point empêché ; qu'ils sont comptables de tous les piéges que leur a tendus la perfidie, et de tous les faux pas de leur conscience : parce qu'avec toute leur bonne foi deux passions les ont dirigés constamment dans leurs démarches, les ont décidés dans leurs mesures, et leur ont dicté leurs motions : l'une est la *peur*, et l'autre la *vanité*.

C'est par la terreur profonde que leur inspira le rassemblement des troupes et l'approche de l'artillerie, qu'ils se jetèrent dans les bras des Parisiens qui partageaient bien leur effroi, et qu'ils sanctionnèrent l'insurrection. C'est par la même cause qu'ils applaudirent à la défection des troupes réglées, et qu'ils armèrent les paysans, d'un bout du royaume à l'autre. C'est la peur, sentiment habituel de M. de Mirabeau, qui, se communiquant à la majorité des membres, fit qu'ils se déclarèrent inviolables (1) quand leur

---

(1) Plus tard on voulut rendre un nouveau décret à ce sujet, et l'on attendait que quelqu'un répondît aux motifs allégués :

« Je m'en charge, a répondu M. de Mirabeau, et je me flatte de répondre avec une netteté qui, si j'ose le dire, m'est assez ordinaire. Je m'oppose à ce qu'il soit rendu un décret sur l'inviolabilité des députés, parce qu'il en existe déjà un : je m'oppose à ce qu'il soit renouvelé, parce que le premier suffit si la force publique vous soutient, et que le second lui-même serait inutile si la force publique est anéantie. Ne multipliez pas de vaines déclarations; ravivez le pouvoir exécutif; sachez le maintenir, et étayez-le de tous les secours des bons citoyens; autrement la société tombe en dissolution, et rien ne peut nous préserver des horreurs de l'anarchie. L'inviolabilité de notre caractère ne tient donc pas à nos décrets ; j'entends beaucoup de gens qui parlent de cette inviolabilité, comme si elle était la tête de Méduse, qui doit tout pétrifier. Cependant tous les citoyens ont un droit égal à la protection de la loi ; la liberté même, dans son acception la plus pure, est l'inviolabilité de chaque individu; le privilège de la vôtre est donc relatif aux poursuites judiciaires et aux attentats du pouvoir exécutif. La loi ne vous doit rien de plus ; mais telle est la sainteté de votre caractère, que le plus indigne membre de cette assemblée, s'il en était un qui pût mériter cette dénomination, le plus indigne lui-même serait tellement protégé, qu'on ne pourrait aller à lui que sur les cadavres de tous les gens de bien qui la composent. » (*Courrier de Provence.*)

(*Note des éditeurs.*)

vanité voulait qu'ils se déclarassent infaillibles. C'est à cause de cette terreur, dont l'Assemblée n'a jamais pu bien se guérir, que, de jour en jour, coupables instrumens du crime, ils n'ont cessé d'arracher à la couronne quelque prérogative nouvelle, et qu'ils ont fini par l'anéantir tout-à-fait, en ne lui laissant qu'un *veto suspensif*, dont même ils lui ont bientôt ravi l'usage.

C'est la vanité qui leur fit d'abord dédaigner le nom de *tiers-état*, quitter ensuite celui de *communes*, et rejeter enfin le titre d'*États-généraux* pour adopter celui d'*Assemblée nationale* : c'est par-là qu'ils ont refusé de rendre au roi certains honneurs qui n'étaient que de simple étiquette, et qu'ils ont reçu avec une bonté dédaigneuse les humbles hommages des cours souveraines : c'est par-là que la plupart de ses membres ont proposé de mettre le trésor royal au pouvoir de l'Assemblée, de soumettre l'armée à ses réquisitions, et les ministres à son choix ; tandis que d'autres voulaient qu'on se donnât la décoration d'une médaille ; ce qui ne tendait pas à moins qu'à fonder un patriciat éternel, et une aristocratie bourgeoise, dans le sein même d'une Assemblée qui abolissait toutes les prérogatives, et exterminait toutes les distinctions. C'est pour flatter cette vanité connue, qu'un corps militaire leur a proposé une garde d'honneur ; c'est par vanité qu'ils ont voulu donner une déclaration des droits de l'homme avant la constitution ; c'est enfin par vanité que toute cette Assemblée, oubliant la marche lente et mesurée des corps législatifs, s'est précipitée dans sa course; et que, dans la nuit du 4 août, elle a ébranché et déraciné l'arbre qu'il fallait sagement émonder ; chatouillée sans doute par le puéril et sot orgueil d'étonner le monde, de tout détruire et de tout reconstruire à la fois, et de ne laisser rien à faire à la postérité. En effet, on a vu le moment où l'Assemblée nationale, enflée des vapeurs de sa gloire, et embrassant dans ses vastes conceptions l'Europe, l'Afrique et l'Amérique, s'est crue près d'enfanter toutes les constitutions et toutes les libertés de la terre.

La peur et la vanité sont donc les deux pivots sur lesquels roulent toutes les actions des membres les plus purs de l'Assemblée nationale. Le vil intérêt n'a parlé et ne s'est fait entendre qu'une fois (1) : c'est ce vil intérêt, par exemple, qui a

---

(1) On se souvient que la prérogative dont l'Assemblée s'était montrée la plus jalouse, c'était d'être entourée de peuple pendant ses séances; mais quand il a été question de fixer le traitement des députés, leur discrétion et leur modestie les a portés à se retirer dans leurs trente bureaux, où ils ont arrêté et décrété secrètement qu'ils seraient payés à raison de 18 liv. par *journée*; ils ont stipulé 5 liv. par poste pour frais de voyage; et par le même décret, ils ont autorisé M. Necker à payer six mois à chaque député. Cet article seul, sans autres frais accessoires, monte à plusieurs millions : ce qui paraîtra quelque chose dans un temps où le patriotisme n'a pu remplir un emprunt proposé par M. Necker et garanti par la nation. — Ob-

soulevé Paris : car le *patriotisme*, ce prétexte éternel des Parisiens, n'a été la raison que de quelques bourgeois qui n'entendaient pas l'état de la question. Soixante mille capitalistes et la fourmilière des agioteurs l'ont décidée, en se dévouant à l'Assemblée nationale, du jour où elle mit les dettes du gouvernement sous *la sauvegarde de l'honneur et de la loyauté française* : car ce n'est point une constitution que les capitalistes attendaient des États-généraux ; c'est une garantie. Le chef-d'œuvre de leur politique a été de communiquer leur enthousiasme aux provinces, qui n'avaient pourtant qu'une gloire onéreuse à prétendre en payant les dettes du gouvernement (1). Il ne faut donc pas que Paris prononce jamais le mot *patriotisme;* c'est aux provinces qui s'immolent gratuitement pour lui à réclamer ce beau titre. Paris est trop intéressé, et il l'a trop prouvé lorsqu'il s'est agi de l'emprunt de trente millions. Qu'il lui suffise donc d'avoir persuadé l'État que la patrie était au Palais-Royal, et la nation à l'hôtel-de-ville.

---

servez qu'il passe pour certain que les députés de 1614 abandonnèrent leurs salaires à la nation.

(1) MM. Laborde-Mereville, Boscary et Dufrenoi, le notaire, méritent qu'on les tire un moment de leur coffre-fort, à cause de l'énorme influence qu'ils ont eue sur les capitalistes, et par conséquent sur la révolution : ce M. Dufrenoi surtout, qui s'est acquis sous M. de Calonne, par *l'opération des bulletins*, une fortune scandaleuse, et qui pis est une bonne réputation.

(*Notes de Rivarol.*)

Nous ne prétendons rien préjuger ici, rien insinuer au sujet de la banqueroute. Nous savons qu'un roi n'a pas le droit de déclarer insolvable une nation qui veut et qui peut payer. Il n'est pas d'ailleurs de l'intérêt d'un roi de faire banqueroute lorsque son peuple veut lui épargner ce malheur; or il est certain que la nation veut payer; il ne s'agit plus que de savoir si elle le peut; car si elle ne le peut pas, il ne sera pas nécessaire que le roi fasse la banqueroute, elle se fera d'elle-même, et personne n'aura rien à dire.

Quant à l'armée qui était hier l'armée du roi, et qui n'est aujourd'hui l'armée de personne, il faut être de bien mauvaise foi pour dire et pour faire semblant de croire que des soldats n'ont faussé leur serment qu'après avoir bien approfondi l'état de la question; qu'après avoir bien compris que le *souverain* est dans le peuple, et non dans la personne du roi, et qu'il était temps de donner à la monarchie des formes tout-à-fait démocratiques. Disons la vérité : les soldats, qui étaient monarchiques, sont devenus républicains, par la même raison que les soldats romains, de républicains qu'ils étaient, devenaient monarchiques; les uns se sont tournés contre le roi, comme les autres se tournaient contre le sénat; mais toujours au nom de la patrie, prétexte éternel de toutes les rébellions. La nouveauté, le plaisir de participer à une révolution et de se venger de ses chefs; les distributions d'argent, l'amour du pillage, et je ne sais quel charme attaché à l'insubordination et à tout changement d'état; telles sont les causes de la défection de l'armée et de toutes le armées.

Les probes de l'Assemblée nationale prétendent disculper le soldat français, en disant qu'il était *citoyen avant d'être soldat*. Mais il n'est rien qu'on ne justifie avec ce sophisme. C'est se conduire dans un état actuel avec les principes d'un état antérieur. Une femme infidèle n'a qu'à dire à son mari, J'étais *fille avant d'être épouse* ; ou j'étais *à moi avant d'être à vous*. Ce soldat lui-même que vous disculpez et dont vous faites un soldat raisonneur n'a qu'à s'emparer aujourd'hui de votre bien ; et vous aurez beau alléguer que des citoyens doivent respecter mutuellement leurs propriétés, il vous répondra qu'il était homme avant d'être citoyen, comme vous lui aviez dit qu'il était citoyen avant d'être soldat ; il vous répondra que la terre appartient à tous les hommes, et qu'il veut en avoir sa part. Que direz-vous à ce sophiste armé de votre *déclaration des droits* et d'un fusil ? Il prendra votre bien comme *homme de la nature*, il en jouira comme *citoyen*, et le défendra comme *soldat*. C'est ainsi que les troupes d'Auguste jouissaient des biens enlevés aux habitans de Crémone et de Mantoue ; et c'est ainsi que, sous les successeurs des Césars, les milices disposèrent de tout l'Empire. Pour revoir ces heureux temps, il ne faudrait qu'un scélérat habile ; et ce n'est pas la faute de l'Assemblée nationale, si tant de mauvais citoyens manquent d'un chef. Heureusement que le plus ardent ennemi du roi n'a pas été le plus vaillant des hommes.

Maintenant, les neutres de l'Assemblée nationale seraient fort embarrassés si on les sommait de décider entre les troupes infidèles et les régimens qui ont été fidèles à leur serment : car si les soldats infidèles ont été loués, caressés et proclamés *bons citoyens*, que direz-vous des autres? Les appellerez-vous *traîtres à la patrie?* Alors les quelques grenadiers des gardes qui n'ont pas voulu quitter la personne sacrée du roi mériteront un châtiment : car vous ne pouvez récompenser à la fois, et ceux qui sont partis, et ceux qui sont restés; à moins que vous ne disiez que les soldats et les officiers qui sont restés fidèles n'étaient pas si bons métaphysiciens que ceux qui ont abandonné le roi et leurs drapeaux.

On embarrasserait encore les impartiaux de l'Assemblée nationale si on leur demandait pourquoi ils ont traité de *scélérats* et d'*hommes pervers* les états-généraux du Palais-Royal. *C'est*, diraient-ils sans doute, *parce que les états du Palais-Royal intimaient des ordres et faisaient des menaces aux représentans de la nation.* Mais quoi ! lorsqu'ils soulèvent Paris, lorsqu'ils corrompent l'armée et renversent l'autorité royale, vous les déclarez *braves et loyaux;* leurs députés sont reçus avec acclamation dans votre sein, et vous traitez avec eux comme de puissance à puissance; et lorsqu'ils vous menacent, ils ne sont plus que des *hommes pervers*, et vous armez contre eux l'hôtel-de-ville, au risque d'un massacre général ! Vous ne prenez feu que lorsqu'il s'agit de vous ; et quand on vous raconte les malheurs des provinces, lorsqu'on vous annonce que des citoyens vont être massacrés à vos yeux dans les rues de Versailles; lorsqu'on vous implore contre les brigands, vous vous contentez de répondre que l'*Assemblée nationale voit avec émotion*, ou *qu'il n'y a lieu à délibérer*, ou vous *renvoyez au pouvoir exécutif*; ce qui est le comble de la dérision dans l'état où vous l'avez réduit (1). Avouez donc, ô les plus sages de nos députés, que le roi ne s'est jamais permis de vous écrire comme vous a écrit le Palais-Royal, et que vous avez traité ce même Palais-Royal comme le

---

(1) Ces phrases servent de formule à l'Assemblée. Il y a quelque temps que le peuple de Versailles arracha des mains du bourreau un *parricide* qui allait subir la mort qu'il avait bien méritée ; et ce même peuple pendit et assomma, à l'heure même et sur le lieu, une femme qui était là pour voir l'exécution. Il semble que ce peuple ne voulait pas d'une victime présentée par la main du bourreau, et souillée du plus grand des crimes; on dirait qu'il lui fallait une victime innocente : il exerça sa nouvelle puissance en sauvant le crime, et sa fureur ordinaire en immolant l'innocence. L'Assemblée nationale dit qu'*elle était touchée*. Le journal de Paris, rédigé par un M. Garat, ajouta que le peuple est toujours bon et juste quand il est éclairé. La vérité est que le peuple est, comme cette feuille, toujours sans justice et sans lumières.

(*Note de Rivarol.*)

roi ne l'a jamais traité ; avouez que, si le monarque s'est montré trop faible, vous vous êtes rendus trop forts ; avouez que, de peur que la France ne fût trop monarchique, vous l'avez rendue toute démocratique, et que vous n'avez jamais eu l'idée d'une bonne constitution ; parce que le prince réunissait trop de pouvoirs, vous les lui avez tous ravis ; parce qu'à la place du diadème, vous n'avez laissé qu'une simple cocarde ; parce que le roi de France n'est plus qu'un grand pensionnaire, qu'un stathouder, qu'un greffier de vos hautes puissances. Car, avec toute votre bonne foi, vous n'avez entendu lui laisser de pouvoir *exécutif* que celui d'*exécuter* vos volontés (1). Si la France s'était assemblée elle-même, elle aurait mis son roi à sa tête ; et vous, simples représentans, vous l'avez mis à vos pieds, vous l'avez appelé le *souverain provisoire*, le *délégué du hasard* ; vous avez dit que ce délégué devait *vivre de peu* : vous l'avez outragé et humilié..... Mais pourquoi ne pas abolir tout d'un coup le nom même de la royauté, et déclarer la

---

(1) Les ignorans aiment ces divisions simples et courtes : le roi est le *pouvoir exécutif* ; l'Assemblée nationale, le *pouvoir législatif*, et tout est dit ; tout leur semble expliqué par cette distinction. Ils ne voient pas qu'un roi qui n'a que le pouvoir exécutif n'est pas roi, qu'il n'est qu'un serviteur ; et qu'un corps législatif, comme l'Assemblée nationale, a réellement tous les pouvoirs en main. On ne saurait trop répéter cette vérité.

(*Note de Rivarol.*)

France république, ou même anarchie populaire? Il y aurait eu plus de franchise et plus de grandeur dans votre entreprise. Quand on se joue de ses mandats, il faut s'en jouer tout-à-fait. Il vaut mieux sans doute abolir jusqu'aux vestiges de la royauté que de l'avilir : et si Louis XVI paraît étranger à ce que vous faites, la nation entière ne saurait un jour s'y montrer indifférente. Car vous ne pouvez être coupables envers la monarchie sans l'être envers la nation ; et si le roi connivait avec vous, il serait coupable avec vous. La nation ne peut pas vouloir d'un chef sans diadème, ou d'un diadème sans éclat ; elle en rougirait aux yeux de l'Europe. Le corps politique n'a que faire d'un pouvoir exécutif réduit à reculer sans cesse devant une compagnie législative : et un prince couvert d'affronts ne peut qu'avilir son peuple. Ne vous souvient-il plus que jadis, lorsqu'on parlait d'un roi vraiment roi, on nommait le roi de France ; et lorsqu'on parlait d'un peuple qui aimait son roi, qu'on nommait les Français (1)? Vous avez détruit à la fois et cette puissance et cet amour dont vous pouviez tirer un si grand parti pour la gloire du trône et le bonheur du peuple. L'Angleterre vous offrait pourtant un grand exemple dans la manière dont elle a traité ses rois.

---

(1) Telle est la différence de l'ancien régime au nouveau : le roi n'était pas roi, il n'est plus roi ; il était exagéré, il est anéanti.
(*Note de Rivarol.*)

Elle leur a donné en prérogatives et en respects ce qu'elle leur ôtait en puissance ; elle les a reconnus partie intégrante du pouvoir législatif ; elle leur a laissé la plénitude du pouvoir exécutif. Ses rois sont toujours libres de faire le bien et d'empêcher le mal ; enfin, elle a voulu qu'ils fussent servis à genoux. Mais vous avez méprisé l'Angleterre ; vous l'avez traitée d'esclave et de barbare ; vons avez dit qu'elle n'entendait rien à une constitution, qu'elle était encore flétrie des stigmates de la féodalité, et que, bien loin de vous donner des exemples, c'était plutôt à elle à les prendre de vous.

Envoyés seulement pour réformer, vous n'avez songé qu'à renverser ; votre comité des subsistances n'a pas donné un pain ; votre comité des recherches n'a pas trouvé un fait. Ainsi qu'à des enfans, il vous a semblé plus beau de détruire que de bâtir, et dans cette démolition universelle de l'ancien édifice, vous n'en avez pas su conserver les matériaux : car le peuple vous les ravissait et les brisait à mesure que vous les détachiez. Aujourd'hui vous ne sauriez plus les rassembler qu'à main armée ; et si, dans le désespoir où vous auront poussés tant de faux pas, vous preniez enfin ce parti, vous trouverez à qui parler ; vous trouverez un peuple qui a goûté de l'anarchie et de la cessation des impôts ; vous trouverez partout les barrières renversées, les droits abolis, les revenus taris dans leurs sources, et les provinces fournies par la contrebande; vous verrez les tribunaux muets ou déserts, les débiteurs furieux ou armés, les créanciers désarmés ou tremblans; vous verrez tout-cela, et vous ne verrez que votre ouvrage.

Voilà ce que j'adresserai à la moins coupable partie de l'Assemblée nationale, aux députés faibles ou tièdes qui n'ont point fait effort contre les pervers, qui n'ont point appelé à la postérité. Mes paroles sans doute leur paraîtront trop amères, mais qu'ils se félicitent dans leur malheur de ce qu'il est possible d'exagérer leurs fautes : car je vais passer à des hommes qui bravent le pouvoir de la parole par la puissance de leurs crimes. Ah ! si le ciel eût voulu qu'à côté des grands criminels il s'élevât toujours un grand écrivain, vous ne braveriez point les châtimens de l'histoire, Sieyes, Barnave, Target, La Clos, Sillery, Mirabeau, et vous tous, conseillers, directeurs et satellites d'un prince coupable ! Comme vos devanciers, les Narcisse, les Tigellins, vous trembleriez sous la verge d'un Tacite ; et les peuples consolés ne verraient plus en vous des objections contre la Providence.

Si, en traitant de la sanction royale, nous avons admis deux sortes de *veto*, l'un absolu et l'autre suspensif, c'est plutôt par égard pour l'histoire, qui, dans le récit des erreurs, est souvent forcée d'emprunter leur langage, que pour la raison, qui n'admet ni ces sortes de ménagemens, ni cette fidélité perfide.

Il faut donc se hâter de dire que, dans le corps politique, il ne peut exister de *veto suspensif* : ce mot, qu'on ne peut reprocher à aucun gouvernement ancien ou moderne, ne présente aucune idée, et n'est chez nous qu'un mensonge de la puissance législative, et, s'il faut le dire, une ironie constitutionnelle. En effet, si les volontés dans l'homme ne deviennent respectables que par leur énergie et leur durée ; et si on désigne par le nom méprisable de *velléités* et de *caprices* les volontés faibles et passagères, quel nom faudra-t-il donner au *veto suspensif* ? En politique, comme en mécanique, tout ce qui n'est pas puissance n'est qu'embarras. Aussi l'abbé Sieyes ne voulait-il pas de ce monstre impuissant dans la constitution actuelle. *Il ne faut pas*, disait-il, *placer le régulateur hors de la machine;* et puisque le roi est en effet dehors, comment pouvait-on nous laisser l'espérance de l'y voir en jeu ? Le roi n'est point acteur, il n'est que premier témoin dans la constitution. C'est le *veto* même qui est régulateur de la machine : un roi sans *veto* n'est plus régulateur ; et un *veto* qui n'est pas absolu n'est rien. Admettre un *veto* suspensif dans une constitution, c'est faire entrer dans une machine un poids qui ne pèsera pas, et un régulateur qui ne règlera pas (1). Le titre de

---

(1) La source de toutes les erreurs en politique se trouve dans la comparaison que nos législateurs font toujours du gouvernement avec une *balance;* et dans l'usage du mot *équilibre*,

roi, laissé à Louis XVI, ne dit rien à l'homme qui pense.

Mais les Français sont encore si neufs, ils sont si près de leur vieille enfance, qu'ils prennent l'aiguille de la montre pour son régulateur. L'aiguille est l'indicateur et non le régulateur du temps, et le roi est extérieur à la constitution, comme l'aiguille l'est à la montre. L'Assemblée nationale ayant mille moyens de manifester ses démarches et ses décrets à l'État, le roi, dont elle se sert, n'est en effet qu'un de ses moyens, et c'est le moins constitutionnel. Un simple héraut aurait suffi à promulguer les actes de l'Assemblée souveraine; et alors le gouvernement, avec une forme toute démocratique et une forme aristocratique, n'offrirait plus d'équivoque, et ne recèlerait pas les germes de la guerre civile. Il ne manque donc, au dire de l'abbé Sieyes, *sur la question du veto royal*, que de prononcer nettement qu'il ne fallait pas de roi : car d'ailleurs il articula fortement que

---

pour exprimer le mouvement politique. Rien ne ressemble moins à une balance que la machine du gouvernement ; rien ne ressemble moins à un équilibre que la marche des corps politiques. C'est cette comparaison qui égare sans cesse la raison. L'erreur consiste dans une analogie grammaticale qui a produit une fausse synonymie. On dit politiquement que les pouvoirs se balancent, mais cela ne veut pas dire qu'ils sont égaux. On dit en médecine que les humeurs sont en équilibre, mais cela ne signifie pas qu'elles soient en repos.

(*Note de Rivarol.*)

le roi ne pouvait avoir aucune sorte de *veto*. Mais faute de courage ou de logique, cet abbé laissa un roi inutile à la constitution, dans le temps que l'Assemblée laissait une prérogative inutile au roi (1).

C'est ce que les ministres de sa majesté ne com-

---

(1) J'entends parler quelquefois de la logique et de la métaphysique de M. l'abbé Sieyes, et je l'ai entendu lui-même en parler et en convenir assez souvent. Pour savoir si l'abbé Sieyes ne s'est point trompé dans ses comptes, il n'y a qu'à méditer son *dire sur la sanction royale*, c'est là qu'il donne son bilan en fait de raisonnement et de politique. On y voit éminemment que l'abbé Sieyes n'a jamais eu dans son âme que deux sentiments, dont il a fait tantôt des principes et tantôt des conséquences : l'un est l'*égalité absolue des hommes en société*; et l'autre, *la pure démocratie en politique*. La raideur avec laquelle il ramène tout à ces deux points a passé pour une forte logique, et son obstination pour une grande puissance de raisonnement. Son humeur, sa figure de puritain et la barbarie de son style ont achevé le prestige. On a répondu que c'était ainsi que devait être construit un réformateur; que c'était ainsi qu'il devait raisonner et s'exprimer. Mais qu'on sache que M. de Mirabeau, fléau du goût et de la raison, est pourtant, comme disait Boileau, un *soleil* à côté de l'abbé Sieyes. Prenons au hasard la phrase suivante de son *dire sur la sanction royale*, page 39.

« Il est vrai que ceux qui cherchent dans le *veto* autre chose
» que l'intérêt public, autre chose que ses *avantages*; ceux
» qui, au lieu de consulter les vrais *besoins d'un établissement*
» dans sa nature même, cherchent toujours hors de leur sujet
» des *copies à imiter*, ne voudront pas reconnaitre dans le veto
» *naturel* que j'indique, celui qu'ils ont dans leurs *vues*. »

L'homme qui s'exprime ainsi pèche non-seulement contre

prirent pas : car, vers l'époque où la faction d'Orléans perdait sa cause contre la branche espagnole, les démagogues de l'Assemblée ayant voulu que l'on présentât les arrêtés du 4 août à la sanction royale, le ministère engagea le roi à écrire à l'Assemblée nationale une lettre pleine d'observations sur ces arrêtés, afin d'essayer le *veto suspensif*.

A la vérité, le roi reconnaissait par cette lettre tous les principes consacrés dans les arrêtés du 4 août. Il approuvait le rachat des droits seigneuriaux ; la suppression des colombiers, du droit de chasse, de la vénalité des offices, du casuel des curés, des priviléges pécuniaires, et des priviléges des provinces; l'admission de tous les sujets à tous les emplois, et la nécessité de mettre obstacle à la pluralité des bénéfices. Le roi se bornait à représenter que les redevances personnelles qui ne dégradaient pas l'humanité ne pouvaient être abolies sans dédommagement. Il promettait d'approuver la suppression des justices seigneuriales quand il connaîtrait la sagesse des mesures prises pour les suppléer. Il témoignait combien il désirait que l'abolition des dîmes pût être remplacée par une imposition au profit de l'État et des pauvres, car cette abolition n'était une libéralité que

---

le français, mais encore contre la métaphysique des langues, et serait barbare en tout temps et en tout lieu.

(*Note de Rivarol.*)

pour les riches propriétaires. Enfin, le roi promettait de négocier auprès de la cour de Rome pour la suppression des annates. Il terminait par une remarque sur la nécessité d'entretenir une communication franche et ouverte avec l'Assemblée, déclarant « qu'il modifierait ses opinions,
» qu'il y renoncerait même sans peine, si les ob-
» servations de l'Assemblée nationale l'y enga-
» geaient, puisqu'il ne s'éloignerait jamais qu'à
» regret de sa manière de voir et de penser. »

Ces observations étaient fort sages; mais elles étaient encore plus inutiles : elles étaient pleines de bonté; mais, dans les rois, la bonté ne convient qu'à la puissance, et il n'est plus donné à Louis XVI d'être bon. L'Assemblée nationale, qui veut bien tromper le peuple sur l'état du roi, mais qui ne veut pas que les ministres s'y trompent, s'indigna contre les observations de sa majesté. Elle soutint vivement qu'en sa qualité de corps constituant et suprême, elle ne devait attendre du pouvoir exécutif que la parfaite obéissance que tout officier doit au souverain. Peu s'en fallut même que ces représentations ne fussent traitées de félonie. Une Assemblée si jalouse du bonheur des peuples pouvait-elle consentir qu'un simple délégué, tel que Louis XVI, voulût en partager avec elle les tendres inquiétudes?

Il fut décidé que le roi ne pouvait intervenir, même par des remontrances, dans l'œuvre de la constitution. C'était, comme on dit, *à prendre ou à laisser;* les articles du 4 août, dont aucun n'était constitutionnel, furent interdits et sacrés au roi. On promit seulement d'accorder un coup d'œil à ses réflexions lorsqu'on en viendrait aux lois de détail. Le président de l'Assemblée fut chargé d'aller chez sa majesté, la prier de faire publier incessamment les arrêtés du 4 août, et sa majesté obéit.

Le ministère actuel, aussi ennemi des intérêts du prince que l'ancien ministère l'était des intérêts du peuple, renonça à une hypocrisie désormais inutile, et convint par son silence de la nullité absolue d'un *veto suspensif.* Ce *veto*, cette prérogative, ce bouclier du trône, se sont donc changés, en huit jours et aux yeux de l'Europe entière, en un simple droit de proclamer les décrets de l'Assemblée. Depuis cette époque les ministres n'ont plus exposé la sagesse du prince à la colère de l'Assemblée et au mépris du peuple. L'ancien monarque reçoit les ordres de l'Assemblée nationale, et les fait publier dans le royaume, sans délai, sans observations, et peut-être même sans les connaître (1). Comment, après de tels évé-

---

(1) Voici un passage assez curieux de Mirabeau, où des éloges donnés au roi sont plus que tempérés par une âpreté républicaine.

« Plusieurs voix se sont élevées, les unes pour satisfaire au premier vœu de sa majesté, en érigeant un dixième district en faveur de Rambouillet; les autres, pour consacrer le vœu non moins respectable de sa raison en faveur de Dourdan; toutes

nemens, les Français font-ils encore semblant de croire que leur roi n'est pas anéanti dans la constitution actuelle? Le moindre de ses sujets pouvant élire ou être élu, proposer ou rejeter des lois n'est-il pas plus intimement lié à l'État que lui, et n'y exerce-t-il pas une tout autre influence?

Quelques personnes ne cessent d'être étonnées que le roi, en recevant l'ordre d'obéir aux arrêtés du mois d'août, et en voyant le huitième et le onzième article de la constitution, ne soit pas venu en pleine assemblée et n'ait pas dit : « Mes-
» sieurs, je ne veux point régner à ce prix; voilà

---

pour rendre hommage à ce nouveau trait de justice et de civisme de la part du roi. Il n'est aucun citoyen qui ne partage ces sentimens; mais le temps viendra, et ce temps commence, où les actes de raison et de justice dans le chef de la nation ne transporteront personne d'enthousiasme, et ne fourniront plus d'éloges boursouflés aux admirateurs : quelques journalistes, quelques académiciens seuls pourront y perdre. Sous le règne du despotisme, un roi qui se comporte en homme est vanté comme un dieu, sous le règne de la liberté, pour être vraiment roi, il faut être non-seulement homme, mais au-dessus des vertus et des passions communes des hommes. Les louanges prodiguées à un simple acte de bon sens ou d'humanité de la part du prince sont une satire amère de la royauté. Tout s'ennoblira; tout prendra de la force et du caractère dans cette région élevée comme dans les régions inférieures; et l'éloge du trône sera dans les bénédictions secrètes de tout un peuple, dans la douce habitude d'un gouvernement juste, qui par-là même sera bienfaisant. » (*Courrier de Provence.*)

(*Note des éditeurs.*)

» ma couronne; osez vous en saisir et me nommer
» un successeur. » Il est certain que la magnanimité qui confond toujours l'insolence aurait dérangé le système de l'Assemblée. Mais les ministres avaient sans doute répondu de Louis XVI. Un ambassadeur grec disait à un roi de Thrace : Comment pouvez-vous régner sur des hommes inconstans et si féroces? *Je règne,* répondit ce prince, *parce que ma couronne tient plus à ma tête que ma tête à mon corps.*

Tel était l'état des choses vers la fin du mois de septembre, lorsque le roi, sans prérogative, sans défense et sans volonté, laissait tous les partis sans prétexte, sans obstacle et même sans ressort, lorsque les démocrates, ivres des vapeurs de leur gloire, se promettaient une constitution *libre de tout gouvernement*, et qu'en effet il ne s'agissait plus que de jouir des œuvres de l'Assemblée. C'est du sein de cette fausse paix et des ténèbres de la nuit qu'est sorti le complot du 5 au 6 octobre. La faction d'Orléans, battue dans l'Assemblée, s'était repliée sur Paris; à sa voix, les halles assoupies s'éveillèrent, les districts excités s'ébranlèrent, et peu d'heures suffirent pour tirer des boues de la capitale une armée de poissardes, de patriotes et d'assassins, qui marchèrent à Versailles, au grand étonnement de l'Assemblée nationale, qui, ne croyant pas avoir laissé quelque chose à détruire, se demandait comment les apparences qui restaient à Louis XVI pouvaient être encore un sujet de triomphe, et pourquoi on s'armait contre une ombre.

Nous avons dit que la faction d'Orléans, ne comptant plus sur l'Assemblée nationale, s'était rejetée dans Paris. Ses émissaires, répandus partout, sollicitaient une révolte, une sédition, ou du moins une émeute, un mouvement quelconque parmi le peuple; car cette faction périssait dans le repos, et l'accord entre le roi et l'Assemblée allait bientôt la faire expirer; mais au moindre mouvement la cour pouvait s'effrayer et craindre l'enlèvement du roi, faire venir des secours ou aller en chercher, commettre enfin quelque faute utile à la maison d'Orléans. Une famine concertée à Paris fut le moyen qu'employa la faction, et un repas donné à Versailles en fut le prétexte.

On a beaucoup parlé des disettes de Paris pendant 1789; la vérité est que sous le règne de Louis XVI, c'est-à-dire jusqu'à la mort du dernier prevôt des marchands, Paris a été amplement approvisionné; on pourrait même reprocher à l'ancien gouvernement ses prédilections et ses profusions pour la capitale qui a toujours mangé le pain meilleur marché que les provinces, et toujours aux dépens du trésor royal. Les cris des Parisiens n'ont jamais été méprisés. Le gouvernement n'était aguerri que contre la misère des campagnes: car les bouches les plus affamées ne sont pas les plus redoutables. Enfin, depuis que Paris, métamorphosé en république, s'est gouverné lui-même, il n'est point d'injustice, il n'est point de violences, et je peux dire d'injustices et de violences heureuses, que le patriotisme de ses officiers n'ait tentées pour approvisionner la ville.

A cette époque l'émigration de ceux que la populace appelle *aristocrates* avait été si considérable, que la consommation de Paris tomba tout-à-coup à onze ou douze cents sacs par jour. Aussi a-t-il été démontré et reconnu depuis que la halle avait constamment regorgé de farine. Cette abondance pouvait être fatale à la faction d'Orléans; mais l'or, qui fait ordinairement sortir le blé, servit à le faire disparaître. Quoique l'approvisionnement de Paris ne fût que d'environ douze cents sacs, les boulangers s'en firent distribuer dix-huit cents et jusqu'à deux mille cinq cents par jour (1). Avec cet excédent, leurs maisons ne laissaient pas d'être assiégées du matin au soir par le petit peuple qui criait famine. En même temps il n'était pas rare de rencontrer des gens du peuple, devenus tout-à-coup oisifs, qui disaient : *Qu'avons-nous besoin de travailler? notre père d'Orléans nous nourrit.* Ainsi l'or de ce prince produisait à son gré deux phénomènes bien différens, la disette et l'abondance; et ce double moyen n'était rien au prix des violences exercées à la halle par quelques furieux qui éventraient

---

(1) Voyez les registres de la halle du samedi 3 octobre.

(*Note de Rivarol.*)

les sacs et dispersaient les farines dans les rues. Enfin, comme si ces manœuvres étaient encore trop lentes, on accusa le blé d'un vice qu'il n'avait pas : on répandit qu'il était d'une mauvaise qualité, comme pour le punir de son abondance, qui contrariait les desseins de la cabale, et triomphait partout des gaspillages du peuple. Ce bruit accrédité fut cause d'une expédition faite à la halle sur deux mille sacs qu'on jeta dans la Seine. Des témoins irréprochables ont goûté cette farine, et ont affirmé qu'elle était de la meilleure qualité.

L'abondance était telle alors, que le pain se donnait publiquement, au faubourg Saint-Antoine, à deux sous et même à un sou la livre. L'hôtel-de-ville en fut averti, et apprit tout à la fois qu'on distribuait de l'argent dans ce même faubourg et dans celui de Saint-Marcel; c'était le 4 octobre. La municipalité s'assembla en tumulte, et, ayant délibéré jusqu'à quatre heures du matin, arrêta qu'un renfort de cinq cents hommes garderait l'hôtel-de-ville ce jour-là ; mais, à sept heures du matin, il ne se trouvait pas encore vingt hommes dans l'hôtel, quand les poissardes en forcèrent l'entrée et le pillèrent; et cependant les gardes nationales, dispersées dans les rues, se promenaient paisiblement avec ces pains sous le bras, et regardaient nonchalamment la foule qui se pressait aux portes des boulangers.

Voilà quel fut le moyen employé par la faction

d'Orléans; et voici quel fut le prétexte. Des avis toujours plus alarmans arrivèrent de Paris, et le bruit se confirma que les anciens Gardes-Françaises, réunis à la milice parisienne, voulaient absolument marcher à Versailles, et redevenir la garde du roi ; car les acclamations et les profusions des Parisiens, le nouvel uniforme et les médailles dont ils étaient décorés n'étaient au fond que des signes éclatans de leur rébellion ; ils le sentaient grossièrement, et il leur semblait que le roi seul pouvait les absoudre à tous les yeux, en leur confiant encore sa personne sacrée.

Le comte d'Estaing était alors commandant de la milice nationale de Versailles. Ce général, connu par ses revers à la cour autant que par ses succès contre l'Angleterre, contrastait, quoiqu'il eût donné dans les nouvelles opinions, par son attachement à la personne du roi, avec l'ingratitude des Noailles ; et comme la sûreté du prince, et même celle de l'Assemblée nationale, dont il répondait, pouvaient lui donner une grande influence, ce n'était peut-être pas sans raison qu'on disait que le marquis de la Fayette en était en secret jaloux. Il ne manquait en effet au commandant des milices parisiennes, que d'avoir le roi et l'Assemblée nationale sous sa garde pour être une des premières têtes de l'anarchie ; et le comte d'Estaing était un dangereux compagnon de gloire. Ceci explique fort bien pourquoi M. de la Fayette, après avoir efficacement arrêté la première irruption que le Palais-

Royal tenta sur Versailles, ne put rien contre la seconde, et s'y laissa même entraîner avec toutes les forces de la capitale, à la suite de trois ou quatre cents poissardes et de quelques assassins, que cinquante hommes pouvaient arrêter à Sèvres.

Quoi qu'il en soit, les menaces de Paris n'étant pas à mépriser, M. d'Estaing se concerta avec les ministres, qui jugèrent indispensable de faire approcher de Versailles un régiment d'infanterie pour la sûreté du roi. Mais auparavant on consulta la municipalité qui, à son tour, consulta le comité de la garde bourgeoise. Ce fut donc ce comité qui demanda un renfort de troupes réglées, et la municipalité consentit à l'entrée d'un régiment qui prêterait le serment et serait sous les ordres du commandant de la milice bourgeoise. Un roi ne pouvait plus être en règle avec ses sujets, quel que fût son état, quelle que fût leur défiance. Le régiment de Flandre arriva, et cette nouvelle jeta une véritable consternation sur les démagogues de l'Assemblée ; comme si, avec mille hommes, le roi allait devenir tout-à-fait indépendant, ou même attenter à la liberté des autres. D'ailleurs, le colonel de ce régiment étant un des membres de l'Assemblée, réduisait tous les soupçons au silence ; d'autant plus que si quelque parti pouvait le réclamer, c'était celui qui dominait. On ne laissa pas de dire dans l'Assemblée, « que le pouvoir exécutif ne pouvait augmen- » ter la force armée en tel lieu, ou en tel temps,

» malgré toute l'urgence des conjonctures, sans
» en instruire le pouvoir législatif; » et on avait
raison, si le roi n'est qu'*exécuteur*.

Mais l'arrivée de ces mille hommes fut, surtout
pour les Parisiens, un intarissable objet d'entretiens et d'alarmes. Il était, disait-on, honteux que
Versailles eût ouvert ses portes à des *soldats étrangers*. On ne parlait enfin que de cet accroissement
des forces du roi ; et le marquis de la Fayette, à
la tête de vingt mille hommes armés, et maître
d'une ville qui peut en armer cent cinquante mille,
semblait partager ces craintes. Aussi le régiment
de Flandre avait à peine prêté le serment, et commencé le service conjointement avec la milice
bourgeoise de Versailles, qu'on résolut de le gagner
par tous les moyens de corruption qui avaient
déjà séduit l'armée. Paris envoya un essaim de
filles perdues, et des inconnus semèrent l'or à
pleines mains. Bientôt les soldats, ébranlés, quittèrent la cocarde blanche pour arborer celle de
couleur, signe infaillible d'insubordination actuelle et de défection prochaine : car le soldat ne
peut servir deux maîtres, prêter deux sermens,
porter deux couleurs. Sur quoi nous observerons
qu'une des principales fautes que les ministres de
l'insurrection aient suggérée au roi, c'est l'ordre
général donné à toutes les troupes de porter la cocarde parisienne. L'exemple du prince suffisait,
et aurait laissé leur libre arbitre aux soldats raisonneurs et à ceux qui étaient encore pleins de

l'ancien esprit français : au lieu qu'un ordre précis encouragea la perfidie des uns et découragea la fidélité des autres.

Les gardes du corps, instruits des périls du roi, et obligés de passer les jours et les nuits à cheval, toujours prêts à tout événement, auraient bien voulu compter sur l'appui du régiment de Flandre : et c'est pour mieux attacher cette troupe, et même la milice bourgeoise à la personne du roi, qu'ils donnèrent aux officiers de ces deux corps le fameux repas du premier octobre, qui a servi de prétexte aux derniers efforts de la faction d'Orléans.

Ce repas, donné par les gardes du corps aux officiers du régiment de Flandre et à ceux de la milice bourgeoise de Versailles, fut servi dans la salle des spectacles du château. Les convives étaient au nombre de deux cent quarante, et les loges étaient garnies d'une foule de spectateurs. Vers la fin du dîner, le roi, la reine et M. le dauphin parurent dans la salle, et on porta leurs santés avec des acclamations d'amour et de joie (1); c'est ce qu'on a appelé, quatre ou cinq jours après, des *imprécations contre l'Assembée nationale*. Il n'est pas vrai

---

(1) Ce qui contribuait surtout, dit M. Mounier, à inspirer aux gardes du corps de donner au roi de nouvelles preuves de leur zèle, c'était le reproche que leur faisaient certaines personnes, d'avoir profité des circonstances pour demander au roi des changemens dans leur discipline : mais on ne peut sans injustice accuser les gardes du corps d'avoir regretté l'ancien

que M. le dauphin ait passé dans les bras de tous les convives comme on l'a imprimé à Paris : l'officier de service auprès de sa personne ne le quitta pas. La famille royale s'était retirée ; on ouvrit les portes de la salle aux grenadiers et aux soldats des deux corps : on les fit boire ; ils crièrent tous *Vive le roi !* on joua l'air de *Richard*, qui était, certes, trop analogue aux circonstances. Les grenadiers figurèrent un siége dans la salle, en escaladant l'amphithéâtre, et de là, soldats et officiers, tout alla danser une ronde sous les fenêtres du roi. Un grenadier suisse grimpa même au balcon et arriva dans la chambre de ce prince qui lui tendit la main. Mais il est faux que la reine ait détaché de son cou une croix d'or pour la donner à ce grenadier, ainsi que l'ont imprimé les aboyeurs de Paris (1). Vers le soir, quelques cocardes blanches parurent dans l'œil de bœuf ; tout le monde voulut en avoir, et les dames qui étaient là donnèrent les rubans qu'elles portaient

---

despotime ministériel. Hélas ! ils espéraient comme nous qu'une Assemblée nationale ferait quelque chose pour le bonheur de la France ; et s'ils profitèrent de l'impulsion générale donnée à toutes les parties de l'administration, pour demander aussi quelques changemens dans leur régime, on ne pourrait pas trop les en blâmer, puisqu'une des choses qui choquait le plus à Versailles, c'était la rigueur du service des gardes du corps, la modicité de leurs appointemens, et le despotisme de leurs chefs.

(1) La reine ne porte à son cou que le portrait de ses enfans.

(*Notes de Rivarol.*)

à leurs têtes. Les gardes du corps avaient leurs cocardes uniformes; ainsi ils n'ont pu fouler aux pieds la cocarde nationale qu'ils n'ont prise que le 6 octobre. Il est vrai qu'on ne les a accusés de ce *crime national* que quatre jours après; Paris n'avait pas encore eu le temps d'y songer. On a observé aussi que l'Assemblée nationale elle-même n'avait commencé à parler de ce repas que le 3 octobre. Les gardes du corps, loin d'outrager personne, prirent au contraire, vers la fin du repas, une résolution bien respectable; ce fut de nourrir les pauvres de Versailles, le reste de la semaine. Quelle apparence, en effet, que deux cent quarante gentilshommes se fussent portés à des excès puérils contre une cocarde, en présence de trois mille spectateurs? Mais l'accusation a été suffisamment démentie par tout le monde; et si nous nous y sommes arrêtés, c'est à cause des suites affreuses dont elle a été la cause. Quant au projet d'enlever le roi pour le conduire à Metz, dont on accuse aussi les gardes du corps, c'est une idée que les Parisiens n'ont eue que vers le 12 octobre, lorsqu'en réfléchissant sur tous les crimes de leurs expéditions contre leur roi, ils ont senti que le prétendu mépris de la cocarde nationale ne suffisait pas pour les justifier, et qu'il fallait donner un tout autre motif au massacre des gardes et à la captivité de Louis XVI.

Tel fut ce repas si funeste au roi et à ses gardes; cette joie, ces chants furent comme les derniers éclairs du caractère des Français, qui n'a pas reparu depuis. Ils furent ce jour-là ce qu'ils avaient toujours été, galans pour les dames et enthousiastes de leur prince : y a-t-il là de quoi être massacré (1)?

Nous avons assez fait sentir dans le cours de ce récit la tournure qu'on donna bientôt à ce repas dans Paris et dans l'Assemblée nationale. Mais il faut toujours observer que ce ne fut que quatre jours après ce festin militaire qu'on en parla dans l'Assemblée. On s'y occupait, à cette époque, des moyens de forcer le roi à accepter purement et simplement les articles de la constitution qui étaient déjà décrétés, et toute la déclaration des droits de l'homme que sa majesté n'avait pas encore signée. M. Mounier, président de l'Assemblée, se rendit auprès du roi le 2 octobre, et lui présenta les articles. Sa majesté, qui ne devait pas avoir oublié le sort de ses observations sur

---

(1) M. Mounier et quelques honnêtes gens ont prétendu que ce repas était une imprudence dans les conjonctures où était le roi; mais, sans compter que les gardes du corps sont dans l'usage de donner un dîner aux régimens qui arrivent dans les lieux où ils se trouvent eux-mêmes, et que c'était une politesse dont ils ne pouvaient se dispenser avec les officiers de la garde bourgeoise, qui les avaient invités la veille à la bénédiction de leurs drapeaux ; je dis que, dans ces conjonctures, les officiers et les domestiques du roi ne pouvaient faire une action innocente. On les épiait, et on avait besoin qu'ils fissent, je ne dis pas une faute, mais quelque chose.

(*Note de Rivarol.*)

les arrêtés du 4 août, répondit qu'elle ferait bientôt connaître ses intentions à l'Assemblée; et pourtant elle ne les fit connaître que trois jours après, soit que les ministres qui dirigeaient ce prince, voyant qu'il allait signer sa propre exclusion de la souveraineté, trompassent l'Assemblée et voulussent lui dérober le roi en se réfugiant avec lui dans une ville fidèle; soit qu'ils trompassent le roi lui-même, en l'induisant à un retard ou même à un refus d'acceptation pure et simple, qui pouvait lui coûter la vie.

C'est pendant ces trois jours que la faction d'Orléans semait, à force d'or, la disette au milieu de l'abondance, et préparait une insurrection dans les faubourgs, dans les halles et dans les districts. La nouvelle du repas des gardes du corps vint donner un but à ces mouvemens intestins. « Quelle
» orgie indécente! s'écriait-on, la cocarde natio-
» nale foulée aux pieds! l'Assemblée maudite et
» menacée! allons punir tant de blasphèmes; ven-
» geons la nation et enlevons le roi aux ennemis
» de la patrie. » Ces murmures et ces cris n'auraient pourtant produit que d'autres cris et d'autres murmures, si la faction d'Orléans n'eût ramassé trois ou quatre cents poissardes, et quelques forts de la halle habillés comme elles, et mêlées à des espèces de sauvages portant de longues barbes, des bonnets pointus, des piques, des bâtons ferrés et d'autres armes bizarres; hommes étranges qu'on voyait pour la première fois à

Paris; et qui parurent et disparurent avec cette dernière tempête (1).

La troupe des assassins, hommes, femmes, et sauvages, s'empara, le 5 octobre, à sept heures du matin, de l'hôtel-de-ville, et le pilla. Le bruit de cette expédition ameuta le peuple; des flots d'ouvriers arrivèrent des faubourgs; on battit la générale; les districts fournirent quelques bataillons; la place de Grève fut bientôt investie, et on reprit l'hôtel-de-ville, mais sans faire aucun mal aux brigands, sans les chasser; au contraire, les vainqueurs se mêlaient aux vaincus, et d'heure en

---

(1) On désigne toujours par le nom de *poissardes* les femmes qui sont allées de Paris à Versailles. C'est un malheur pour celles qui débitent les poissons et les fruits dans les rues et dans les halles; la vérité veut qu'on dise que, loin de se mêler aux fausses poissardes qui vinrent pour les recruter et les mener a Versailles, elles demandèrent main-forte au corps-de-garde de la pointe Saint-Eustache, pour les repousser; et dès que le roi fut amené aux Tuileries, elles y allèrent en députation le 7 octobre au matin, et présentèrent une requête au roi et à la reine, pour demander justice de l'horrible calomnie qui les rendait complices de la violence faite la veille à leurs majestés.

On a cru reconnaître parmi les créatures qui ont conduit les brigands, les hommes habillés en femmes et les gardes nationales à Versailles; on a cru, dis-je, reconnaître tout ce que les boues des faubourgs Saint-Antoine et Saint-Marcel, tout ce que les galetas et les égouts de la rue Saint-Honoré peuvent vomir de plus vil, de plus obscur et de plus crapuleux. L'Assemblée nationale les a toujours appelées *citoyennes*, et M. de Mirabeau leur a marqué en tout temps la plus profonde estime.

(*Note de Rivarol.*)

heure la place de Grève se remplissait de gardes nationales qui fondaient de tous les districts, de tous les quartiers et de toutes les rues. Vers midi parut le commandant lui-même. Le peuple lui cria, d'une voix féroce, qu'il fallait aller à Versailles chercher le roi et la famille royale ; et, comme ce commandant hésitait, on le menaça du fatal réverbère. Pâle, éperdu, sans énergie, et sans dessein bien déterminé, il flottait sur son cheval au milieu de cette foule immense qui prenait son irrésolution pour un refus, et le pressait de toutes parts. M. de la Fayette voulait bien sans doute que le roi fût amené dans Paris, mais il craignait une expédition entreprise par tant de bêtes furieuses. Il expiait la faiblesse qu'il eut de ne pas s'exposer à la mort, dès le commencement, pour sauver la vie à MM. Foulon et Berthier : car, ou il aurait succombé héroïquement, ou il eût à jamais enchaîné la férocité du peuple. Mais pour avoir molli, il donna le secret de sa faiblesse, et le peuple n'a cessé depuis d'en abuser. Enfin, vers les deux heures, la garde nationale fut absolument maîtresse de la place de Grève ; il y eut alors près de dix-huit mille hommes armés. Le marquis de la Fayette monta à l'hôtel-de-ville, et demanda un ordre de la commune *pour aller à Versailles* avec toute la milice nationale. Sans doute qu'un autre à sa place eût fait délibérer la commune sur les moyens de dissiper le peuple ; ce qui était facile, puisque son armée était maîtresse de la Grève ; et si cette armée n'eût pas obéi, n'était-ce pas une belle occasion de renoncer au commandement de cette milice indisciplinée ? Mais soit faiblesse, soit ambition, M. de la la Fayette sollicita l'ordre pour Versailles. Vingt membres, au lieu de trois cents, composaient en ce moment la commune de Paris : ils donnèrent à M. de la Fayette la délibération suivante : « Vu ou entendu la volonté du peuple, il est enjoint au commandant général de se rendre à Versailles. » Muni de la cédule de ces vingt bourgeois, il partit, vers les quatre heures, à la tête de dix-huit ou vingt mille hommes, et marcha contre son roi.

Il y avait déjà cinq ou six heures que les poissardes et les brigands, expulsés de l'hôtel-de-ville, avaient pris la route de Versailles, recrutant des ouvriers et surtout les femmes qu'ils rencontraient en chemin, sans distinction d'âge et de rang. En côtoyant la Seine et la terrasse des Tuileries, ces poissardes rencontrèrent un garde à cheval, et lui crièrent : *Tu vas à Versailles ; dis à la reine que nous y serons bientôt pour lui couper le cou.* Quelques personnes qui, du haut de la terrasse, entendirent ce propos, décampèrent d'effroi ; chacun fermait ses portes ; les rues se dépeuplaient devant le torrent qui se grossissait en route de tout ce qui se présentait et qui fondit sur Versailles vers trois heures et demie.

A cette heure le roi, qui, dès le matin, avait

donné sa réponse sur les articles de la constitution, et sur la déclaration des droits de l'homme, chassait paisiblement à Meudon : et cependant le marquis de la Fayette s'ébranlait avec son armée patriotique pour l'enlever ; les poissardes et les assassins étaient déjà aux grilles de son château ; l'Assemblée nationale lui cherchait des torts, et lui préparait des affronts ; Paris attendait l'événement avec cette curiosité barbare qui est son sentiment habituel.

Telle était la situation de ce malheureux prince : dans le même jour, et à la même heure, l'armée patriotique en voulait à sa liberté ; les poissardes et les brigands à sa femme ; et l'Assemblée nationale à sa couronne.

La séance de l'Assemblée nationale tenait encore : elle avait commencé le matin par la lecture de la réponse du roi. Ce prince accédait à tous les articles constitutionnels qu'on lui avait présentés, mais à condition que le *pouvoir exécutif aurait un plein et entier effet entre ses mains* (1). C'est comme

---

(1) Le morceau satirique que nous insérons ici, sans en excuser toutes les intentions, a pour but de faire sentir quelle était alors la nullité de ce pouvoir.

« Très-peu de souverains en Europe sont dans le sens de la révolution ; d'abord l'empereur n'y est point du tout, et travaille visiblement à garantir ses états du charme d'une révolution ; il a même l'air de protéger les petits princes chez lesquels notre propagande a semé les principes. Le roi de Prusse, despote comme un général d'armée doit l'être, est presque entièrement

s'il eût dit : *A condition d'être le parfait et seul serviteur de l'Assemblée nationale.* On ne sait qu'admirer le plus, ou des ministres qui dictèrent cette

---

dégoûté de se mêler des affaires d'autrui, et en a trop chez lui. Tout le Nord ne sait ce que c'est que la liberté ; l'Angleterre s'abuse sur celle dont elle croit jouir, et traite la nôtre de folie. Tout le Midi est garrotté de manière à ne pas bouger ; heureusement cette communauté de principes absolument étrangers à la grande déclaration des droits de l'homme est fort désunie, et ne peut rien entreprendre contre nous ; il faut donc attendre impatiemment que la force d'opinion et d'énergie que nous allons recevoir incessamment de la perfection de notre liberté, convertisse tout ce monde-là.

» Voilà pour le dehors ; voici pour le dedans.

» Nous pensions avoir remédié à tous les inconvéniens possibles en plaçant un nombre compétent de nos évangélistes ou apôtres dans chacune des quarante-quatre mille puissances municipales du royaume ; notre influence avait été ainsi manipulée avec un art infini ; mais, il faut le dire, la curiosité de nos frères commence à paraître suspecte au directoire ; ne serait-il pas convenable d'effrayer les réfractaires à nos fonctions inquisitoriales par quelque moyen pareil à ceux employés dans la capitale par nos maîtres ? Le clergé résiste-t-il à Camus : il le fait jurer. Le club monarchique déplaît-il à Barnave : il le fait piller. Un guerrier heurte-t-il Lameth : il le fait démeubler. Les ministres du roi ne sont-ils pas obéissans à Menou : il les dénonce et les menace de leur retirer la commission qu'il ne leur a pas donnée. Enfin les religieuses s'en veulent-elles tenir au régime antique : elles sont fouettées par les dames de la nation ou de la halle.

» Que les détracteurs de notre constitution osent encore nous dire qu'il n'existe point de pouvoir exécutif ! Eh ! d'où naissent les punitions des délits dont je viens de vous faire l'é-

réponse au roi, ou de l'Assemblée qui en fût mécontente. On se plaignit vivement de ce que le roi semblait mettre des clauses et des restrictions à son obéissance ; on observa qu'il donnait son *accession* et non son *acceptation*. Les uns voulaient qu'on forçât le monarque à venir dans l'Assemblée pour jurer l'observation des articles : d'autres, plus conséquens, soutenaient que l'Assemblée n'avait pas besoin du monarque pour constituer la France. Enfin, un des plus factieux, nommé Pétion, parla, pour la première fois, du trop fameux repas des gardes du corps. Il dénonça des menaces, des outrages, des cris séditieux, des blasphèmes, des imprécations vomies dans ce festin contre *les augustes commis de la nation ; et la cocarde nationale foulée aux pieds.*

Un membre, d'une probité embarrassante, somma le sieur Pétion d'écrire sa dénonciation : sur quoi M. de Mirabeau se leva et dit, *Qu'on déclare seul le roi inviolable, et je dénoncerai aussi ;* paroles qui consternèrent la majeure partie de l'Assemblée. M. de Mirabeau, qui sentait l'approche de l'armée parisienne, ne demandait qu'à être poussé ; la galerie était nombreuse et violente ; et, si la reine eût été dénoncée, les brigands à leur arrivée, trouvant cette princesse accusée par un mem-

---

nmération, si ce n'est d'autant de pouvoirs exécutifs très-réels ? (*Actes des apôtres.*)

(*Note des éditeurs.*)

bre de l'Assemblée législative, auraient cru légitime l'assassinat qui n'était encore que payé. Heureusement M. Mounier, qui présidait l'Assemblée, répondit qu'il ne souffrirait pas qu'on interrompît l'ordre du jour, ni qu'on se permît rien d'étranger à la réponse du roi : prudente mesure qui, pour cette matinée du moins, réduisit M. de Mirabeau à la seule intention du crime.

Cependant quelques députés avertirent M. Mounier qu'une armée de vingt ou trente mille hommes arrivait de Paris. Cette nouvelle s'étant aussitôt répandue dans l'Assemblée, on décida que le président se rendrait chez le roi avec une députation pour obtenir de sa majesté une acceptation pure et simple des dix-neuf articles de la constitution. Il était trois heures et demie; et on allait clore la séance, lorsque la troupe des brigands et des poissardes arriva.

Le roi, qui avait été averti, quitta brusquement la chasse, et vint à Versailles où il précéda d'un quart d'heure l'arrivée des assassins. Le prince de Luxembourg, capitaine des gardes du corps, demanda à sa majesté si elle avait quelques ordres à donner ; le roi répondit en riant : *Eh quoi ! pour des femmes ! vous vous moquez.* Cependant la phalange des poissardes, des brigands et des ouvriers parut tout-à-coup dans l'avenue de Paris : ils traînaient avec eux cinq pièces de canon. Il fallut bien alors faire vite avancer quelques dragons pour aller à la rencontre de cette bande, et l'arrêter dans l'avenue; à quoi les officiers tâchèrent de parvenir; mais les soldats les laissèrent passer.

Après avoir surmonté ce léger obstacle, les poissardes se présentèrent à l'Assemblée nationale, et voulurent forcer les gardes. Il fut résolu, à la majorité des voix, de leur permettre l'entrée de la salle, et il en entra un grand nombre qui se placèrent sur les bancs, pêle-mêle avec les députés. Deux hommes étaient à leur tête: l'un d'eux prit la parole, et dit: « Qu'ils étaient venus à Ver-
» sailles pour avoir du pain et de l'argent, et en
» même temps pour faire punir les gardes du corps
» qui avaient insulté la cocarde patriotique : qu'ils
» avaient, en bons patriotes, arraché toutes les
» cocardes noires et blanches qui s'étaient présen-
» tées à leurs yeux dans Paris et sur la route. »
Et en même temps cet homme en tira une de sa poche, en disant qu'il voulait avoir le plaisir de la déchirer en présence de l'Assemblée ; ce qu'il fit. Son compagnon ajouta: « Nous forcerons bien
» tout le monde à prendre la cocarde patriotique. »
Ces expressions ayant excité quelques murmures, il reprit : «Eh quoi! ne sommes-nous pas tous
» frères ? » Le président lui répondit avec ménagement : « Que l'Assemblée ne pouvait nier cette
» fraternité ; mais qu'elle murmurait de ce qu'il
» avait parlé de forcer quelqu'un à prendre la co-
» carde nationale. » En quoi il me semble que ce brigand, avec son grossier et féroce instinct, rai-

sonnait plus conséquemment que M. Mounier, président de l'Assemblée : le roi ayant été forcé lui-même d'arborer la cocarde patriotique, et la souveraineté active étant reconnue dans le peuple par l'Assemblée nationale, il est certain qu'il n'est personne que ce peuple ne puisse et ne doive forcer à porter cette cocarde (1). Ici l'Assemblée nationale apprenait, par l'état d'anéantissement où elle se trouvait en présence de quelques poissardes, combien elle avait été imprudente et malintentionnée tout ensemble, quand elle avait excité la populace et consacré ses révoltes. Où pouvait-elle, en ce moment, tourner les yeux pour demander assistance dans la dissolution de toutes les forces publiques ? Fallait-il qu'elle invoquât l'autorité royale, qui était elle-même alors un objet de pitié ?

Le dialogue du brigand et du président de l'Assemblée fut interrompu par les cris des poissardes qui, se dressant sur les bancs, demandèrent toutes à la fois du pain pour elles et pour Paris. Le président répondit : « Que l'Assemblée ne conce-
» vait pas qu'après tant de décrets il y eût si peu
» de grains ; qu'on allait encore en faire d'autres,
» et que les *citoyennes* n'avaient qu'à s'en aller en

---

(1) Une lettre fort intéressante de M. Servan, imprimée dans les *Actes des apôtres*, et que nous renvoyons aux éclaircissemens (M), offre un autre exemple de cette domination violente d'une populace égarée.

(*Note des éditeurs.*)

» paix. » Cette réponse ne les satisfit pas ; et sans doute que le président en eût fait une autre, s'il avait su que Paris n'avait jamais manqué de farines, et que les poissardes étaient arrivées à Versailles suivies de plusieurs chariots remplis de pain, de viandes et d'eau-de-vie. Elles dirent donc au président, *Cela ne suffit point*, mais sans s'expliquer davantage ; et bientôt après, se mêlant aux délibérations des honorables membres, elles criaient à l'un, *parle donc, député ;* et à l'autre, *tais-toi, député*(1). Le canon qui grondait dans l'avenue soutenait leurs apostrophes, et tout pâlissait

---

(1) « Plutôt par mauvaise habitude que par hauteur, il n'est que trop d'usage parmi les gens aisés du tiers-état de tutoyer ceux de métier, surtout leurs barbiers-perruquiers, et de se permettre l'indécente générosité de les traiter de B.... et de J...F... ; le mien, pour une légère égratignure, vient de m'en corriger à l'instant. Me tenant par le cou, et son rasoir sous ma tête, *Conviens*, me dit-il, *des droits de l'homme ; que nous sommes tous égaux ; qu'il n'y a plus ni ordre, ni état, ni titre, ni distinction ; ta peur prouve que tu es plus J.... F.... que moi*,

   Et que tu n'es rien qu'un sot, un poltron ;
— Oui, *monseigneur*, oui, vous avez raison,
Je suis un sot, la chose est par trop claire :
Votre rasoir me prouve cette affaire.

Mon barbier m'a si bien fait entendre raison que nous sommes amiablement convenus de nous tutoyer réciproquement, d'abroger toute étiquette des remerciemens, coups de chapeaux ou de bonnets, du haut ou bas du pavé, de dire *monsieur*, en nous parlant, de madame ou de mademoiselle, en parlant de nos femmes ou filles, de ne plus faire apprendre à

devant elles, excepté le seul comte de Mirabeau, qui leur demanda de quel droit elles venaient imposer des lois à l'Assemblée nationale. Et, chose étonnante ! ces poissardes, si terribles à ceux qui tremblaient devant elles, souriaient à celui qui les gourmandait ainsi. Telle est, et telle a toujours été, dans cette révolution, la profonde sagesse de M. de Mirabeau : il n'est point de parti où il n'ait eu des intelligences, et qui n'ait compté sur lui. Nous l'avons vu parler pour le *veto absolu*, dans un temps où ce seul mot conduisait à la mort, et le Palais-Royal n'en était pas moins sûr de son âme : ici nous le voyons impunément affronter les poissardes, qui ne peuvent le regarder sans rire; dans peu, nous le verrons chercher à propos et devant témoins, une querelle au duc d'Orléans. C'est ainsi que, trafiquant sans cesse de sa personne, faisant et rompant ses mar-

---

lire à nos enfans dans la *Civilité puérile et honnête*, et à écrire des lettres d'après le *Secrétaire de la cour*.

Cette leçon de mon barbier et mon pacte avec lui me semblent devoir mériter de l'Assemblée nationale un décret exprès et formel, qui ordonne le tutoiement général et absolu entre tous et un chacun, de tout état et de tout âge : il est en usage parmi les habitans de la campagne et le peuple des villes; il sera adopté très-volontiers dans la société, dans la meilleure compagnie, même à la cour, surtout entre amans et maîtresses, à qui il sauvera tous les inconvéniens d'inadvertance de tête à tête; et au moral il ramènera les époux du bel air au vrai et ancien ton de l'union conjugale. (*Actes des apôtres.*)

(*Note des éditeurs.*)

chés tous les jours, il a par l'universalité de ses intrigues, et la texture de ses perfidies, si bien embarrassé sa renommée, que la foule de nos écrivains ne sait plus à quel parti doit enfin rester la honteuse propriété du nom de Mirabeau.

L'Assemblée nationale se trouvait alors dans une situation honteuse et difficile : elle sentait que la plupart de ses membres étaient dans le secret de l'armée qui allait arriver ; on en avait entendu qui disaient : *Il faut aller à Paris, ce n'est que là que nous ferons quelque chose.* On en voyait d'autres qui soufflaient les poissardes, et leur suggéraient des motions. On peut dire aussi que l'Angleterre avait ses députés dans l'Assemblée ; ce sont eux qui n'ont jamais souffert qu'on parlât de l'état affreux où le traité de commerce avec cette nation nous a réduits, et qui ont fait rejeter le décret en faveur des étoffes nationales (1). Enfin, on était sûr qu'environ trois cents Parisiens armés s'étaient depuis la veille glissés à Versailles, et

---

(1) Voyez les honteux éloges qu'a toujours faits le sieur Dupont de notre traité de commerce avec l'Angleterre. La chute de nos manufactures, quinze cents vaisseaux de moins dans le seul port de Bordeaux, Lyon sans ouvrage, etc., sont autant de démentis qu'il a reçus, mais qui n'ont pas corrigé son obstination. Il a fallu que les Anglais même se moquassent de son ignorance. Lisez l'ouvrage de M. Arthur Young. Toute l'Europe sait que M. Pitt proposa impérieusement au faible Vergennes ou la guerre ou ce traité de commerce.

(*Note de Rivarol.*)

qu'à mesure que les brigands arrivaient, les bourgeois leur criaient des fenêtres : *Soyez les bienvenus, messieurs, on vous attendait.* Nous dirons ailleurs la cause de ce délire des habitans de Versailles.

Plus une telle situation offrait des difficultés, et plus l'Assemblée nationale devait montrer de courage et de grandeur. Mais elle ne sut que trembler, et sa lâcheté eut tous les effets de la perfidie. Elle confirma son décret sur les dix-neuf articles de la constitution, et arrêta que son président, suivi d'une députation, irait à l'heure même chez le roi, le sommer d'accepter sans délai les dix-neuf articles; et, afin d'ajouter l'absurdité à l'orgueil, elle voulut que cette députation exigeât de sa majesté une abondance subite pour la ville de Paris : comme si le roi, en signant qu'il n'était plus le roi, et en reconnaissant forcément que tous les hommes sont libres, pouvait conjurer l'orage qui grondait sur sa tête, et approvisionner Paris. Ce n'était pas de constitution qu'il s'agissait en ce moment, et l'Assemblée nationale savait trop bien que, sous le prétexte du pain, la capitale ne voulait que la présence du roi.

On est étonné que M. Mounier ait accepté une telle députation; et ce refus manque en effet à la gloire du député de Grenoble. Il avait ce dilemme à faire à l'Assemblée : « Ou l'armée arrive de votre
» consentement contre le roi ; ou elle arrive contre
» vous et contre le roi; et dans l'une et l'autre de

» ces suppositions, je dois rester ici ou donner ma
» démission. »

Mais ce président crut devoir partir, ou, pour mieux dire, il partit sans rien croire, et plus près d'une action que d'une pensée, ainsi qu'il arrive toujours dans les grands troubles. Les poissardes le voyant sortir avec la députation, l'environnèrent aussitôt, en déclarant qu'elles voulaient l'accompagner chez le roi. Il eut beaucoup de peine à obtenir, à force de prières, qu'elles n'entreraient chez le roi qu'au nombre de six; la foule n'en courut pas moins après lui pour former son cortége. Écoutons-le lui-même décrivant le spectacle qui s'offrit à ses yeux au sortir de la salle.

« Nous étions à pied, dans la boue, avec une
» forte pluie. Une foule considérable d'habitans
» de Versailles bordait, de chaque côté, l'avenue
» qui conduit au château. Les femmes de Paris
» formaient divers attroupemens entremêlées d'un
» certain nombre d'hommes, couverts de haillons
» pour la plupart, le regard féroce, le geste me-
» naçant, poussant d'affreux hurlemens. Ils étaient
» armés de quelques fusils, de vieilles piques, de
» haches, de bâtons ferrés, ou de grandes gaules,
» ayant à l'extrémité des lames d'épées ou des lames
» de couteaux. De petits détachemens de gardes
» du corps faisaient des patrouilles, et passaient
» au grand galop à travers les cris et les huées. »

Pour bien saisir ce tableau, il faut savoir que

les poissardes et les brigands n'avaient pu entrer tous dans la salle de l'Assemblée : la plus grosse partie s'était formée en colonne, et avait marché droit au château. Mais une ligne de gardes du corps, rangée en bataille devant la première grille, et un corps de gardes suisses, rangé aussi dans la place d'armes, les avaient arrêtés. L'ordre était de s'opposer seulement à leur passage, mais de ne point tirer. La populace de Versailles, sachant l'ordre, se joignit aux brigands, aux ouvriers des faubourgs Saint-Antoine et Saint-Marcel, et à toute la canaille qui arrivait incessamment de Paris, et serra de plus en plus les avenues du château. Les gardes du corps étaient accablés d'invectives et de menaces, mais on ne tirait pas encore sur eux. Ils n'étaient occupés qu'à défendre leur poste et à rompre les trop grosses masses de brigands qui se formaient de temps à autre, et qui pouvaient forcer l'entrée du château. La milice de Versailles n'était encore que spectatrice, et occupait différens postes, du côté surtout des casernes des anciens gardes françaises.

« Nous avançons, continue M. Mounier ; et
» aussitôt une partie des hommes armés de piques,
» de haches et de bâtons, s'approchent de nous
» pour escorter la députation. L'étrange et nom-
» breux cortége dont les députés étaient suivis
» est pris pour un attroupement, des gardes du
» corps courent au travers ; nous nous dispersons
» dans la boue ; et l'on sent bien quel accès de

» rage durent éprouver nos compagnons, qui pen-
» saient qu'avec nous ils avaient plus de droits de
» se présenter et d'approcher du roi et de la reine.
» Nous nous rallions, et nous avançons ainsi vers
» le château. Nous trouvons, rangés sur la place,
» les gardes du corps, le détachement de dragons,
» le régiment de Flandre, les gardes suisses, les
» invalides et la milice bourgeoise de Versailles.
» Nous sommes reconnus, reçus avec honneur.
» Nous traversons les lignes; l'on eut beaucoup
» de peine à empêcher la foule qui nous suivait
» de s'introduire avec nous. Au lieu de six femmes
» à qui j'avais promis l'entrée du château, il fallut
» en admettre douze. »

Il était cinq heures et demie, et le jour sombre et pluvieux allait faire place à la plus affreuse nuit, lorsque le président de l'Assemblée nationale, escorté de quinze députés et de douze poissardes, entra chez le roi, et lui peignit la prétendue misère de la capitale avec une sensibilité qu'il fallait réserver pour le malheureux prince dont on invoquait si cruellement l'inutile secours. Le roi, qui était en effet le seul objet déplorable en ce moment, répondit de manière à toucher les poissardes mêmes. Le président lui demanda une heure avant la fin de ce même jour, pour un entretien important. C'était l'acceptation pure et simple de la constitution et de la déclaration des droits de l'homme, que ce président voulait absolument arracher à sa majesté. Elle indiqua neuf heures, et passa dans son cabinet pour délibérer avec ses ministres sur le choix des fautes et des malheurs. M. Mounier attendit obstinément jusqu'à dix heures, et reçut enfin de la main du roi cette acceptation pure et simple. On ne peut que gémir sur la situation de Louis XVI, sur les misérables conseils qu'on lui donna, et sur sa docilité à les suivre. Combien de rois ont exposé leur vie à des périls certains pour courir à des honneurs dont ils étaient peu sûrs, et à combien d'affronts inévitables Louis XVI dévouait sa tête, sans être pour cela plus certain de la sauver ! Mais quelle perfide et lâche conduite que celle d'une assemblée législative qui profite de l'arrivée d'une foule de brigands et de l'approche d'une armée, pour forcer un prince abandonné de tout le monde à signer lui-même l'anéantissement de sa couronne, à l'instant même où d'autres vont lui demander la vie ! Et M. Mounier, comment pourra-t-il jamais se disculper de son étrange persévérance à solliciter cette signature, depuis cinq heures et demie jusqu'à dix ? Il alléguera peut-être l'espoir où il était que l'acceptation pure et simple du roi calmerait tout. Mais c'est précisément là sa faute ; et il n'est guère possible d'absoudre un homme qui a une idée si fausse, et qui l'a eue si long-temps. Quoi ! l'adhésion du roi à un article constitutionnel, dont si peu de Français ont encore une idée claire, aurait pu dissiper tout-à-coup l'armée, les brigands, les poissardes, les mauvaises intentions des députés et les complots des conspirateurs ! Par quel prestige M. Mounier conçut-il cet espoir insensé ? Au reste, on lui dessilla bientôt les yeux ; car à peine il entra dans la salle, triomphant et annonçant l'acceptation pure et simple du roi, que la populace lui cria de tous côtés : *Cela est-il donc bien avantageux, et nous fera-t-il avoir du pain ?* Il fut obligé de dire *non* ; et cet honnête homme resta avec le regret d'avoir servi, contre la voix de sa conscience, les fureurs de la démagogie par l'extinction de la royauté, sans avoir pu écarter celles de la faction d'Orléans ; et cependant il avait consumé, loin de son poste de président, cinq heures précieuses, abandonnant l'Assemblée nationale aux poissardes et aux Mirabeau, et perdant l'occasion de s'opposer, comme chef de l'Assemblée, aux crimes et aux malheurs dont la place d'armes fut le théâtre pendant sa fatale absence. Car, ou ce président eût forcé l'Assemblée à déclarer les brigands et les ouvriers armés ennemis de la patrie, s'ils s'obstinaient à vouloir forcer et violer le séjour du prince, ou il aurait enfin mis l'Assemblée dans la nécessité de se dévoiler elle-même par un refus, et de se reconnaître complice des brigands. Il ne fallait pour cela que du courage, et cette présence d'esprit, toujours si absente dans les grandes occasions.

Mais je dois dire ce qui se passa dans la salle de l'Assemblée, dans les avenues et dans les cours du château pendant que M. Mounier temporisait dans l'antichambre du roi, et jusqu'à l'arrivée de l'armée patriotique, sous les étendards de M. de la Fayette.

Les poissardes qui avaient suivi M. Mounier chez le roi revinrent à l'heure même avec de bonnes paroles; mais leurs nombreuses compagnes qui les attendaient les reçurent fort mal, les menacèrent de les pendre au réverbère, en les accusant de s'être laissé gagner, et les contraignirent de remonter au château pour obtenir que le roi signât sa promesse. Elles reviennent en effet, et sont introduites. M. de Saint-Priest, ministre de Paris, leur parle, adoucit et console ces *respectables citoyennes*, leur explique en détail tous les soins que le roi s'était donnés pour l'approvisionnement de Paris; car le roi et les ministres étaient toujours dupes des famines artificielles de la capitale. Enfin, M. de Saint-Priest finit par leur remettre un billet signé de la main de sa majesté, et propre à calmer leur troupe *auguste*. C'est à cette occasion que le bruit se répandit que ce ministre avait dit aux poissardes : « Autrefois vous n'aviez qu'un roi, et ne » manquiez pas de pain ; aujourd'hui que vous » avez douze cents rois, c'est à eux qu'il faut en » demander. » Comme c'était le jour de la faiblesse, de la lâcheté, des sottises et des perfidies, ce propos juste et courageux était une grande dissonance. Aussi M. de Mirabeau se hâta-t-il de le relever et d'en faire, deux jours après, un motif de dénonciation contre ce ministre, s'assurant qu'il se réduirait au danger de soutenir son dire plutôt qu'à la honte de le nier. M. de Saint-Priest confondit la malice de M. de Mirabeau, et nia le propos. On vit clairement alors que M. de Mirabeau n'a plus d'avantage dès qu'on combat avec ses armes. Un ministre ferme eût été perdu.

Il serait difficile de peindre ce qui se passa dans l'Assemblée nationale depuis le départ du président jusqu'à son retour. La salle se remplissait successivement d'hommes et de femmes qui arrivaient de Paris; les députés étaient comme perdus dans cette foule immense. A travers mille voix confuses, on distinguait à peine les cris de ceux qui demandaient la suppression des gardes du corps, le renvoi du régiment de Flandre, et la destruction des parlemens. L'Assemblée décréta quelque chose sur les grains; mais on la fit taire, et on demanda un grand rabais dans le prix du pain, de la viande et des chandelles.

Le lecteur se figure sans doute que les représentans étaient humiliés ou indignés du rôle qu'ils jouaient au milieu de cette vile canaille; on pourra croire que ces augustes législateurs gémissaient de l'état où se trouvait le roi : car on entendait déjà les coups de fusils, et on ne pouvait douter du massacre des gardes du corps : mais il n'en est rien. Tous les députés dont on pouvait distinguer les visages étaient d'une joie remarquable; ils se mêlaient avec ravissement aux poissardes, et leur dictaient des phrases. Le colonel du régiment de Flandre, le marquis de Lusignan, qui, le jour du fameux dîner, était en habit uniforme, se trouvait en habit de cérémonie le jour du combat, et ne quitta pas la salle : son régiment refusait en ce moment de repousser les brigands et de défendre le roi. On remarqua surtout la conduite de M. de Mirabeau : sûr du régiment de Flandre, des dragons, de la milice de Versailles et de l'armée, qu'on attendait d'heure en heure, ce député osa sortir de la salle, et se montrer dans l'avenue de Paris. Il joignait à l'habit noir et à la longue chevelure, costume du tiers-état, un grand sabre nu qu'il portait sous le bras. On le vit en cet équipage s'essayer peu à peu dans l'avenue, marcher à pas comptés vers la place d'armes, et, plus aidé de sa figure que de son sabre, étonner les premiers brigands qui l'envisagèrent. On ne sait jusqu'où cet honorable membre aurait poussé sa marche, s'il n'eût pris l'air glacé des brigands pour un air de résistance ou de menace. Le malheur de M. de Mirabeau a toujours été de trop partager l'effroi qu'il cause, et de perdre ainsi tous ses avantages. Il rentra donc avec précipitation dans la salle ; mais, un moment après, la réflexion l'emporta sur l'instinct, et il sortit encore pour voir, comme il le dit lui-même, *où en était le vaisseau de la chose publique.* Mais le bruit des premiers coups de fusils le fit renoncer à cette entreprise, et ce bon patriote rentra dans la salle pour n'en plus sortir. Il est du petit nombre qui ne *déserta* point dans cette nuit fatale, et nous devons le dire.

On voyait aussi les émissaires et les courriers de M. le duc d'Orléans, qui allaient de la place d'armes à l'Assemblée, et de l'Assemblée vers Paris. Ce prince les envoyait de Passy où madame de Sillery partageait en ce moment sa sollicitude et ses alarmes. Ces courriers lui rapportaient de minute en minute les nouvelles du château; et voici en effet ce qui s'y passait.

Les gardes du corps, les Suisses et le régiment de Flandre, ainsi que nous l'avons dit, bordaient le haut de la place d'armes; ils arrêtaient les progrès et essuyaient les bravades des poissardes, des forts de la halle, habillés en femmes, et de la foule des ouvriers parisiens qui se poussaient toujours contre la grille de la première cour. Les brigands, armés de piques et coiffés de bonnets pointus, se tenaient derrière en corps de réserve; ils étaient destinés à une expédition intérieure, et ne devaient pas se prodiguer sur la place d'armes.

On s'aperçut bientôt de l'intelligence qui régnait entre la milice bourgeoise de Versailles et les brigands, ainsi que du peu d'espoir qu'il fallait fonder sur les soldats du régiment de Flandre. Il était environ six heures lorsqu'un milicien de Paris, qui était venu avec les poissardes, se jeta sur la ligne des gardes du corps, afin de pénétrer dans la première cour. Pour ne pas le massacrer, on le laissa percer les rangs jusqu'à la grille ; mais le marquis de Savonnières, officier des gardes du corps, voyant que ce milicien tâchait de poignarder, à travers la grille, la sentinelle suisse qui refusait de lui ouvrir, poussa son cheval sur lui afin de l'écarter. Aussitôt un soldat de la garde nationale de Versailles fit feu sur M. de Savonnières, et lui cassa le bras. Ce fut là le signal du massacre. L'officier des gardes du corps alla tomber au milieu de son escadron, qui, fidèle aux ordres du roi, ne songea point à la vengeance et garda ses rangs. Une décharge considérable de coups de fusils fut le prix de cette modération ; quelques gardes du corps et beaucoup de leurs chevaux furent grièvement blessés, et les poissardes et les brigands en hurlèrent de joie. On s'aperçut en même temps que la milice de Versailles, peu contente de cette première action, pointait contre les gardes du corps le canon qui est devant les casernes des anciens gardes françaises. Le roi, instruit du sort de ces malheureux gardes, leur fait ordonner de se retirer à leur hôtel, croyant que leur retraite calmerait le peuple. Ils se forment bientôt en colonne et quittent la place d'armes ; mais la milice de Versailles les charge encore, et tire sur l'extrémité de la colonne ; plusieurs gardes du corps sont blessés, et des pelotons de cette milice les poursuivent jusqu'à leurs écuries, en tirant toujours. Les coups partaient de toutes les rues, et les balles sifflaient de tous côtés. Les gardes du corps, dont quelques-uns sont morts de leurs blessures, se retirent en bon ordre sans jamais user de représailles. Il était environ sept heures.

Ici, deux réflexions se présentent. Quoique la garde nationale (1), ou milice bourgeoise de Versailles, ait fait mettre dans plus d'un papier public que les gardes du corps avaient tiré les premiers, ce mensonge n'a pu réussir un seul instant. Trop de témoins avaient vu le contraire; et d'ailleurs on se souvient que le lendemain de l'action il n'y avait pas de bourgeois à Versailles qui ne se vantât d'avoir *tué son garde du corps*. Si, quelques jours après, la tardive réflexion est venue leur ouvrir les yeux, non sur la barbarie, mais sur la fausse politique qui les a rendus instrumens et victimes des Parisiens; s'ils ont vu enfin avec quelle stupidité ils avaient eux-mêmes livré le roi, et perdu, peut-être pour jamais, le profitable hon-

---

(1) Autrefois le mot *garde* était féminin, soit qu'on parlât de la garde entière ou d'un seul garde. Aujourd'hui il est masculin en parlant des individus, et féminin en parlant de la troupe. Ainsi il faut dire : la *garde nationale* à Paris est composée de tant de *gardes nationaux*. Si on dit encore les *gardes françaises*, et un *garde marine*, c'est que ces expressions datent du temps où le mot *garde* était féminin ; d'où il résulte aujourd'hui le perpétuel mélange des deux genres : car on dit les *gardes françaises* sont révoltés, et non révoltées ; les *gardes marines* sont supprimés, et non supprimées.

(*Note de Rivarol.*)

neur de sa présence, ce n'était pas une raison pour qu'on leur permît de calomnier ceux qu'ils venaient d'égorger. Il est donc resté pour incontestable que la milice nationale de Versailles a tiré la première sur les gardes du corps, ou pour mieux dire, qu'elle a tiré seule pendant la soirée du 5 octobre : il est peu de vérité dans l'histoire aussi bien constatée. Or, comment concevoir qu'une ville fondée, agrandie, entretenue, enrichie par nos rois, peuplée de quatre-vingt mille gens à gages, dont l'existence est absolument attachée au séjour du prince ; comment, dis-je, peut-on concevoir que Versailles ait expulsé le roi à coups de fusil, et servi, à ses propres dépens, les fureurs intéressées de la capitale? On ne se rejettera pas, je pense, sur le patriotisme ; ce mot n'est point du répertoire de Versailles ; cette ville sait qu'elle a tout à gagner aux profusions du gouvernement; c'est l'aire de l'aigle, où abordent les dépouilles des campagnes. D'ailleurs, son repentir sur la perte du roi est trop sincère, et le patriotisme n'a pas regret à ses sacrifices, en supposant en effet que la translation du roi à Paris fût un acte de patriotisme. Voici donc comment on peut expliquer la folle et barbare conduite de Versailles. Ce n'a été qu'une erreur et un faux calcul de l'intérêt. L'effroi de la banqueroute avait glacé tous les esprits. Il passait pour constant parmi les nombreux valets de Versailles, que le roi était un être usé, un vieux mot, un signe sans valeur ; qu'il n'y avait plus que la nation, c'est-à-dire, une nouveauté, qui pût rajeunir l'état, sauver la dette, et payer Versailles. Ce bruit avait prévalu, et s'était fortifié de l'idée que, sans Paris, l'Assemblée nationale ne pouvait rien. Il fallait donc plaire à la capitale. Le roi était mal conseillé ; il fallait donc, pour son bien particulier, et pour le bien général, exterminer sa cour, lui donner une garde parisienne, et l'abandonner aux seules impulsions de l'Assemblée nationale. Mais Versailles entendait seulement que Paris dût laisser une garde au roi, et non qu'il dût l'enlever à jamais. Telle est la solution du problème qu'offrent d'un côté l'inhumaine conduite, et de l'autre le repentir des bourgeois de Versailles ; repentir auquel le départ de l'Assemblée nationale a depuis donné tant d'énergie, et qui s'accroît encore tous les jours, dans le délaissement et la misère où les a plongés leur folie.

L'ordre si souvent répété aux gardes du corps de ne pas tirer sur les citoyens, et de se laisser égorger sans résistance, est l'objet de notre seconde réflexion. Quoi ! des poissardes et des brigands extraits de la lie parisienne sont des citoyens qu'il faut épargner ; des sujets qui méritent toute la tendresse du roi qu'ils viennent égorger ! et six cents militaires pleins d'honneur, et prêts à verser tout leur sang pour ce même roi, ne sont que des automates dont il faut enchaîner la valeur, ou dévouer les têtes à une mort obscure et certaine ! La postérité jugera par-là de quels hommes le roi était entouré. Cette défense est la plus grande faute de Louis XVI, si parmi tant de malheurs on peut remarquer des fautes : car ce conseil était non-seulement inhumain, il était encore plus impolitique. On n'avait qu'à parler : ces six cents gardes du corps auraient conduit les brigands à coups de plat de sabre jusqu'à Paris, sans qu'il fût besoin de recourir aux Suisses ou au régiment de Flandre, et malgré la milice de Versailles. Mais, dans toute la révolution, et pendant cette journée surtout, un conseil courageux ne tomba dans l'esprit de personne; on craignait, en se défendant, d'irriter la milice de Versailles : on craignait toujours. Si l'un des ministres proposait en tremblant quelque lâcheté, un autre l'écoutait en frémissant, un troisième l'inspirait au roi en balbutiant. Le plus vigoureux projet auquel on s'arrêta, ce fut la fuite. Mais le roi ne voulut pas fuir. On proposa du moins de faire partir la reine et M. le dauphin; on fit même approcher des voitures; mais les bourgeois de Versailles coupèrent les traits des chevaux, brisèrent les roues, et se mirent à crier que le roi voulait s'enfuir à Metz (1). Toute retraite fut désormais impossible; et quand même ce moyen eût été praticable, le courage de la reine

---

(1) C'est l'origine de toutes les fables et de toutes les prétendues conspirations dont on a fait tant de bruit, au sujet de l'enlèvement du roi. C'est là le fond de toutes les poursuites du crime de lèse-nation.

(*Note de Rivarol.*)

l'eût rendu inutile. Elle déclara hautement qu'elle ne quitterait jamais le roi, et qu'elle mourrait avec lui. Quelques personnes instruites prétendent que si cette princesse était partie, elle n'eût jamais échappé aux assassins dont toutes les rues qui aboutissent au château étaient suffisamment garnies.

Nous avons dit que, vers les sept heures, le roi, entendant les coups de feu, et ne pouvant douter du malheur de ses gardes, leur avait fait ordonner de se retirer : on a vu combien, sans jamais se défendre, ils avaient été maltraités dans leur retraite. A huit heures et demie, le roi, apprenant avec certitude que vingt mille Parisiens armés étaient en marche, et venaient fondre sur Versailles, redemanda ses gardes du corps. Une partie seulement reçut l'ordre, et vint se ranger en bataille dans la cour royale. Les autres, étant avertis plus tard, ne se rendirent que par petites divisions; on faisait feu sur eux dans toutes les rues ; et partout où ils se présentaient ils étaient poursuivis comme des bêtes féroces. Il y en eut quelques-uns de tués, et un plus grand nombre de blessés en cette occasion. A peine étaient-ils rangés devant la grille de la cour royale, que le roi, toujours irrésolu et toujours malheureux dans ses résolutions, leur fit dire de se replier sur la terrasse de l'orangerie. De sorte que, cette fois, le château qu'ils étaient venus défendre les défendit eux-mêmes en les séparant des brigands de

Paris et des bourgeois de Versailles. Peu de temps après, sa majesté les envoya à Rambouillet, sous la conduite du duc de Guiche, afin de les dérober à la fureur de la milice parisienne qui arrivait pour les égorger. Il ne resta dans le château que la garde de service; et c'est elle qui, le lendemain, fut en partie massacrée, et en partie traînée à Paris, ainsi que nous allons voir.

Vers dix heures, un aide-de-camp de M. de la Fayette vint annoncer son arrivée prochaine à la tête de l'armée nationale de Paris. Le trouble des ministres redoubla. On savait que le marquis de la Fayette était parti par ordre de la populace, et pour faire tout ce que voudrait la populace. La cour était loin de partager l'heureuse confiance d'un général qui marche avec l'intention de faire tout ce que lui ordonnera son armée. On ne savait à quoi se résoudre : la stupeur présidait aux délibérations, et la peur donnait des conseils à la peur. Après tant de faux calculs et de pas en arrière, après tant d'amnisties, ou pour mieux dire, tant d'encouragemens donnés aux révoltés de tout genre; après l'abandon de sa prérogative, et le sacrifice de ses goûts et de ses plaisirs, le roi avait enfin à trembler pour la vie de tout ce qui lui était cher, et il n'avait que sa terreur à opposer au danger.

On sait qu'au milieu de toutes ses magnificences, Louis XIV avait laissé un pont de bois à Sèvres, afin, dit-on, que, dans les momens de crise, cette communication entre le séjour des rois et une capitale dangereuse, pût être coupée en un clin d'œil. Mais c'est en vain que ce pont choquait depuis un siècle la vue et l'imagination des Français et des étrangers qui venaient admirer les bronzes et les marbres de Versailles ; on oublia, quand le moment fut venu, ou peut-être même on craignit d'user d'une précaution imposée par la crainte au luxe et au despotisme : c'est en effet un des caractères de la peur de s'opposer à ses propres mesures. Le pont de bois sur lequel ont passé les brigands nationaux de toute race, de toute forme et de tout sexe, ne fut point coupé. Je ne fais cette observation minutieuse que pour prouver quelle était en ce moment à Versailles la défection de toutes les idées grandes et petites (1). Qu'on nous dise après cela que les cours sont des foyers de dissimulation, de politique et de machiavélisme ! La cour de France a déployé, de nos jours, une profondeur d'ineptie, d'imprévoyance et de nullité d'autant plus remarquable, qu'il n'y a que des hommes au-dessous du médiocre qui aient figuré dans la révolution. Je ne crains point de le

---

(1) On pourrait alléguer que la plaine de Grenelle conduit à Sèvres, indépendamment du pont de bois ; mais outre qu'il vaut mieux, dans les dangers, n'avoir qu'un chemin à défendre, notre observation est faite exprès pour ceux qui ne doutent point de la raison suffisante qui entretenait un pont de bois à Sèvres, et ceux-là sont le grand nombre.

(*Note de Rivarol.*)

dire : dans cette révolution si vantée, prince du sang, militaire, député, philosophe, peuple, tout a été mauvais, jusqu'aux assassins. Telle est la différence entre la corruption et la barbarie. L'une est plus féconde en vices et l'autre en crimes. La corruption énerve tellement les hommes, qu'elle est souvent réduite à employer la barbarie pour l'exécution de ses desseins. M. de la Fayette et tous les héros parisiens ont beaucoup moins servi le peuple qu'ils ne lui ont échappé. Les députés les plus insignes, tels que les Le Chapelier et les Mirabeau, étaient entrés aux états-généraux extrêmement affaiblis par le mépris public, et devaient craindre que le roi ne s'honorât de leur châtiment. Les philosophes du Palais-Royal étaient à la vérité des malfaiteurs ; mais les assassins gagés se sont trouvés des raisonneurs qui ont *distingué* entre la reine et le roi (1). Enfin, le duc d'Orléans s'est jugé lui-même indigne de tous les crimes qu'il payait, et s'est enfui, renonçant au prix à cause de la dépense, et

---

(1) Dans une taverne de Sèvres, quatre assassins habillés en femmes, s'étant arrêtés pour boire le jour de l'expédition, l'un d'eux disait aux autres : *Ma foi ! je ne peux me résoudre à le tuer*, LUI, *cela n'est pas juste ; mais pour* ELLE, *volontiers.* Son voisin lui répondit : *Sauve qui peut, il faudra voir quand nous y serons.* L'homme qui entendit ce propos l'a répété inutilement dans Paris. Le comité des recherches a méprisé ces petits détails, pour s'occuper des grandes entreprises des criminels de lèse-nation.

(*Note de Rivarol.*)

mettant *conjuration à bas*, selon sa propre expression. Nous verrons pourtant qu'il n'a déserté qu'au moment où il fallait que l'Assemblée nationale et Paris optassent entre Louis XVI et lui. Il cédait aux événemens, et une erreur de l'avarice le consolait des faux pas de l'ambition.

Le roi, n'ayant plus une épée à opposer à l'armée de M. de la Fayette, voulut du moins se couvrir de l'inviolabilité des représentans de la nation, et fit savoir au président combien il désirait de le voir au château avec le plus grand nombre de députés qu'il pourrait amener. M. Mounier était depuis peu, comme nous l'avons dit, rentré dans la salle avec la constitution et la déclaration signées de la main de sa majesté, et nous avons vu comment il avait été reçu. La salle, pleine à cette heure-là de poissardes, de crocheteurs, de forts de la halle et de quelques députés, offrait, comme le dit M. de Mirabeau, un *majestueux assemblage;* mais il n'y avait plus d'Assemblée. Le président fit prier les officiers municipaux de Versailles, de rappeler au son du tambour et de rue en rue les représentans de la nation. Pendant qu'ils arrivaient successivement, la populace qui siégeait dans la salle se plaignit de n'avoir rien mangé de tout le jour. M. Mounier ne savait comment nourrir, sans pain ou sans miracle, cette multitude affamée, au milieu d'une nuit déjà fort avancée; il ignorait que le duc d'Orléans était pour les brigands une véritable providence : des vins, des viandes et des liqueurs entrèrent subitement par toutes les portes de la salle; et les députés de la nation assistèrent au banquet du peuple-roi.

On fut enfin averti de l'arrivée du marquis de la Fayette entre onze heures et minuit. M. Mounier pria un député d'aller à sa rencontre, afin de lui faire connaître l'acceptation pure et simple du roi, et d'en instruire l'armée. Cet honnête président offrait cette acceptation à tout venant, et en attendait toujours les meilleurs effets. Pouvait-il ignorer que l'armée ne venait que pour se *venger* des gardes du corps, et pour prier le roi, *à coups de fusils*, de vouloir bien abandonner sa personne aux Parisiens? L'acceptation de quelques articles de la constitution n'intéressait pas les soldats et les brigands; les uns en voulaient à la vie, et les autres à la liberté du roi, parce qu'ils le croyaient toujours roi; ils ne se doutaient pas alors que l'Assemblée nationale ne leur livrait qu'un fantôme : aujourd'hui même ils ne le retiendraient pas dans Paris, s'ils concevaient clairement que la royauté est morte en lui. A des yeux vulgaires, le roi est toujours roi. L'éclipse politique survenue dans la couronne n'est point visible aux derniers rangs de la société. Il eût fallu que Louis XVI changeât de titre pour qu'il leur semblât avoir changé de nature. Si l'Assemblée nationale eût déclaré franchement que Louis XVI ne s'appellerait plus que *stathouder*, jamais on n'aurait pu engager le peuple à venir l'enlever. Que ce prince ait de l'argent demain, et il aura une armée, et avec cet argent et cette armée la toute-puissance : il sera *roi* par la raison qu'il n'a pas cessé d'être le *roi*, et le peuple ne s'apercevra pas davantage de ce nouveau changement. Les noms font tout en ce monde, et les nobles et les prêtres ont été perdus dès que la populace a pu retenir le mot *aristocrate*, et le leur appliquer. La véritable révolution s'est opérée, et gît toute entière dans la prérogative du monarque; mais pour le peuple elle ne consiste que dans la ruine du clergé, dans l'incendie des châteaux, et dans les insultes impunies faites à tous les riches (1). Qu'est-ce en effet que la démocratie pour le fond d'une nation, si ce n'est de manger sans travailler, et de ne plus payer d'impôt? Que l'Assemblée nationale essaie demain de rétablir l'ordre, de faire respecter les lois, de punir les brigands, d'exiger des impôts proportionnés aux besoins, et elle sera lapidée. Sa profonde sagesse le sent bien, et sa haute prudence ne s'y expose pas.

Le marquis de la Fayette, connaissant les stupides et mauvaises intentions de son armée, ne laissa pas, en arrivant aux barrières de Versailles, de lui faire prêter le serment; quel serment? De

---

(1) Voyez dans les éclaircissemens (N), un extrait des Actes des apôtres, relatif au pillage de l'hôtel de Castries.

(*Note des éditeurs.*)

respecter l'Assemblée nationale et la loi, dont il n'était pas question, et d'obéir au roi, qu'on venait arracher de ses foyers ensanglantés. Il faut plaindre un général qui se place de lui-même entre la stupidité et la perfidie, et qui ne peut gagner de l'indulgence sans perdre de l'estime. En effet, si M. de la Fayette n'avait pas le droit de se rejeter sur sa nature, et de réclamer l'indulgence, on lui demanderait pourquoi il ne fit pas jurer à son armée de chasser les brigands et les poissardes, et de purger de cette horrible vermine le séjour du roi et le siége de l'Assemblée nationale? Mais, pour ne pas s'occuper davantage d'un général qui n'est pas plus responsable de ses idées que de ses soldats, demandons à l'Assemblée elle-même comment il ne s'est pas trouvé dans son sein un seul bon esprit, un seul honnête homme, un *Atteius* enfin, qui pût sortir de l'Assemblée, s'avancer dans l'avenue, et maudire la Fayette et l'armée au nom de la patrie : oui, il fallait déclarer ennemi de la patrie un général qui marchait contre le roi et l'Assemblée nationale, ou se déclarer son complice par le silence : et c'est le parti que prit l'Assemblée.

M. de la Fayette fit arrêter sa milice à la hauteur de la salle de l'Assemblée nationale, et s'y présenta seul. Il dit d'abord au président : « Qu'il » fallait se rassurer ; que la vue de son armée ne » devait troubler personne ; qu'elle avait juré de » ne faire et de ne souffrir aucune violence. » Le

président lui demanda ce que venait donc faire cette armée. Le général répondit : « Qu'il n'en sa-
» vait rien ; mais qu'il fallait calmer le méconten-
» tement du peuple en priant le roi d'éloigner
» le régiment de Flandre, et de dire quelques
» mots en faveur de la cocarde patriotique. »

En terminant cet étrange dialogue, le marquis alla rejoindre son armée, la posta sur la place d'armes, à l'entrée des avenues, dans les rues, partout enfin où elle voulut se placer, et monta chez le roi, auquel il dit en entrant : *Sire, j'ai préféré de venir à vos pieds avec vingt mille hommes armés, plutôt que de périr en place de Grève.* Il ajouta, *que d'ailleurs Paris était assez tranquille.* Après cette harangue, qui rend si incroyables celles des Thucydide et des Xénophon, M. de la Fayette eut avec le roi un entretien secret et assez long, dans lequel il donna à ce prince tant de motifs de sécurité, que le président de l'Assemblée nationale s'étant présenté avec un cortége de députés, le roi lui dit : « J'avais désiré d'être
» environné des représentans de la nation, dans
» les circonstances où je me trouve, et je vous
» avais fait dire que je voulais recevoir devant
» vous le marquis de la Fayette, afin de profiter
» de vos conseils ; mais il est venu avant vous, et
» je n'ai plus rien à vous dire, sinon que je n'ai
» pas eu l'intention de partir, et que je ne m'é-
» loignerai jamais de l'Assemblée nationale. » Ces derniers mots signifiaient ou que le roi avait en

effet délibéré de partir, ou qu'il savait que le peuple de Versailles lui en imputait l'envie. Mais l'ascendant du général sur le monarque fut tel, que sa majesté, d'abord si empressée de consulter l'Assemblée nationale, et peut-être même de s'éloigner de Versailles, n'y songea plus après cet entretien, et se reposa de tout sur un général qui n'était sûr de rien.

Le président et les députés retournèrent à minuit dans la salle, et poursuivirent leur séance au milieu de la populace qui les environnait. Comme ils n'attendaient en effet que l'événement, ils ouvrirent, pour gagner du temps, une discussion sur les lois criminelles. Le peuple les interrompait à chaque instant, et leur criait : *Du pain, du pain, pas tant de longs discours.* Mais le pain ne manquait pas ; car au moment où l'armée parut, elle fut accueillie avec des cris de joie par les brigands et par la milice de Versailles : elle s'unit aussitôt aux dragons et à ce régiment de Flandre, objet de tant d'alarmes et prétexte de l'invasion. Comme cette affreuse nuit était froide et pluvieuse, les troupes alliées se réfugièrent dans les cabarets, dans les écuries, dans les cafés, sous les portes et dans les cours des maisons. D'immenses provisions de viande et de pain leur furent distribuées ; on leur prodigua les plus violentes liqueurs. M. de la Fayette, témoin de cette abondance et de cette joie, bien loin d'en redouter les suites et les progrès, en conçut le meilleur augure. Il se hâta de placer quelques sentinelles, et de garnir quelques postes avec ses gardes nationaux parisiens. Satisfait de tant de précautions, il monta chez le roi, et lui communiqua la contagion de sa sécurité. Il répondit des intentions de sa milice et du bon ordre pour le reste de la nuit. Ses propos assoupirent toutes les craintes. Le roi persuadé se coucha. Il était environ deux heures. M. de la Fayette, en sortant de chez le roi, dit à la foule qui était dans la salle de l'œil-de-bœuf : « Je lui » ai fait faire quelques sacrifices, afin de le sau- » ver. » Il parla en même temps des précautions qu'il avait prises ; et s'exprima avec tant de calme et de bonheur, qu'il parvint à donner aussi à tous ceux qui l'écoutaient le désir d'aller se coucher. Les succès en amenèrent d'autres. Le marquis de la Fayette conçut l'idée de faire coucher toute l'Assemblée nationale : il y vole aussitôt. C'était, comme on l'a dit alors, *le général Morphée.* Il arrive, il parle au président de l'Assemblée, lui expose avec candeur ses motifs de sécurité, et lui inspire la plus forte envie d'aller dormir. Ce président tenait la séance depuis dix-huit heures, et son extrême lassitude lui rendait les conseils du général plus irrésistibles. « Si vous avez quelques » craintes, lui dit pourtant M. Mounier, parlez, » et je retiendrai les députés jusqu'au jour. » M. de la Fayette répondit : « Qu'il était si certain » des pacifiques dispositions de son armée, et » qu'il comptait avec tant de foi sur la tranquil-

» lité publique, pour cette nuit, qu'il allait se
» coucher lui-même. » Le président, pressé du
poids de la parole et de l'exemple, leva la séance
et se retira. Il ne resta que MM. Barnave, Mirabeau, Pétion, et quelques autres démagogues
zélés, qui ne voulurent pas quitter la foule dont
la salle et toutes ses dépendances regorgeaient.
Seuls ils résistèrent aux calmans de M. de la
Fayette, et refusèrent, comme un autre Ulysse,
de s'endormir sur le bord d'un écueil. Ils ont veillé
toute la nuit sur le *vaisseau de la chose publique ;*
mais comme ils n'ont point empêché les crimes du
matin, et qu'au contraire ils les ont vus, et pour
ainsi dire consacrés de leurs regards, l'histoire
doit en accuser leur présence, plus encore qu'elle
en accuse l'absence des autres.

En entrant chez lui, M. Mounier apprit qu'une
vingtaine de brigands étaient venus demander sa
tête, et avaient promis de revenir. On sait qu'il
avait été désigné au peuple comme *aristocrate*,
pour avoir soutenu le *veto royal* et la nécessité
d'une seconde chambre législative. Malgré ce
nouveau sujet d'alarmes, M. Mounier avoue,
dans l'*exposé de sa conduite*, qu'il dormit profondément jusqu'au grand jour, sur la parole de
M. de la Fayette qui était allé se jeter aussi dans
son lit, après avoir endormi les victimes au milieu
des bourreaux. Quand ce général se serait concerté avec les brigands, aurait-il pu mieux faire ?
Tant il est vrai que dans les places importantes,

le défaut d'esprit a tous les effets de la perversité du cœur (1).

Au sein de tant de perfidies de tout genre, sur ce théâtre où la peur et la lâcheté conduisaient la faiblesse à sa perte, il s'est pourtant rencontré un grand caractère, et c'est une femme, c'est la reine qui l'a montré. Elle a figuré, par sa contenance noble et ferme, parmi tant d'hommes éperdus et consternés, et par une présence d'esprit extraordinaire, quand tout n'était qu'erreur et vertige autour d'elle. On la vit pendant cette soirée du 5 octobre recevoir un monde considérable dans son grand cabinet, parler avec force et dignité à tout ce qui l'approchait, et communiquer on assurance à ceux qui ne pouvaient lui cacher leurs alarmes. « Je sais, disait-elle, qu'on » vient de Paris pour demander ma tête ; mais j'ai » appris de ma mère à ne pas craindre la mort, » et je l'attendrai avec fermeté. » Un officier des gardes du corps, parlant avec beaucoup d'amertume et peu de mesure de ce nouvel attentat des factieux, et de tout ce qui se passait à Versailles, la reine fit changer d'objet à cet entretien, mais sans affectation. Un moment après, elle se pencha vers un député de la noblesse de Bourgogne, et

---

(1) Ferdinand, grand duc de Toscane, disait qu'il aimait mieux un ministre corrompu, mais ferme, qu'un ministre probe, mais faible.

(*Note de Rivarol.*)

lui dit à demi-voix : « J'ai détourné la conversa-
» tion parce que j'ai aperçu un valet de chambre
» de M. le duc d'Orléans; je ne sais comment il
» s'est introduit ici. » On verra bientôt cette princesse, quand les périls l'exigeront, déployer la
magnanimité de sa mère; et si, avec le même courage, elle n'a pas eu des succès pareils, c'est que
Marie-Thérèse avait affaire à la noblesse de Hongrie, et que la reine de France n'a parlé qu'à la
bourgeoisie de Paris.

Depuis trois heures du matin jusqu'à cinq et
demie, rien ne transpire, et tout paraît enseveli
dans la tranquille horreur de la nuit. C'était
pourtant un spectacle bien digne d'être observé
que cette profonde sécurité de la famille royale,
dormant sans défense au milieu d'une horde d'assassins renforcés de vingt mille soldats; et cela
sur la parole d'un général qui avoue lui-même
qu'il n'a conduit ou suivi son armée que de peur
d'être pendu en place de Grève ! C'est pour la
première fois peut-être qu'une si grande peur a
inspiré une si grande confiance.

Il y eut néanmoins dans cette nuit quelques
personnes qui ne partagèrent point cette sécurité,
et qu'un esprit de prévoyance empêcha de dormir. Une surtout, pressée d'une secrète inquiétude, sortit de sa maison et monta au château. Ce
témoin, digne de foi, vit que les postes étaient
occupés par les anciens gardes françaises et par la
milice de Versailles, mais qu'il n'y avait pas une

sentinelle extraordinaire. Seulement il trouva, près de la cour de marbre, un petit bossu à cheval, qui se dit placé là par M. de la Fayette, et qui, sur les craintes que lui marquait notre témoin, au sujet des brigands, ajouta qu'il répondait de tout; que les gens à piques et à bonnets pointus le connaissaient bien. « Mais, insista le » témoin, puisque votre général est couché, et » que le château est sans défense, comment fe- » rait-on si on avait besoin de la garde natio- » nale? » Le bossu répondit : « Il ne peut y avoir » du danger qu'au matin. » Ce propos était effrayant; mais à qui le rendre? Le témoin parcourut la place d'armes et l'avenue de Paris jusqu'à l'entrée de l'Assemblée nationale. Il vit de proche en proche de grands feux allumés, et autour de ces feux, des groupes de brigands et de poissardes, qui mangeaient et buvaient. La salle de l'Assemblée était absolument pleine d'hommes et de femmes. Quelques députés s'évertuaient dans la foule. La milice parisienne était dispersée dans tous les quartiers de la ville; les écuries, les cabarets, les cafés regorgeaient. Telle fut la situation de Versailles depuis trois heures du matin jusqu'à la naissance du jour.

Sur les six heures, les différens groupes de brigands, de poissardes et d'ouvriers se réunirent, et, après quelques mouvemens, leur foule se porta rapidement vers l'hôtel des gardes du corps, en criant : *Tue les gardes du corps, point de quartier.*

L'hôtel fut forcé en un moment. Les gardes, qui étaient en petit nombre, cherchèrent à s'échapper : on les poursuivit de tous côtés avec une rage inexprimable ; on en tua quelques-uns ; d'autres furent horriblement maltraités et s'enfuirent vers le château, où ils tombèrent entre les mains de la milice de Versailles et de celle de Paris ; quinze furent pris et conduits vers la grille, où on les retint, en attendant qu'on eût avisé au genre de leur supplice. Presque en même temps arriva le gros des brigands, hommes et femmes, qui avaient déjà pillé et dévasté l'hôtel ; ils se jetèrent dans toutes les cours du château, en présence de la milice de Paris, et sans que les sentinelles posées par M. de la Fayette fissent la moindre résistance ; pénétrèrent aussitôt, les uns par le grand escalier, et les autres par le côté de la chapelle, dans l'intérieur des salles, et forcèrent celle des cent-suisses ; mais auparavant ils égorgèrent deux gardes du corps qui étaient en sentinelle, l'un près de la grille et l'autre sous la voûte. Leurs corps tout palpitans furent traînés sous les fenêtres du roi, où une espèce de monstre, armé d'une hache, portant une longue barbe, et un bonnet d'une hauteur extraordinaire, leur coupa la tête. Ce sont ces deux mêmes têtes, étalées d'abord dans Versailles, qui ont été portées sur des piques devant le carrosse du roi, et promenées le même jour et le lendemain dans les rues de Paris.

Les assassins ayant donc pénétré dans la salle des cent-suisses, et tué un troisième garde du corps sur le haut de l'escalier de marbre, demandent à grands cris la tête de la reine ; les horribles menaces et les hurlemens de ces bêtes féroces retentissaient dans tout le château ; les gardes du corps forment une espèce de barricade dans leur salle, et se replient du côté de l'œil-de-bœuf; mais leur faible barricade est bientôt emportée, et on les poursuit de salle en salle. Le garde qui était en sentinelle à la porte de la reine (1) se défend héroïquement, et, avant de succomber, donne l'alarme par ses cris et par des coups redoublés à la porte de l'appartement. La reine, réveillée par ses femmes, saute hors du lit et s'enfuit en chemise par un étroit et long balcon qui borde les fenêtres des appartemens intérieurs : elle arrive à une petite porte qui donne dans l'œil-de-bœuf ; et, après avoir attendu pendant cinq minutes qu'on ouvrît cette porte, elle se sauve dans la chambre du roi. A peine avait-elle quitté son appartement, qu'une bande d'assassins, dont deux étaient habillés en femmes,

---

(1) C'est le chevalier de Miomandre Sainte-Marie : il reçut plusieurs coups de pique et de sabre dans le corps et sur la tête ; il fut trépané, et n'est pas mort de ses blessures. Un de ses camarades, appelé M. du Repaire, vint à son secours, et pour défendre en même temps la porte de la reine. Il fut aussi cruellement blessé que lui.

(*Note de Rivarol.*)

entrent et pénètrent jusqu'à son lit dont ils soulèvent les rideaux avec leurs piques. Furieux de ne pas la trouver, ils se rejettent dans la galerie, pour forcer l'œil-de-bœuf; et sans doute qu'ils auraient mis la France en deuil, s'ils n'avaient rencontré les grenadiers des anciens gardes françaises qui remplissaient déjà cette antichambre, défendaient l'appartement du roi, et arboraient l'étendard des gardes du corps, afin de les dérober à la furie des bourreaux, soit en les faisant prisonniers, soit en les laissant passer dans la chambre de Louis XIV, et dans celle du conseil, où ces infortunés étaient résolus de défendre les jours du roi jusqu'à la dernière goutte de leur sang. Enfin, ces grenadiers, après avoir dégagé les gardes du corps, repoussent peu à peu la foule acharnée des brigands et des assassins, les forcent à descendre dans les cours, et s'emparent de tous les postes, afin de garantir le château d'une nouvelle invasion. Mais je dois dire la cause de cet heureux événement qui, en sauvant la famille royale, épargna une tache éternelle au nom français, renversa l'édifice de la conspiration, et fit perdre aux factieux tout le fruit de leurs crimes.

Le marquis de la Fayette, arraché de son lit, au premier bruit de ce qui se passait, s'était brusquement jeté sur un cheval, et avait couru au château. Désespéré de son sommeil, de sa crédulité, de ses promesses et de toutes les sottises qui composaient sa vie depuis vingt-quatre heures,

il se présente d'un air passionné aux grenadiers des gardes-françaises, incorporés dans la milice parisienne, leur parle des dangers du roi, et s'offre lui-même en victime. Les grenadiers, émus, volent au château sur les traces sanglantes du peuple, et délivrent les gardes du corps, ainsi qu'on a vu, mais toujours en respectant les bandits et les assassins. Presque au même instant, M. de la Fayette aperçoit les quinze gardes sur le supplice desquels la populace délibérait : il y court, il harangue le peuple et gagne du temps. Une seconde troupe de grenadiers passait : « Grenadiers, leur
» cria-t-il, souffrirez-vous donc que de braves
» gens soient aussi lâchement assassinés ? Je les
» mets sous votre sauve-garde. Jurez-moi, foi de
» grenadiers, que vous ne souffrirez pas qu'on
» les assassine. » Les grenadiers le jurent, et mettent les gardes du corps au milieu d'eux. Mais plus loin, la populace, chassée du château, furieuse et merveilleusement secondée par la milice de Versailles, avait arrêté quelques autres gardes et s'apprêtait à les égorger. Ce fut le désir de rendre leur exécution plus éclatante, en les massacrant sous les fenêtres du roi, qui les sauva. Un officier de la milice nationale de Paris en arracha huit d'entre les mains de cette troupe forcenée. Parmi les autres se trouvaient quelques brigadiers à cheveux blancs, dont ils étaient entourés : « Notre vie est
» entre vos mains, disaient-ils; vous pouvez nous
» égorger, mais vous ne l'abrégerez que de quel-

» ques instans, et nous ne mourrons pas déshono-
» rés. » Cette courte harangue produisit une sorte
de révolution dans les esprits. Un officier de la
garde nationale, touché du noble discours et de
l'air vénérable de ces militaires, saute au cou du
plus âgé et s'écrie : « Nous n'égorgerons pas de bra-
» ves gens comme vous. » Son exemple est suivi par
quelques officiers de la milice parisienne. Au même
instant, le roi, instruit que ses gardes étaient si
misérablement égorgés, ouvre lui-même ses fenêtres, se présente sur son balcon, et demande
leur grâce au peuple. Les gardes du corps, réfugiés près de sa personne, voulant sauver leurs camarades, jettent du haut du balcon leurs bandou-
lières à ce même peuple, mettent bas les armes, et
crient : *Vive la nation!* La démarche du roi, et
l'action de ses gardes, flattent et amollissent l'orgueil de ces tigres : des cris redoublés de *Vive le
roi!* partent de toutes les cours et de toute l'étendue de la place d'armes. En un moment les victimes qu'on allait massacrer sont fêtées, embras-
sées et portées en tumulte sous les fenêtres du roi :
on invite ceux qui étaient auprès de sa majesté à
descendre; ils descendent en effet et partagent avec
leurs compagnons les caresses bruyantes et les tendres fureurs de cette populace dont nous décrirons
bientôt le barbare triomphe et les cruelles joies.
Mais voyons auparavant ce qui se passait dans la
chambre du roi.

La reine s'y était à peine réfugiée, que Monsieur (1), Madame et madame Élisabeth, vinrent y chercher un asile ; un moment après, arrivèrent les ministres et beaucoup de députés de la noblesse, tous dans le plus grand désordre. On entendait les voix des brigands mêlées au cliquetis des armes, et ce bruit croissait de plus en plus. Bientôt les anciens grenadiers des gardes françaises occupèrent l'œil-de-bœuf, pour en défendre l'entrée aux assassins ; mais on n'en fut guère plus rassuré. Quelle foi pouvait-on ajouter à des soldats infidèles et corrompus ? Une belle action étonne plus qu'elle ne rassure, quand l'intention est suspecte. Aussi tout n'était que pleurs et confusion autour de la reine et du roi. Les femmes de la reine criaient et sanglotaient ; le garde-des-sceaux se désespérait ; MM. de la Luzerne et Montmorin se voyaient tels qu'ils étaient, sans courage et sans idées ; le roi paraissait abattu ; mais la reine, avec une fermeté noble et touchante, consolait et

---

(1) Ce prince conserva dans cette matinée le plus grand sang-froid, et donna de bons conseils qui ne furent point suivis. On sait que Monsieur a passé toute sa jeunesse à s'instruire et à cultiver son esprit, et qu'il a toujours fui les vains et bruyans plaisirs auxquels les jeunes princes ne s'abandonnent qu'avec trop de facilité. Quant à la démarche que ce prince fit à l'Hôtel-de-Ville, et qu'on lui a reprochée, nous savons positivement qu'il fallut que le roi le lui commandât fortement, et qu'il n'obéit que pour empêcher de nouveaux troubles, et éviter de nouveaux malheurs à la famille royale.

(*Note de Rivarol.*)

encourageait tout le monde. Dans un coin du cabinet du roi était M. Necker, plongé dans la plus profonde consternation, et c'est de toutes les figures du tableau celle qui doit frapper le plus. « Était-ce donc là votre place, grand homme, mi-
» nistre irréprochable, ange tutélaire de la France?
» Sortez, idole du peuple; montrez-vous à ces rebel-
» les, à ces brigands, à ces monstres : exposez-leur
» cette tête qu'ils ont eux-mêmes chargée de tant de
» couronnes : essayez sur eux le pouvoir de votre
» popularité et le prestige de votre réputation :
» le roi et l'état n'ont que faire de vos larmes. »
Jamais, en effet, M. Necker ne se disculpera de sa conduite en ce jour; s'il se fût présenté, on ne sait jusqu'à quel point il eût influé sur la multitude; mais du moins on ne dirait pas aujourd'hui que M. Necker ne se montre que pour avoir des statues et des couronnes.

Le peuple, ayant fait grâce aux gardes du corps, ne perdait point de vue le principal objet de son entreprise, et demandait à grands cris que le roi vînt fixer son séjour à Paris. M. de la Fayette envoyait avis sur avis : le roi, fatigué, sollicité, pressé de toutes parts, se rendit enfin, et donna sa parole qu'il partirait à midi. Cette promesse vola bientôt de bouche en bouche, et les acclamations du peuple, les coups de canon et le feu roulant de la mousqueterie y répondirent. Sa majesté parut elle-même au balcon pour confirmer sa parole.

A cette seconde apparition, la joie des Parisiens ne connut plus de bornes, et se manifesta sous les formes les plus hideuses. On s'empara des gardes du corps, auxquels on venait d'accorder la vie; on leur arracha leur uniforme, et on leur fit endosser celui de la garde nationale. Ils furent réservés comme otages, comme prisonniers, comme ornemens du triomphe des vainqueurs. Les deux milices de la capitale et de Versailles ne cessèrent, pendant quelques heures, de donner des preuves mutuelles du bonheur le plus insultant pour le roi et pour la famille royale. L'espèce de monstre à bonnet pointu et à longue barbe, dont nous avons déjà fait la peinture, se promenait avec ostentation sur la place, montrant son visage et ses bras, couverts du sang des gardes du corps, et se plaignant qu'on l'eût fait venir à Versailles pour ne couper que deux têtes. Mais rien n'égala le délire inhumain des poissardes : trois d'entre elles s'assirent sur le cadavre d'un garde du corps, dont elles mangèrent le cheval dépecé et apprêté par leurs compagnes : les Parisiens dansaient autour de cet étrange festin. A leurs transports, à leurs mouvemens, à leurs cris inarticulés et barbares, Louis XVI, qui les voyait de sa fenêtre, pouvait se croire le roi des cannibales et de tous les anthropophages du nouveau monde. Bientôt après, le peuple et les milices, pour ajouter à leur ivresse par un nouveau succès, demandèrent à voir la reine. Cette princesse, qui n'avait encore vécu que pour les gazettes ou la chronique, et qui vit maintenant pour l'histoire, parut au balcon avec M. le Dauphin et madame Royale à ses côtés. Vingt mille voix lui crièrent, *Point d'enfans* : elle les fit rentrer et se montra seule. Alors son air de grandeur dans cet abaissement, et cette preuve de courage dans une obéissance si périlleuse, l'emportèrent, à force de surprise, sur la barbarie du peuple : elle fut applaudie universellement. Son génie redressa tout à coup l'instinct de la multitude égarée ; et s'il fallut à ses ennemis des crimes, des conjurations et de longues pratiques pour la faire assassiner, il ne lui fallut à elle qu'un moment pour se faire admirer. C'est ainsi que la reine tua l'opinion publique en exposant sa vie, tandis que le roi ne conservait la sienne qu'aux dépens de son trône et de sa liberté.

L'austérité de ces annales ne permet pas qu'on dissimule ce qui avait armé l'opinion publique contre la reine : Paris attend de nous que nous éclairions sa haine, et les provinces leur incertitude. Je sais qu'on ne craint pas d'être trop sévères envers les princes ; qu'il n'y a de la honte qu'à louer, et que les mensonges de la satire sont presque honorables pour un historien ; mais on a dit tant de mal de la reine, qu'il nous serait possible de profiter de la lassitude générale pour en dire du bien, si un tel artifice n'était pas indigne de l'histoire.

Il faut d'abord convenir que la tendresse exclusive du roi pour la reine a excité contre elle une haine que les peuples n'ont ordinairement que pour les maîtresses. On sait qu'il est de bonnes mœurs, en France, que les reines soient consolées des infidélités de leurs époux, par la malveillance publique contre les favorites. Jeune et sans expérience, la reine n'a point vu le danger de ses avantages ; elle a régné sur le roi comme une maîtresse, et l'a trop fait sentir aux peuples. De là ces bruits de prodigalités et de dons excessifs à sa famille, regardés comme la cause de la dette nationale ; bruits si absurdes, lorsqu'on pense à l'origine et à l'énormité de cette dette ; mais si la haine n'ose imaginer certaines calomnies, elle les emprunte et les rend à la sottise (1).

L'affaiblissement de l'étiquette est une autre source d'objections contre la reine. Par-là, dit-on, elle a diminué la considération et le respect des peuples. Il est certain que cette princesse, toujours plus près de son sexe que de son rang, s'est trop livrée aux charmes de la vie privée. Les rois sont des acteurs condamnés à ne pas quitter le théâtre. Il ne faut pas qu'une reine, qui doit vivre et mourir sur un trône réel, veuille goûter

---

(1) La dette, qu'on n'est pas encore parvenu à bien déterminer, était de quatre milliards en 1776, selon l'abbé Baudeau. Qu'on explique une telle dette avec les profusions, je ne dis pas de la reine de France, mais de toutes les reines de l'Europe. En 1776, la reine ne régnait que depuis deux ans.

(*Note de Rivarol.*)

de cet empire fictif et passager que les grâces et la beauté donnent aux femmes ordinaires, et qui en fait des reines d'un moment.

On reproche encore à la reine son goût pour les étoffes anglaises, si funeste à nos manufactures ; et ce reproche n'est point injuste. Quand le ciel accorde à une nation industrieuse et galante une reine qui a les charmes de la taille et de la beauté, ce présent devient une richesse nationale. La France se montra jalouse de la reine, et la reine n'y fut pas assez sensible (1).

On dit enfin, en manière de résultat, que la *conduite de la reine a été aussi fatale au roi, que celle du roi à la monarchie.* Sans combattre une phrase qui plaît autant à la paresse de l'esprit qu'à la malignité du cœur, nous dirons qu'il n'est point de Français qui ne dût souhaiter au roi le caractère de la reine, et à l'Assemblée nationale les bonnes intentions du roi. En un mot, la conduite de la reine, depuis qu'elle est abandonnée à elle-même, force l'histoire à rejeter ses fautes sur ceux qu'elle appelait ses *amis*.

Cependant les factieux, désespérés d'avoir manqué leur coup, et les démagogues, ravis de

---

(1) Comment les Parisiens, qui s'irritent contre le goût de la reine pour les marchandises anglaises, supportent-ils de sang-froid que l'Assemblée nationale n'ait pas encore voulu prêter l'oreille aux réclamations de tout notre commerce contre le traité avec l'Angleterre ?

(*Note de Rivarol.*)

la dernière victoire du peuple, se donnaient de grands mouvemens sur la place d'armes. Ils faisaient circuler des listes de proscription dans les mains du peuple, et les plus honnêtes gens de l'Assemblée nationale n'y étaient point oubliés. On assure que M. le duc d'Orléans parut dans le salon d'Hercule au plus fort du tumulte, je veux dire entre six et sept heures du matin ; mais s'il est vrai qu'il soit venu, son apparition fut courte (1). Il sentit sans doute qu'il fallait profiter du crime, et non pas s'en charger. Ce qu'il y a de certain, c'est que ce prince, afin d'apprendre à chaque instant où en était l'entreprise, n'a pas quitté pendant la nuit la grande route de Passy à Versailles. Je ne crois pas que le marquis de la Fayette lui eût persuadé d'aller dormir ; et cependant M. le duc d'Orléans est de tous les hommes le moins propre aux fatigues et aux angoisses d'une conjuration : j'en appelle à tous ceux qui le connaissent. Épicurien, contempteur de l'opinion, plus fait aux calculs toujours sûrs de l'avarice qu'aux projets vagues de l'ambition, il s'est passé peu de jours depuis la révolution où ce prince n'ait regretté ses plaisirs et son or.

On demandera peut-être quel était le plan de

---

(1) Le comité des recherches s'est trop occupé à effacer tous les vestiges de cette conspiration, pour qu'on puisse jamais parvenir à une clarté parfaite sur certains détails.

(*Note de Rivarol.*)

sa faction, et il est difficile de le dire avec quelque précision. On ne doute pas que les brigands et les poissardes n'aient eu le projet d'assassiner la reine ; mais y avait-il parmi tant d'assassins une main gagnée pour tuer le roi ? Voilà le problème. Pourrait-on dire en effet ce qui fût arrivé si les brigands eussent poursuivi et atteint la reine dans les bras du roi ? Et si la famille royale eût été massacrée, aurait-on pu arrêter le duc d'Orléans secondé par une faction puissante à Paris et dans l'Assemblée nationale ? Ce prince eût été porté au delà même de ses espérances ; car on n'eût pas hésité à déclarer M. le comte d'Artois et les autres princes fugitifs, ennemis de l'État. Il paraît que la faction d'Orléans n'eut pas de plan bien déterminé ; elle voulut profiter de la *crue* des peuples et de la *baisse* du trône, et donner un but quelconque à tant d'agitation. Le parti d'Orléans, selon l'expression orientale d'un poëte hébreu, *sema du vent et recueillit des tempêtes.*

Dès huit heures du matin, et avant qu'il eût donné sa parole de suivre les rebelles à Paris, le roi avait témoigné à quelques députés de la noblesse combien il désirait que tous les membres de l'Assemblée nationale se rendissent auprès de lui, pour l'assister de leurs conseils dans la crise effrayante où il se trouvait. Ces députés vinrent avertir ou plutôt réveiller le président qui dormait encore, et chemin faisant ils prièrent quelques députés qu'ils rencontrèrent de se rendre au

château. Ils entrèrent même dans la salle, où, ayant trouvé un assez grand nombre de députés, tant de ceux qui n'avaient pas désemparé de la nuit, que de ceux qui s'y étaient rendus le matin, ils notifièrent le désir du roi au nom du président. M. de Mirabeau répondit : « Que le pré-
» sident ne pouvait les faire aller chez le roi sans
» délibérer. Les galeries, pleines de la plus vile canaille, se joignirent à lui, et déclarèrent qu'il ne fallait pas sortir de la salle.

Vers dix heures le président y arriva, et fit part des intentions du roi. M. de Mirabeau se leva et dit : « Qu'il était contre la dignité de l'As-
» semblée d'aller chez sa majesté; qu'on ne pou-
» vait délibérer dans le palais des rois; que les
» délibérations seraient suspectes, et qu'il suffisait
» d'y envoyer une députation de trente-six mem-
» bres. » Il y a beaucoup d'hypocrisie et de sottise dans cette réponse. Il n'était point contraire à la dignité de l'Assemblée de se rendre auprès du chef de la nation ; et d'ailleurs, c'était bien de la dignité qu'il s'agissait en ce moment ! Le roi allait être enlevé, conduit de force à Paris, et peut-être massacré ; il demandait aide et conseil, et on feignait de craindre l'influence de son autorité si on délibérait avec lui, quand lui-même n'était pas sûr de sa vie. Au reste le roi, implorant l'assistance de l'Assemblée, lui offrait une occasion de prouver qu'elle n'était pas complice des brigands ; et quelques-uns de ses membres,

moins habiles que malintentionnés, lui faisaient perdre, par un refus, cette unique occasion. M. Mounier protesta inutilement contre ce refus; il dit en vain que c'était un devoir sacré que d'accourir à la voix du monarque lorsqu'il était en danger, et que l'Assemblée nationale se préparait une honte et des regrets éternels. On ne lui répondit qu'en dressant la liste des trente-six députés qui devaient tenir lieu au roi de toute l'Assemblée.

Ce fut alors qu'on apprit que sa majesté, réduite aux dernières extrémités, s'était engagée à la suite des brigands et des héros parisiens. Sans examiner à quelles affreuses conjonctures on devait cette résolution du roi, ce même Mirabeau, qui avait opiné qu'il ne lui fallait que trente-six députés dans le péril, proposa de lui en donner cent pour témoins de sa captivité; et comme il s'était refusé à la première députation qui pouvait craindre quelque danger en secourant le roi, il s'offrit pour la seconde, qui ne devait qu'avilir sa majesté, en grossissant le cortége de ses vainqueurs. Il demanda en même temps qu'on fît une adresse aux provinces pour leur apprendre *que le vaisseau de la chose publique allait s'élancer plus rapidement que jamais* (1). Le roi ne partit qu'à une

---

(1) « Je sais, me disait un jour M. de Mirabeau, que vous et tous les gens de l'art ne faites pas grand cas de mon style; mais soyez sûr que je suis de moitié avec vous pour me moquer de

heure après midi. Tout était prêt depuis assez long-temps pour la marche triomphale dont il était le sujet ; et déjà le peuple murmurait hautement du retard qu'on apportait à cette exécution.

On vit d'abord défiler le gros des troupes parisiennes : chaque soldat emportait un pain au bout de sa baïonnette. Ensuite parurent les poissardes, ivres de fureur, de joie et de vin, tenant

---

ceux qui m'admirent. Je ne me sers de ma réputation et de la sottise de mes lecteurs que pour ma fortune. » Nous rapportons ce propos pour le petit nombre de ceux qui, en lisant M. de Mirabeau, sont étonnés qu'il soit *fameux*, et pour ceux qui, en songeant à sa célébrité, sont surpris qu'il écrive si mal. Il est en effet des gens dont le goût chancelle devant toutes les grandes réputations, et qui trouveraient le testament de Cartouche bien écrit. Que cette classe de lecteurs apprenne qu'il serait encore plus aisé de trouver M. de Mirabeau honnête homme que bon écrivain. Le grand et le seul avantage de M. de Mirabeau a toujours été d'écrire sur des à-propos, sur des événemens récens, sur des objets encore tout chauds de l'intérêt public. Son style était mort ou corrompu, mais son sujet était plein de vie, et voilà ce qui l'a soutenu. Quand il a voulu porter ce même style sur des matières mortes, alors il s'est établi un accord parfait entre le sujet et le style, et le tout est tombé des mains de l'écrivain dans l'oubli. Témoin sa grosse histoire du roi de Prusse. Les temps modernes n'offraient pourtant pas de sujets plus grands que la vie de Frédéric II ; mais ce héros n'a pu résister aux mortels pinceaux du député de Provence, toujours éloquent aux yeux des Parisiens, à condition qu'il parlera toujours à la Bourse ou dans l'Assemblée nationale, dans le moment et pour le moment.

(*Note de Rivarol.*)

des branches d'arbres ornées de rubans, assises à califourchon sur les canons, montées sur les chevaux et coiffées des chapeaux des gardes du corps; les unes étaient en cuirasse devant et derrière, les autres armées de sabres et de fusils. La multitude des brigands et des ouvriers parisiens les environnait, et c'est du milieu de cette troupe que deux hommes, avec leurs bras nus et ensanglantés, élevaient au bout de leurs longues piques les têtes des deux gardes du corps. Les chariots de blé et de farine, enlevés à Versailles, et recouverts de feuillages et de rameaux verts, formaient un convoi suivi des grenadiers qui s'étaient emparés des gardes du corps dont le roi avait racheté la vie. Ces captifs, conduits un à un, étaient désarmés, nu-tête et à pied. Les dragons, les soldats de Flandre et les cent-suisses étaient là; ils précédaient, entouraient et suivaient le carrosse du roi. Ce prince y paraissait avec toute la famille royale et la gouvernante des enfans, on se figure aisément dans quel état; quoique la reine, de peur qu'on ne se montrât à la capitale avec moins de décence que de douleur, eût recommandé aux princesses et à toute sa suite de réparer le désordre du matin. Il serait difficile de peindre la confuse et lente ordonnance de cette marche, qui dura depuis une heure et demie jusqu'à sept. Elle commença par une décharge générale de toute la mousqueterie de la garde de Versailles et des milices parisiennes. On s'arrêtait de distance en distance pour faire de nouvelles salves ; et alors les poissardes descendaient de leurs canons et de leurs chevaux, pour former des rondes autour de ces deux têtes coupées, et devant le carrosse du roi ; elles vomissaient des acclamations, embrassaient les soldats, et hurlaient des chansons dont le refrain était : *Voici le boulanger, la boulangère et le petit mitron.* L'horreur d'un jour sombre, froid et pluvieux ; cette infâme milice barbotant dans la boue ; ces harpies, ces monstres à visages humains, et ces deux têtes portées dans les airs ; au milieu de ses gardes captifs, un monarque traîné lentement avec toute sa famille ; tout cela formait un spectacle si effroyable, un si lamentable mélange de honte et de douleur, que ceux qui en ont été les témoins n'ont encore pu rasseoir leur imagination ; et de là viennent tant de récits divers et mutilés de cette nuit et de cette journée qui préparent encore plus de remords aux Français que de détails à l'histoire.

Voilà comment le roi de France fut arraché du séjour de ses pères par les meurtriers de ses serviteurs, et traduit par une armée rebelle à l'Hôtel-de-Ville de sa capitale. Aurait-on cru, lorsque cet infortuné monarque passa devant la salle de l'Assemblée nationale, qu'il lui restât encore un spectacle qui pût ajouter à ses amertumes et à l'horreur de sa situation ? Mirabeau était là, abusant de son visage, et fort de la horde des députés qui devaient se joindre à la troupe victorieuse. Plus loin, sur la route de Passy, était le duc d'Orléans contemplant, d'un air agité, l'arrivée du roi, et se réservant pour dernier outrage.

Leurs majestés et la famille royale entrèrent dans Paris vers les sept heures du soir, et furent aussitôt conduites à l'Hôtel-de-Ville, à travers les flots et les cris d'une populace en délire, qui attendait sa proie depuis plusieurs heures, malgré le froid et la pluie. Les rues étaient illuminées, mais c'était pour éclairer le triomphe de la ville.

Le roi essuya deux fois l'éloquence de M. Bailly. Lorsque cet orateur rendit aux assistans la réponse de sa majesté, il oublia quelques mots, que la reine, toujours maîtresse d'elle-même, lui rappela avec grâce, et dont cet académicien tira parti pour faire un compliment aux spectateurs. Tant d'horreurs et d'atrocités finirent donc par une fadeur académique. Leurs majestés allèrent loger aux Tuileries; Monsieur et Madame au Luxembourg. Le reste de la nuit fut consacré aux joies parisiennes, au spectacle des deux têtes promenées dans les rues, enfin aux excès de la corruption secondée par la barbarie.

Le lendemain et les jours suivans, la commune de Paris se mit à chercher des torts aux vaincus, afin de couvrir les attentats des vainqueurs; et, pour donner le change aux provinces, aux étrangers et à la postérité, on répandit que les gardes du roi avaient d'abord tiré sur les milices, et que

sa majesté avait eu le projet de s'enfuir à Metz. Cette accusation a plongé dans les cachots de la capitale une foule de personnes. Nous avons déjà parlé de ce tribunal d'inquisition civile, intitulé *comité des recherches*. On a aussi excité l'hydre des journaux et donné des ailes à la calomnie. M. de Mirabeau, une des têtes de l'hydre, a écrit, dans son Courrier de Provence, que : « Dans cette jour-
» née les gardes du corps avaient montré *du dépit*
» *et de la colère;* qu'ils avaient voulu *s'échapper*, et
» s'étaient livrés à des *emportemens* qui les avaient
» fait *massacrer,* que la milice parisienne a été
» pure et irréprochable. Il ajoute qu'il ne conçoit
» pas pourquoi il y a eu si peu de désordre et
» d'actes de cruauté dans cette expédition, et finit
» par dire que le peuple de Paris a toujours le cœur
» bon (1). »

Si ces annales franchissent le temps de barbarie dont nous sommes menacés, si elles peuvent jamais se dégager de la foule toujours renaissante des mensonges périodiques dont la France pullule, et qui sont un des fléaux de la révolution, les lecteurs, effrayés du délaissement universel où s'est trouvé Louis XVI, se diront sans doute : « Sont-ce là les

---

(1) Nous renvoyons aux éclaircissemens (O et P) deux relations de cette journée, l'une par M. de Lally-Tollendal, l'autre par Mirabeau; il est intéressant de les comparer. La première est tirée des *Actes des apôtres*, et la seconde du *Courrier de Provence.*

(*Note des éditeurs.*)

» Français qui ont tant de fois prodigué leur vie
» pour leurs rois, qui les serraient de si près au
» fort du combat, et qui croyaient leur sang assez
» payé d'un regard de leurs princes? »

C'est là en effet un des caractères les plus sensibles de la révolution. Elle a dévoilé tout-à-coup ce qu'on soupçonnait depuis long-temps, que cet honneur dont Montesquieu a voulu faire le principe des monarchies n'était plus en France qu'une vieille tradition. Une nouvelle opinion s'était établie, même à Versailles, que l'affaiblissement de la royauté ouvrirait d'autres routes à la fortune, et que l'or sortirait du pavé des rues si le trône était abaissé. Jadis l'honneur, le fanatisme et l'attachement à un parti décidaient d'une révolution ; mais, de nos jours, tout n'a été qu'avarice et calcul. La religion pour le prince étant presque éteinte, il fallait des prodiges pour la ranimer; et Louis XVI ne les a pas tentés. L'idole, arrachée de ses autels, n'est plus aujourd'hui qu'une statue sans piédestal. Ses prêtres et ses serviteurs ont été dispersés ou corrompus; jamais il n'y eut d'exemple d'une défection semblable et d'un tel abandon, si ce n'est au temps des anciennes excommunications, mais Louis XVI est en effet excommunié : car la philosophie aussi a ses bulles, et le Palais-Royal est son Vatican (1).

Lorsque j'ai raconté les malheurs de la famille

---

(1) Nous trouvons dans les *Actes des Apôtres* une peinture vive

royale, les crimes de Paris et de Versailles, les perfidies de l'Assemblée, les mouvemens et la lé-

---

et rapide des premiers excès de la révolution, et surtout de l'influence des jacobins; la voici :

« Au commencement de la révolution, nos législateurs, la municipalité, et la populace de Paris imaginèrent, de concert, que beaucoup de Français seraient rebelles au nouveau plan. Afin de diminuer le nombre des réfractaires, le peuple crut devoir les intimider par quelques exécutions choisies; il égorgea une douzaine de citoyens avant de les juger. Ceci pouvait devenir dangereux; alors on forma deux comités en tribunaux d'inquisition, dont les fonctions furent de surveiller les pendaisons à faire; la tâche était délicate : ces tribunaux n'en ordonnèrent qu'une seule; et comme elle ne réussit pas, ils n'allèrent pas plus avant. Cependant le zèle de la révolution pouvait se ralentir, ces tribunaux prouvèrent que leur conservation était nécessaire, et on les conserva. Leur inactivité déplut aux esprits ardens. C'est alors qu'on institua cette divine société des jacobins qui devait être le bras gauche de la législature. Un citoyen professait-il son attachement à la constitution monarchique, quoique décrétée; il était dénoncé à la tribune démagogue des jacobins, et bientôt une insurrection populaire dirigée contre lui ou contre son habitation avertissait les autres citoyens de ne pas l'imiter. Une opinion contraire aux principes, ou seulement aux vues des amis de la constitution, surgissait-elle; un citoyen songeait-il à s'élever sans l'appui de la société; une société avait-elle l'air de vouloir rivaliser avec elle, les cris des orateurs jacobites, les insultes de ses écrivassiers, les menées de ses sociétés affiliées, tout concourait à détruire violemment l'opinion, la société, le citoyen réfractaire; et, dans toute la France, on ne put rien être si l'on n'était jacobin. Mirabeau, le grand Mirabeau lui-même, fut obligé de fléchir devant l'idole du jour pour monter au fauteuil, où son éloquence au moins l'appelait. La nation entière idolâtre de nouveautés, sembla se

thargie du général la Fayette, dans les journées et dans la nuit du 5 au 6 octobre, j'ai trop oublié la conduite des amis du roi.

Vers la fin de septembre, on parlait déjà, dans tout Paris, de la nécessité d'aller à Versailles enlever le roi et toute la famille royale; et, dès le 3 du mois d'octobre, le fameux repas des gardes du corps servait déjà de prétexte aux malintentionnés, et de mot de ralliement aux différentes cabales. Ce fut aussi vers la fin de septembre qu'on mit en question au château, si on retiendrait à Versailles le *quartier d'avril* (1) qui, avec les quartiers de juillet et d'octobre, aurait formé un corps de neuf cents gardes autour du roi. Mais, malgré les menaces de Paris, malgré les inquiétudes que

---

prosterner devant celle-ci; de toutes les forces publiques, c'était la seule active, la seule qui sût mettre en mouvement les peuples des faubourgs de la capitale et le corps des représentans nationaux. 1789 s'élève (c'était une société modérée); elle la dénonce comme suspecte; le club monarchique se montre, elle arme contre lui ses phalanges. Enfin, si le pouvoir législatif siégeait aux Tuileries, le pouvoir exécutif s'établit à sa porte, de l'autre côté du ruisseau de la rue Saint-Honoré, et ces deux pouvoirs si voisins se coalisèrent bientôt pour nommer les agens et du pouvoir administratif et du pouvoir judiciaire.........
Voilà l'historique de la révolution.........

(*Note des éditeurs.*)

(1) Un quartier est composé d'un quart des gardes du corps, pris sur les quatre compagnies. C'est environ 300 hommes qui servent trois mois.

(*Note de Rivaro*

donnait le régiment de Flandre, et toute l'horreur des circonstances, le duc d'Ayen-Noailles obtint qu'on ferait partir le quartier d'avril; et, comme s'il eût craint que sa majesté ne fût encore trop bien gardée, il fit ajouter, pour sa compagnie, que ceux qui avaient des affaires pouvaient s'absenter pendant huit jours. Enfin, dans la soirée du 5 octobre, à l'heure où la milice bourgeoise de Versailles commençait à tirer sur les gardes du corps, le duc d'Ayen refusa de donner des ordres, sous prétexte que le comte de Luxembourg, qui était de service, se portait mieux, et il disparut de suite.

Telle a été la conduite du duc d'Ayen, un des démagogues de la cour, et capitaine des gardes du corps. Les philosophes économistes, et tous les clubs philanthropiques, avaient fondé des espérances sur lui : mais il les servit si mal par son genre d'éloquence, dans l'assemblée provinciale de la Haute-Guienne; il fut ensuite si brusquement rejeté des élections aux états-généraux, qu'il comprit qu'il ne devait mettre au service de la philosophie et de la révolution, que son silence ou son absence. Le duc d'Ayen est un de ces hommes qu'on fuit dans les temps calmes, et qui fuient dans les temps d'orage.

Dans cette même soirée du 5 octobre, quelques personnes découvrirent le prince de Poix, fils du maréchal de Noailles-Mouchy, affublé d'une vieille redingote à sa livrée, et protégé d'un grand chapeau rabattu. Il allait, en cet humble équipage, se glissant le long des murs de l'avenue, et s'enquérant aux brigands et aux miliciens, de l'état des choses et de la révolution.

On demandera peut-être pourquoi le prince de Poix, n'étant pas auprès de son maître, ou à la tête de sa compagnie, ne s'était pas réfugié dans l'Assemblée nationale, à l'exemple du colonel de Flandre? Je réponds que, dans un tel moment de crise, *ce député-capitaine des gardes* ne sut à quel parti se rendre, ni à quel costume se vouer; il préféra sans doute l'avenue et la redingote, comme des partis moyens et tempérés qui pouvaient le dérober également à la gloire et à la honte. En effet, pour peu qu'un officier se cache, dans un jour de combat, la gloire ne sait plus où le trouver ; et c'est ainsi que le prince de Poix remplit du moins la moitié de ses vues. Si l'on veut savoir quel est ce courtisan chargé des faveurs du roi et des rubans de la vanité, j'avouerai qu'il est plus aisé de le décorer que de le peindre : il a tous les airs de son père, excepté celui de grand seigneur; toutes ses superstitions, excepté sa piété; toutes ses assiduités autour du maître, excepté son attachement.

Au reste, le duc d'Ayen et le prince de Poix, avaient de tels liens de sang et de système avec le prince de Beauvau, qu'on appelait déjà *père de la patrie;* avec M. Necker, promoteur du tiers-état ; et, à leur insu même, avec la cabale d'Orléans, qu'il était impossible qu'ils ne favorisassent pas la révolution. Peut-être aussi que ces deux courtisans, habiles déserteurs du château de Versailles, n'ont suivi, en s'éloignant du trône, que l'instinct toujours sûr de ces animaux qui présagent la chute des maisons qu'ils abandonnent.

M. de Pontécoulant, fils de l'ancien major des gardes du corps, las d'un trop long déguisement, endossa l'habit de son laquais, à la faveur duquel il obtint, deux jours après, l'uniforme de la garde parisienne. Plusieurs autres officiers se retirèrent, à l'exception du duc de Guiche-Grammont, et de quelques braves auxquels, ni le civisme de nos philosophes, ni les pavots de M. de la Fayette, ni la mauvaise fortune du roi, ne purent faire entendre raison.

Au moment où Louis XVI quittait, pour jamais peut-être, le séjour des rois, l'Assemblée nationale se déclarait inséparable de sa personne : elle vouait à ce malheureux prince l'attachement d'un geôlier pour son captif. C'est en effet sous de telles couleurs que l'Assemblée déguisait l'affreux événement du 6 octobre, dans une adresse aux provinces : *Ce jour de conquête*, disait-elle, *est un jour de triomphe, et le monarque est notre conquête.* Les brigands étaient donc une armée victorieuse aux ordres de l'Assemblée, qui était elle-même le sénat le plus auguste, ramenant un prince égaré sous le joug de la tendresse nationale, et l'attachant au char de la félicité publique (1).

Cette fiction d'un vainqueur qui daigne encore mentir, les cris d'une populace ivre de ses succès, et les couronnes qu'on préparait à nos législateurs, ne purent rassurer MM. Mounier, de Villequier, de Lally, et une foule d'autres députés qui donnèrent leur démission, et demandèrent des passe-ports, afin de se dérober à la fois aux lauriers de la capitale, et aux poignards des provinces. L'Assemblée s'effraya de cette désertion, et décréta qu'on n'accorderait plus de passe-ports que pour des affaires urgentes (2).

---

(1) Voyez dans les éclaircissemens (Q) un extrait piquant et ingénieux des *Actes des Apôtres*, où, dans le récit d'une conspiration imaginaire pour rendre à Louis XVI tout son pouvoir, on fait la satire de plusieurs députés.

(*Note des éditeurs.*)

(2) Je ne suis pas de ceux qui ont blâmé les déserteurs de l'Assemblée; ils ont eu deux fois raison en fuyant: et plût à Dieu! que tout ce qu'on appelle *la minorité* eût suivi leur exemple. La majorité, abandonnée à elle-même, ne suivant que les violentes impulsions de ses chefs et de ses galeries, aurait depuis long-temps résolu le triste problème de notre situation actuelle; nous n'aurions pas notre fausse constitution; on eût déjà dépouillé tous les riches; le roi, forcé de s'enfuir, n'aurait pas eu le choix de sa destinée; il n'aurait pas arrêté les derniers développemens de la démocratie : elle aurait déployé toutes ses fureurs; et la France se serait constituée convenablement, ou morcelée en petites républiques. Si la minorité avait fui, on aurait donc vu clairement que les démagogues avaient chassé les

Elle décréta en même temps qu'elle se transporterait, le 15 octobre à Paris, bien sûre de trouver un trône où le roi n'aurait trouvé qu'une prison.

Ce décret excita une joie universelle, excepté à

---

esprits modérés; ceux-là auraient été chassés eux-mêmes, ou ils auraient régné à leur mode. Au lieu que la perpétuelle contradiction de cette minorité a servi de frein aux furieux, et a donné je ne sais quel air de justice à tous les actes de leur despotisme. Les provinces disent que chaque décret a été plaidé contradictoirement. On ne saurait donc croire combien une minorité donne de force à une majorité : on ne saurait donc croire combien de fautes elle lui épargne. Sans compter que les premiers hommes de la minorité, MM. l'abbé Maury, Malouet, Cazalès, etc., ont toujours parlé de manière à prouver nettement qu'ils n'entendaient pas ce que c'est qu'une constitution convenable à la France, et qu'ils ne voyaient pas où en est Louis XVI dans celle qu'on vient de nous donner. *Prenez garde*, disent-ils sans cesse, *vous lésez le roi* (comme si le roi existait encore dans la personne de Louis XVI); *vous empiétez*, disent-ils encore, *sur le pouvoir exécutif;* et on voit clairement qu'ils entendent par pouvoir exécutif, le despotisme. Aussi la démagogie de l'Assemblée ne s'y méprend point, elle qui a réuni tous les pouvoirs. C'est comme si on avait dit autrefois au conseil-d'état : *Prenez garde, messieurs, vous empiétez sur les droits des intendans.* Or, Louis XVI est-il autre chose que le commissaire de l'Assemblée? Je le répète donc : les premiers hommes de la minorité ont fait beaucoup de mal. Mais, dira-t-on, ils ont souvent de l'éloquence et des mouvemens oratoires, et toujours des intentions louables : j'en conviens de bon cœur : mais qu'est-ce que le talent qui manque de lumières et s'égare sans cesse ?

(*Note de Rivarol.*)

Versailles, dont la municipalité, toute en larmes, vint se jeter aux pieds de l'Assemblée, et lui exprimer ses cuisans regrets sur le départ du roi. On répondit à ces misérables comme à des victimes indociles et nécessaires, qui ouvraient les yeux mal à propos sur leur ruine particulière, quand il ne fallait voir que la prospérité générale et la gloire d'y avoir contribué. Ils se retirèrent avec la douleur d'avoir chassé le roi, et la honte de s'en être repentis.

Louis XVI voulut aussi affaiblir l'intérêt de ses malheurs ; il écrivit à l'Assemblée nationale pour lui apprendre son arrivée dans *la bonne ville de Paris ;* le séjour qu'il comptait y faire désormais, et la joie qu'il ressentait du décret sur leur inséparabilité mutuelle : enfin, sa majesté fit si bien entendre qu'elle avait suivi librement ses assassins à Paris ; elle en donna de telles assurances à l'Assemblée, qu'on pourrait dire que ce prince, à force de félicitations, diminuait le triomphe et la félicité de ses vainqueurs (1).

L'Assemblée voulut à son tour lui donner quel-

---

(1) Cette lettre n'était ni de l'archevêque de Bordeaux, ni de M. Necker, ni de M. de Saint-Priest, comme on l'a dit ; elle était du roi lui-même. Ces trois ministres viennent d'être congédiés. Le roi a senti que la statue était trop petite pour le piédestal. Ceux qu'il leur a substitués conviennent parfaitement à son état : car il ne s'agissait pas d'élever les hommes, mais d'abaisser les places.

(*Note de Rivarol.*)

que marque de sa reconnaissance : elle ouvrit une grande discussion sur les titres et sur les qualités dont il fallait dorénavant le décorer. Quoiqu'il fût hors du trône et de la constitution, on décida qu'il serait toujours intitulé *roi*. Il fut ensuite question de savoir s'il s'appellerait encore *roi de France et de Navarre*. Après de longs débats, on décida qu'il ne porterait plus le titre de Navarre, malgré les prétentions légitimes de nos rois sur la Navarre espagnole. Il ne resta donc qu'à prononcer s'il s'appellerait *roi de France* ou *roi des Français* : c'est à quoi on réduisit la question qui n'en était pas une : car on sent bien qu'entre ces deux titres la différence est nulle (1). Que serait-ce en effet qu'un roi de France qui ne serait pas roi des Français, ou un roi des Français qui ne serait pas roi de France? Mais c'est précisément sur ce rien, sur cette distinction puérile que l'Assemblée voulut exercer sa métaphysique. La raison la plus évidente de cette discussion, celle pourtant qu'on n'osait avouer, c'est que la prérogative de Louis XVI ayant éprouvé un si rude changement, il fallait bien aussi que son titre subît quelque métamorphose. L'Assemblée a, par excellence, le génie d'innovation. Les Mirabeau épuisèrent donc, sur ce problème, toutes les ressour-

---

(1) C'est un paradoxe du *Contrat Social*, qui fut sans doute la cause de cette ridicule discussion.

(*Note de Rivarol.*)

ces du mauvais goût, fortifié par la mauvaise foi; et, après bien des séances et des discussions, il fut enfin décrété que Louis XVI, régénéré par un baptême de sang, confiné au palais des Tuileries, comme un sultan au vieux sérail, sans amis, sans sujets, sans vengeance, au milieu de ses assassins, porterait le titre de *roi des Français*. L'Europe, indignée, le nomma *roi des Barbares*.

Pendant plus de huit jours, leurs majestés restèrent *exposées* aux fenêtres du palais des Tuileries, pour satisfaire l'avide et tumultueuse curiosité d'une populace en délire, qui les appelait et rappelait sans cesse, afin de s'accoutumer au *miracle de leur présence* dans les murs de la capitale. L'Asemblée usa ces huit jours dans l'examen de quelques motions sur la procédure criminelle, et abolit tous les lieux privilégiés. Un de ses membres, ébloui des succès de ses heureux collègues, leur proposa de se donner la décoration d'une médaille, et ce projet sollicita puissamment leur vanité. Mais l'esprit d'ostracisme et de démocratie l'emporta, et ils rejetèrent tout signe distinctif.

C'est à cette époque aussi que l'Assemblée décréta la liberté de tous ceux qui étaient détenus par *lettres-de-cachet*, sans observer que cette espèce de captifs n'avait été frappée des coups du despotisme que par une grâce spéciale et abusive de la toute-puissance royale, et que pas un d'eux, peut-être, ne devait sortir de sa prison que pour aller au gibet. Car, depuis long-temps, l'ancien gouvernement, excepté en matière d'impôt, ne péchait que par indulgence ; ce n'était plus l'humanité, mais la justice qu'outrageaient les lettres-de-cachet.

Cependant, une motion importante, par ses suites et ses effets sur la révolution, attira l'attention publique : un membre proposa de déclarer que *les biens du clergé appartenaient à la nation* (1). L'Assemblée et les galeries applaudirent avec fureur, le Palais-Royal fermenta ; et sans doute que ces premiers mouvemens auraient conduit le clergé à une prompte extinction, si un événement inattendu n'avait ralenti ou détourné le torrent de l'opinion. Une lettre de M. de Montmorin annonça tout-à-coup à l'Assemblée que le roi avait donné au duc d'Orléans une commission pour l'Angleterre, et que ce prince, prêt à partir, n'attendait qu'un passe-port des représentans de la nation.

C'est ainsi qu'un roi, captif et dénué de tout crédit, mettait en fuite le chef d'une faction formidable, un prince riche et maître de la populace, l'homme en un mot qui venait de lui disputer la couronne et la vie !

---

(1) Sans approuver le discours que Mirabeau prononça sur cette importante question, et les effets dont il fut suivi, cela seul nous force de le donner en partie dans les éclaircissemens (R). (*Note des éditeurs.*)

FIN DES MÉMOIRES DE RIVAROL.

ÉCLAIRCISSEMENS

HISTORIQUES.

Éclaircissement (A), page 35.

Je conviendrai avec vous et avec Juvénal, qu'il vaut mieux être fils de Thersite, et se trouver revêtu de l'armure de Vulcain, que d'être fils d'Achille, pour végéter sans force et sans gloire; mais vous conviendrez aussi avec moi qu'à cet âge où l'on n'est encore rien qu'en espérance, le fils d'Achille eût attiré les regards de toute la Grèce, tandis que celui de Thersite eût demeuré dans l'obscurité et dans l'oubli. Et quel est celui qui, voyant le fils de son ami, ne s'intéresse naturellement à lui ; quel est celui qui, retrouvant le fils de son bienfaiteur, de celui qui l'a servi, qui a combattu pour lui, qui lui a sauvé la vie, ne se sente aussitôt ému de tendresse et de reconnaissance ? Et vous voulez que la patrie regarde d'un œil indifférent les enfans de ses bienfaiteurs ? Vous faites une loi pour obliger les générations présentes à perdre la mémoire des générations passées, et vous croyez avoir fait un sacrifice à la philosophie et à la raison; et moi je dis que vous n'en avez fait qu'à l'envie et à la vanité.

Je n'examinerai pas à présent si c'est un préjugé. Si c'est un préjugé qui tient à la nature, à la racine même de l'humanité, vous avez pu l'offenser, vous ne le détruirez pas ; vous avez pu vous le rendre inutile, mais il subsistera toujours. Je ne sais d'ailleurs si c'est un préjugé ; mais ce préjugé a fait des héros ; ce préjugé offrait un prix précieux à la vertu, et une récompense que tout votre argent ne remplacera pas, qu'il empoisonnera même. Ce préjugé tendait à rapprocher, par une convention d'honneur, des rangs dont vous laissez désormais toute la disposition à la fortune. Un gentilhomme pauvre, honoré de la gloire acquise par ses pères, et placé dans l'opinion avant l'homme entouré de tout l'éclat de l'opulence, était, ce me semble, une belle et sublime leçon de vertu et de bonnes mœurs. Une semblable institution était digne d'une nation libre et généreuse ; mais vous avez mieux aimé suivre les erremens de la fortune, et vous avez été aveugles comme elle.

Cependant si la noblesse peut s'acquérir, une vérité incontestable, c'est qu'elle peut aussi se perdre, et elle doit se perdre par les moyens opposés à ceux qui l'ont fait acquérir. Or, si les moyens qui la font acquérir sont de grandes actions et de grands services, les moyens qui doivent la faire perdre sont l'inutilité et les crimes. Ainsi le citoyen ne peut devenir noble que parce qu'il a fait une belle action ; il ne peut demeurer noble qu'autant qu'il est utile, et il devient nécessairement ignoble du moment qu'il commet un crime ; et alors la société ne peut plus voir ses enfans et ses descendans que comme de simples citoyens ; si quelqu'un d'eux veut se réintégrer dans l'éclat de ses pères, il faut désormais que ce soit par les moyens qui les ont fait sortir eux-mêmes de la classe commune, c'est-à-dire par des actions importantes et utiles à la patrie. (*Actes des Apôtres.*)

Éclaircissement (B), page 43.

La nouvelle de la conspiration ministérielle, de l'insurrection des Parisiens, la démarche du roi auprès de l'Assemblée nationale, excitèrent une fermentation extrême.

On commença la nuit du dimanche 20 juillet à illuminer partout ; les maisons qui ne furent pas promptes à suivre cet exemple eurent dans un instant leurs fenêtres brisées ; au milieu des attroupemens et des feux de joie, quelques voix nommèrent un petit nombre des magistrats les plus détestés. On courut à leurs maisons ; on les attaqua de tous côtés ; le secours vint à temps, et aucun ne fut victime de la fureur du peuple. La foule se dissipa avec le jour, et les magistrats, que la lueur des bûchers avaient éclairés sur la disposition des esprits, commencèrent à trouver quelque poids dans les réclamations du peuple. La journée du lundi se passa en négociations : on promit beaucoup à la bourgeoisie ; mais lorsqu'il fallut rédiger des articles et les signer, les aristocrates se hérissèrent de difficultés.

Cependant le commandant pour le roi, garant de leurs promesses, et ami de la bourgeoisie, fut très-mécontent de ce qu'on cherchait encore à l'amuser.

Enfin, le mardi 22, toute la matinée s'étant écoulée sans qu'on pût rien terminer, l'hôtel-de-ville fut entouré par le peuple, qui menaçait de l'incendier.

Le commandant y vint avec quelques détachemens de cavalerie : il exhorta le peuple à rester tranquille ; mais ce fut inutilement. A la foule des mécontens de la plus saine bourgeoisie, se joignit une multitude de bandits, de gens sans aveu.

A quatre heures après midi, le cri universel était d'escalader l'hôtel-de-ville. Dans un instant les échelles furent apportées, et cinq à six cents hommes l'assaillirent de tous côtés. Les portes, les fenêtres, les toits furent enfoncés ; on se répandit dans l'intérieur ; tous les magistrats s'étaient évadés à temps par des issues secrètes ; on se jeta sur la chancellerie et les archives ; les papiers furent déchirés, dispersés, jetés par les fenêtres ; les portes des caves brisées, et bientôt il y eut dans ces caves immenses assez de vin répandu pour que plusieurs y fussent noyés. Les furieux s'y jetèrent en foule, burent le vin dans leurs chapeaux, et s'enivrèrent à dessein avec une sorte de rage.

Les voleurs qui s'étaient joints aux assaillans brisèrent des coffre-forts, et pillèrent la caisse des orphelins ; puis ils commencèrent à démolir, jetant meubles, tuiles, décombres, sur la foule qui entourait la place.

Le désordre devenant général, et les menaces répétées de mettre le feu partout faisant redouter de plus grands malheurs, on fit battre la générale, et la garnison courut aux armes ; mais l'idée que l'origine de ce désordre provenait d'une bourgeoisie mécontente à juste titre, fit que les généraux et les troupes n'étaient point disposés à employer la violence pour la repousser ; on se contenta de faire des dispositions pour garder les lieux les plus essentiels, tels que les quartiers, les arsenaux, la monnaie, les magasins, les prisons, maisons de force, etc. On plaça des gardes devant les maisons des magistrats les plus notés, et les troupes eurent ordre de ne faire aucune violence ; mais simplement de former une barrière devant leurs portes, d'empêcher qu'on ne mît le feu, et de n'employer la force que pour leur défense personnelle.

On suivit si bien cette méthode que les malintentionnés, enhardis par l'inaction des troupes, se livrèrent à toutes sortes d'excès. La bourgeoisie finit par se retirer, et il ne resta que des bandits qui, répandus dans toute la ville, attaquèrent plusieurs maisons. On les repoussa dans divers endroits où ils voulaient mettre le feu, et à une heure après minuit, il fut décidé d'employer la force pour rétablir l'ordre et la tranquillité. Je fus envoyé l'un des premiers avec ma compagnie au secours d'une maison qu'on pillait. Une troupe de misérables, après avoir enfoncé les portes, faisait un dégât affreux, et emportait tout. Quand je vis que je n'avais affaire qu'à des voleurs, je ne marchandai pas ; j'exhortai mes gens, et bien que nous fussions accueillis par une grêle de tuiles, de pierres, de meubles, qu'on nous jetait des fenêtres, je fis fondre dans la maison avec la baïonnette, et sans tirer un coup de fusil. Là, après une mêlée très-courte, nous chassâmes tous ces malheureux à coups de crosses, de baïonnettes et d'épées ; plusieurs furent blessés et une partie fut arrêtée.

On en fit de même partout, et, lorsque le jour parut, toutes les bandes étaient dissipées. Dans le courant de la journée, la bourgeoisie elle-même demanda à s'armer et à se joindre à nous, ce qui fut fait. On se mit à la quête des voleurs, et, au bout de vingt-quatre heures, il y en eut au-delà de quatre cents d'arrêtés. Nous restâmes sous les armes, et crainte de nouveaux événemens et d'incendies, il fallut pointer du canon contre les prisons pour contenir ce grand nombre de prisonniers, et envoyer des détachemens dans la campagne, où l'on commettait également des ravages. Il y a eu un voleur de pendu sur la place d'armes, et deux condamnés aux galères. Peu après le calme s'est rétabli; mais l'on a doublé les gardes, et la bourgeoisie, qui a pris la cocarde nationale, s'est formée comme à Paris, et fait le service avec nous. Le magistrat s'est exécuté sur plusieurs points essentiels ; cependant on n'est pas encore satisfait, et il faudra que l'Assemblée nationale prononce. *(Courrier de Provence.)*

Eclaircissement (C), page 120.

Messieurs,

Votre plume, dévouée au patriotisme, saisira sans doute avec empressement une occasion de faire connaître à toute la France l'activité et la prévoyance de nos braves compatriotes les habitans de Cherbourg. L'aristocratie, cette hydre toujours renaissante, emploiera en vain les moyens les plus subtils; grâce à leur zèle infatigable, elle est à jamais proscrite des murs fortunés de notre ville, et nous prétendons même en purger toute la *Hogue* (1), s'il est possible. Voici, en consé-

---

(1) Petit canton de la presqu'île du Cotentin, aux environs de Cherbourg.

quence, la manière dont nous nous y sommes pris dernièrement. Un aristocrate, dont le nom doit être connu pour servir d'exemple à ses semblables (c'est M. le marquis de Bruc), a cru en imposer encore aux crédules habitans de nos cantons, en affectant tous les dehors de la bienfaisance envers les paysans; cette conduite était d'autant plus dangereuse, qu'il est vrai que de tous les temps les malheureux ont toujours trouvé chez lui tous les secours possibles, aumônes de toute espèce, etc. Il a même poussé la dissimulation jusqu'à établir un hôpital dans sa paroisse; mais les sentimens de reconnaissance n'ont pu éteindre cette lumière vive qui, depuis l'heureuse régénération de la monarchie, sait nous faire distinguer si nettement les objets, et les apprécier à leur juste valeur. Au milieu de cette affabilité séductrice, l'œil vigilant et patriote de la nation a remarqué que M. le marquis de Bruc affectait de ne jamais porter de chapeau dans sa maison; des observations fidèles ont cherché à pénétrer ses motifs, et il n'a pas été difficile de découvrir que le mépris du signe heureux de notre régénération, de cette marque respectable de la réunion des bons Français, de la cocarde nationale enfin, était l'unique cause de cette affectation. Il n'eût osé couvert paraître sans cet ornement devenu si essentiel aux bons citoyens; dès-lors on a observé ses démarches de plus près, et M. de Bruc, ignorant que sa conduite fût aussi éclairée, a poussé la témérité jusqu'à se promener le matin dans ses jardins, en robe de chambre et en bonnet de nuit, espérant qu'à la faveur de ce costume il pourrait se soustraire encore à l'étendard de notre liberté; mais l'indignation générale a bientôt succédé à la condescendance que l'on avait eue pour lui, tant que sa conduite aristocratique n'a eu pour témoins que les habitans de son château. Le scandale a été général, et bientôt les habitans des *Pieux*, bourg voisin de la terre de cet aristocrate, ont fait passer leurs justes plaintes à Cherbourg. On a pris les armes, et sur la certitude que l'on a eue que le château de M. de Bruc servait de retraite à *sept* maisons de Bretagne qui ont été forcées d'abandonner cette province, et qu'il se tramait certainement des projets de contre-révolution dans cette partie de notre presqu'île, notre brave milice nationale s'est déterminée sur-le-champ à marcher avec du canon pour ensevelir sous les ruines du château les auteurs de cette trame criminelle. Malheureusement le chef de notre municipalité, toujours trompé par cette loyauté qui forme son caractère, n'a pas voulu regarder des preuves aussi claires comme suffisantes pour trouver des coupables, et tout en rendant justice à la délicatesse de nos sentimens, et sans blâmer notre défiance, a employé les moyens de persuasion pour ralentir notre ardeur; nous n'avons pu nous refuser aux désirs d'un homme auquel nous n'avons d'autre reproche à faire que d'avoir trop de sang-froid dans une occasion où un acte de vigueur eût été indispensable. Il est vrai que nous n'avons pas tardé à apprendre que les *sept* maisons de Bretagne, réfugiées chez M. de Bruc, n'étaient autre chose que madame de *Sesmaisons*, femme du colonel du régiment de Condé, ce qui diminue le danger et la noirceur du complot. Malgré cela, nous avons toujours les yeux ouverts sur tout ce qui se passe dans ce château, et, en retranchant l'appareil militaire que nous comptions employer, nous ne sommes pas moins décidés à envoyer une députation pleinement autorisée à venger l'injure faite à l'honneur national, en faisant arborer la victorieuse cocarde jusque sur le bonnet de nuit aristocratique dont, à si juste titre, nos yeux ont été offensés, et nous pourrons du moins nous flatter d'avoir donné les premiers l'exemple d'un patriotisme aussi délicat.

J'ai l'honneur d'être, messieurs, avec des sentimens archi-patriotiques, votre très-humble et très-obéissant serviteur,

Signé, Démagogue.

(*Actes des Apôtres.*)

Éclaircissement (D), page 145.

« Non, messieurs, la dîme n'est point une propriété ; la propriété ne s'entend que de celui qui peut aliéner le fond, et jamais le clergé ne l'a pu. L'histoire nous offre mille faits de suspension de dîmes, d'application de dîmes en faveurs des seigneurs, ou à d'autres usages, et de restitution ensuite à l'église. Ainsi les dîmes n'ont jamais été pour le clergé que des jouissances annuelles, de simples possessions révocables à la volonté du souverain.

» Il y a plus, la dîme n'est pas même une possession, comme on l'a dit : elle est une contribution destinée à cette partie du service public qui concerne les ministres des autels ; c'est le subside avec lequel la nation salarie les officiers de morale et d'instruction.....

» J'entends à ce mot *salarier* beaucoup de murmures, et l'on dirait qu'il blesse la dignité du sacerdoce ; mais, messieurs, il serait temps, dans cette révolution qui a fait éclore tant de sentimens justes et généreux, que l'on abjurât les préjugés d'ignorance orgueilleuse qui font dédaigner les mots salaires et salariés. Je ne connais que trois manières d'exister dans la société ; il faut y être mendiant, voleur ou salarié. Le propriétaire n'est lui-même que le premier des salariés. Ce que nous appelons vulgairement sa propriété, n'est autre chose que le prix que lui paie la société pour les distributions qu'il est chargé de faire aux autres individus par ses consommations et ses dépenses ; les propriétaires sont les agens, les économes du corps social.

» Quoi qu'il en soit, les officiers de morale et d'instruction doivent tenir sans doute une place très-distinguée dans la hiérarchie sociale ; il leur faut de la considération, afin qu'ils s'en montrent dignes ; du respect même, afin qu'ils s'efforcent toujours davantage de le mériter ; il leur faut de l'aisance pour qu'ils puissent être bienfaisans ; il est juste et convenable qu'ils soient dotés d'une manière conforme à la dignité de leur ministère et à l'importance de leurs fonctions ; mais ils ne faut pas qu'ils puissent réclamer un mode pernicieux de contribution comme une propriété.

Je ne sais pourquoi on leur disputerait que la dîme est d'institution nationale ; elle l'est en effet, et c'est à cause de cela même que la nation a le droit de la révoquer, et d'y substituer une autre institution. Si l'on n'était pas enfin parvenu à dédaigner, autant qu'on le doit, la frivole autorité des érudits en matière de droit naturel ou public, je défierais de trouver à propos des dîmes, dans les capitulaires de Charlemagne, le mot *solverint*, c'est *dederint* que l'on y rencontre toujours ; mais, qu'importe ? La nation abolit les dîmes ecclésiastiques, parce qu'elles sont un moyen onéreux de payer la partie du service public auquel elles sont destinées, et qu'il est facile de les remplacer d'une manière moins dispendieuse et plus légale. »

(*Courrier de Provence.*)

Éclaircissement (E), page 147.

Les hommes de plaisir, et les femmes qu'ils aiment à rencontrer, ont tous connu et fréquenté cette charmante rotonde dite le Panthéon, temple élevé à la volupté, en face du Palais-Royal...... Le Panthéon, depuis quelque temps, voyait ses pontifes le fuir pour faire fumer leur encens dans le cirque, lorsque M. le marquis de Condorcet a conçu le noble projet d'en faire un temple à la liberté, sous la dénomination de club de la révolution, ou de portique français. C'est de ce foyer que partira le feu sacré qui doit embraser les deux mondes. Madame de Gouges, si connue par son *naufrage*, sera la prêtresse à qui la garde en sera confiée.

L'ouverture s'en est faite le jour des rois, avec toute la solennité que comportait la circonstance.

Environ 500 membres des plus zélés défenseurs du peuple,

dans la plus auguste assemblée de l'Univers, y brillaient à l'envi les uns des autres, et M. l'abbé Sieyes les présidait.

Un pareil nombre de personnes du sexe, des plus ardentes amatrices des droits de l'homme, avaient été jugées dignes d'y être incorporées, et mademoiselle Théroigne de Méricourt a été nommée présidente de ses concitoyennes ; elle a été installée aussitôt, en recevant l'instrument destiné aux droits et devoirs de sa charge. Ses fonctions étant plus pénibles que celles du président, on a renforcé la sonnette, et on y a joint un manche et un battant d'une grosseur convenable.

Nous donnerons une autre fois les discours qui ont été prononcés dans cette occasion.

Nous nous empressons d'en venir aux danses de caractère qui ont fixé l'attention des spectateurs ; leur choix a satisfait à la fois les yeux, le cœur et l'esprit.

La décoration avait été prêtée par l'Académie nationale de musique ; c'était celle du dernier acte de *Panurge*. Elle prêtait à merveille à l'illusion.

Une entrée générale de quatre quadrilles sur l'air des sauvages a commencé le bal.

Le menuet de la cour a suivi l'ouverture ; il a été dansé avec de grands applaudissemens par M. le duc d'Aiguillon et M. le chevalier de L***. Le premier était costumé en reine de Hongrie, le second en roi de Prusse ; on les a reconnus, quoiqu'ils fussent très-bien déguisés.

Une contredanse nationale a suivi ; on y a reconnu M. de Clermont-Tonnerre malgré son masque de fer.

M. de Champcenetz, le fils, donnait la main à une dame déguisée en Vénus. Elle ne montrait que son visage, et l'orchestre jouait le joli refrain, *Finissez donc, cher père*.

M. Guillotin, médecin politique, et mademoiselle Samson, ont alors dansé d'un pas grave le menuet d'Exaudet. La vétusté de cet air aristocratique a fait proposer par M. Robespierre, déguisé en enfant de chœur, d'y substituer une danse de corde. M. Guillotin s'y est opposé par décence, et a promis, lors du prochain bal, de remplacer le menuet d'Exaudet par un morceau tiré de l'opéra de *Dorothée*, qui serait *bien plus honnête*.

Un pas de quatre a été exécuté ensuite par quatre sauteurs en liberté. L'un, habillé en tigre royal, avec un masque boue de Paris, a été reconnu être M. le comte de Mirabeau; le second, habillé en juif errant, était M. Brissot de Warville. Madame de Gouges, déguisée en jeune Indienne, et madame de Condorcet, travestie en infante de Zamora, complétaient le quadrille, qui a fort bien exécuté le menuet congo.

Plusieurs groupes, où l'on remarquait l'abbé Grégoire, le curé de Soupes, etc., costumés en marabous, dansaient dans les angles le caloula, le fandango, le bamboula, et l'on n'entendait rien à tout cela.

On a annoncé les danseurs de corde, et l'équilibre sur le fil de fer. M. Target s'est élancé vêtu en matelot blanc, bordé de bleu, appuyé sur l'orteil du pied droit, la jambe gauche en l'air, les coudes arrondis. M. l'abbé Sieyes lui a présenté une pyramide colossale et renversée, en annonçant à l'assemblée que M. Target allait la mettre en équilibre sur la pointe. C'était un emblème très-ingénieux de la constitution. M. Target a effectivement essayé long-temps de mettre la pyramide en équilibre sur le bout des doigts. M. Thouret, habillé en arlequin, chantait le joli air de Rose et Colas, *Ah! comme il y viendra!* M. Target, ayant voulu répondre, *J'ai plus que vous le poignet ferme*, a fait un faux mouvement: la pyramide l'a entraîné; il a roulé et disparu comme un éclair. On l'a cherché long-temps inutilement; enfin M. Roussillon l'a déterré dans une cave, occupé à raccommoder ses pompons et sa fraise à dentelle, derrière un tonneau de Frontignan.

A ce moment de charivari a succédé une fort belle anglaise, dansée par M. Du Roveray, habillé en jockey, à la livrée de M. Pitt; elle a été suivie d'une petite entrée de Colinette à la cour, dansée fort délicatement par madame la comtesse de La Touche.

Alors a commencé un pas allégorique qui a obtenu les applaudissemens des loges du côté du roi, et a été improuvé du côté de la reine.

M. le vicomte de Mirabeau *représentait* la constitution d'Angleterre, qui n'a pas changé depuis cent ans. La solidité de M. le vicomte le rendait extrêmement propre à cette danse de caractère. Son déguisement était de trois couleurs qui faisaient un effet très-national ; l'orchestre jouait, avec force contre-basses, le vieux air de Lully, *Pardonnez à mon âge en faveur de ma gloire*. Les instrumens à vent suivaient deux petits hommes jouant l'air de l'Épreuve villageoise : *Bon Dieu, bon Dieu, comme à cet' fête monsieu d' la France était honnête*. Le premier de ces petits hommes, masqué avec un museau de requin, avec un habit galonné de principes, figurait les droits de l'homme, et a été reconnu pour M. Barnave. Le second portait un habit plein de trous, sa figure était livide, sa langue lui sortait de la bouche, sa danse était toute dégingandée et boiteuse ; il ne pouvait se tenir en place : il tombait et se relevait, heurtait les droits de l'homme, son vis-à-vis ; en un mot, c'était M. le duc de la R....., représentant la nouvelle constitution. Ils attaquaient de tous les côtés la constitution anglaise qui, appuyée sur trois bases, résistait à tous leurs efforts.

Cette entrée commençait à fatiguer les spectateurs, lorsque l'attention a été interrompue par un événement bizarre. Un grand seigneur écossais est arrivé déguisé en *père de la mission*. On ne voulait pas le laisser entrer à la porte ; mais, ayant corrompu les gardiens, il avait pénétré. Ses amis l'ont reconnu, et se sont réunis autour de lui pour admirer un joli petit sapajou qu'il tenait sous son bras ; vu de près, on a reconnu que ce n'était qu'un chat maigre. En faisant sa tournée, le prince étranger a aperçu un jeune masque faisant rafraîchir madame de Condorcet, avec laquelle il venait de danser ; c'était M. le marquis de la Fayette, déguisé en maréchal national. Il tenait d'une main un instrument avec lequel on bat le fer tandis qu'il est chaud ; l'autre était l'instrument avec lequel on allume la forge. Cet appareil a inspiré une telle frayeur au prince étranger, qu'il est allé sur-le-champ prendre sa chaise de poste dans une remise voisine où il l'avait laissée, et il est reparti sur-le-champ pour Londres, emmenant avec lui trois secrétaires grecs, et deux intendans égyptiens de la race de Pharaon.

Après son départ, on s'est rassemblé en chœur pour partager le gâteau des rois entre les honorables membres; mais, ayant eu la faiblesse de mettre le premier morceau de côté, la fève s'est précisément trouvée dans la part du diable. Cet accident a paru de mauvais augure ; la confusion a commencé, et dans ce désordre le feu s'étant mis à une gloire de la décoration nationale, la corniche du couronnement a beaucoup souffert, chacun des membres s'est empressé de regagner son logis crainte d'accident, et est arrivé chez lui, sale, crotté et méconnaissable.

C'est ainsi que s'est terminé cette première fête ; mais nous pouvons assurer qu'elle n'aura pas de suites fâcheuses. On va mettre dans le Panthéon de nouveaux ouvriers : les décorations en seront plus fraîches, les appuis plus solides ; le couronnement sera doré à neuf, et fera l'admiration des étrangers et des nationaux. *(Actes des Apôtres.)*

Éclaircissement (F), page 148.

C'est au milieu de ces discussions que l'abbé Maury, voulant empêcher qu'on n'allât aux délibérations sur la question agitée avec chaleur, a voulu prendre la parole ; les cris d'improbation ont étouffé sa voix ; il ne lui restait qu'une ressource périlleuse pour se faire comprendre ; des gestes expressifs, mais qui n'étaient pas ceux d'un homme de sang-froid.

L'amendement de M. de Cazalès a été rejeté : aussitôt

M. l'abbé Maury remonte à la tribune, et s'écrie : « Vous avez pris l'engagement de payer la dette publique, et vous ne voulez pas la connaître ; les administrateurs infidèles pourront la grossir au gré de leur cupidité, et vous, vous vous opposez à ce qu'elle soit révélée à la France entière. Je le demande à ces hommes à qui la France a refusé toute espèce de courage, mais qu'elle a bien dédommagé en leur donnant le courage de la honte, qu'ils me répondent dans cette assemblée. »

Un cri d'indignation retentit dans la salle ; les uns demandent qu'on le précipite de la tribune, les autres qu'on en délivre l'Assemblée, ou qu'il n'y paraisse qu'à la barre, comme un accusé devant ses juges.

Ces débats tumultueux ont fait place au langage paisible et froid de la raison, auquel il en faut toujours revenir. M. de Mirabeau, oubliant combien de fois il avait eu à se plaindre de la fougueuse éloquence de l'accusé, et par combien d'incartades particulières il avait préludé à ce jour de scandale, demande sur quelle motion il devait opiner. Cent voix crient en même temps : « M. l'abbé Maury a offensé l'Assemblée nationale toute entière ; voilà la question. » Alors trois députés se lèvent, et proposent que parmi les voix qui se perdent dans des bruits vagues et confus, une seule dénonce le crime de M. Maury.

A l'instant M. Guillaume a fait la motion que le président de l'Assemblée écrirait au bailliage de Péronne, c'est-à-dire aux commettans de M. l'abbé Maury, de retirer les pouvoirs qui lui ont été donnés, et d'envoyer un suppléant à sa place. Cette motion a été appuyée par M. Coroller, avec un amendement plus sévère encore.

C'est alors que M. le comte de Mirabeau s'est expliqué en ces termes : « Mon objet n'est pas précisément d'examiner jusqu'à quel point l'injurieuse phrase de M. l'abbé Maury et M. l'abbé Maury lui-même sont coupables ; par l'emportement où il s'est laissé entraîner ; on voit combien la colère est un mauvais conseiller.

» S'il était possible que M. l'abbé Maury eût eu l'intention d'offenser l'Assemblée nationale, ce serait là moins un délit qu'une démence, et il ne faudrait chercher d'autre peine que les petites maisons. Mais, du milieu de cette tumultueuse affaire, je vois s'élever un principe, qu'il importe à notre tranquillité intérieure de discuter et d'établir : jusqu'à quel point peut s'étendre l'autorité judiciaire de l'Assemblée sur un de ses membres qui a manqué à sa police intérieure, ou qui même y aurait commis des délits? Pourrait-elle le rayer, de sa propre autorité, de la liste des représentans? Je ne crois pas, Messieurs, que, dans aucun cas, notre juridiction personnelle puisse s'étendre jusqu'à une peine si grave, et qui ne frapperait pas seulement sur le député coupable, mais sur les droits des commettans, sur les droits de la nation.

» Voilà la considération, Messieurs, qui doit fléchir votre sévérité et faire borner la peine encourue par M. l'abbé Maury à une simple censure de police. »

M. l'abbé Maury avait droit de se défendre, aussi a-t-il été écouté ; mais ses prétendus moyens de défense n'ont fait qu'aggraver sa faute : il a dit qu'un homme qui improvisait, et auquel on répondait par les hurlemens de la rage.. .. A ces mots des cris d'indignation allaient recommencer, lorsque M. l'abbé Maury s'est réduit à des phrases.

M. Desprémesnil, toujours prêt à soutenir les bonnes causes, est venu à son secours, s'étayant des principes admis dans les tribunaux, que, dans le doute, la présomption devait être pour l'innocent. Ce mot a excité des ris et des huées, et M. de Rœderer a vivement redressé son auteur, ainsi que M. de Cazalès, qui dans ce moment se trouvait le frère d'armes de M. Desprémesnil.

Cette scène fâcheuse, qu'on n'écrit qu'à regret, et parce

qu'on ne peut pas la taire, a été terminée par l'adoption de la motion de M. le comte de Mirabeau, c'est-à-dire que M. l'abbé Maury serait censuré, et la censure insérée dans les registres. (*Courrier de Provence.*)

Éclaircissement (G), page 156.

Projet de décret présenté à l'Assemblée nationale, par M..... .

MESSIEURS,

Ce serait en vain que vous auriez changé les mœurs de la nation et de l'univers entier, l'œuvre est incomplète, et il est de votre sagesse, ainsi que de votre gloire, d'achever par un décret qui régénère le monde physique, et le rende conforme au monde moral que vous venez de créer. Il répugne que les hommes présentent le spectacle d'une égalité ravissante, qui est le droit de leur nature, et dont ils n'ont pas joui jusqu'à vous, et qu'ils soient aussi inégalement traités par le ciel, qui semble s'être plu à faire des riches et des pauvres, des heureux et des malheureux ; des jours de douze heures pour les uns, et de huit pour les autres ; de seize heures dans un lieu en un temps de l'année, et de dix heures dans le même lieu en un autre temps ; qui brûle ceux-ci par un soleil dévorant, tandis qu'il glace ceux-là, et les tue par un froid insupportable ; qui se joue des pauvres humains par un despotisme que votre souffle doit détruire, tantôt en ravageant leurs possessions par les foudres et les tempêtes, en marquant même des victimes particulières choisies parmi les états les plus précieux de la société, tantôt en submergeant des contrées entières. Il est contradictoire qu'une même famille éprouve des vicissitudes frappantes, qui mettent entre ses membres plus de différence qu'il n'y en a de l'éléphant à la fourmi. L'immortel Américain dont vous portiez le deuil il n'y a que peu de jours, comme les représentans de la nature consternée de sa perte ; Franklin avait arraché le sceptre aux tyrans, et aux cieux la foudre. Vous ne lui céderez pas, Messieurs, et en déployant toute l'étendue du pouvoir qui vous est réservé, vous vous assurerez la reconnaissance des races futures, jusqu'au temps qu'il vous plaira fixer pour la consommation des siècles.

Je propose donc de décréter les articles ci-après :

Article premier. A compter du 14 juillet prochain, les jours seront égaux aux nuits pour toute la surface de la terre, le jour commençant à cinq heures.

Art. ii. Au moment où le jour finira, la lune commencera à luire, et elle sera dans son plein jusqu'au lever du soleil.

Art. iii. Il règnera constamment d'une extrémité à l'autre du globe une température modérée et toujours égale.

Art. iv. La foudre et la grêle ne tomberont jamais que sur les forêts. L'humanité sera à jamais préservée des inondations, et la terre, dans toute son étendue, ne recevra plus que de salutaires rosées, qui la feront fructifier à l'avantage de tous ses habitans sans distinction.

Art. v. Le présent décret sera envoyé à toutes les municipalités, et rendu public dans les deux hémisphères.

Et sera le sieur Blanchard chargé de faire un ballon extraordinaire pour, accompagné de deux honorables membres, aller le publier dans la région éthérée, afin que nul n'en puisse prétendre cause d'ignorance. Un détachement des plus braves de la garde de Pontoise, sous le commandement de M. de Lameth, protégera le ballon contre les entreprises des aristocrates qui pourraient se présenter sur la route, tels que Charlemagne, Louis IX, etc.

Art. vi. Le pouvoir exécutif veillera à l'accomplissement dudit décret, et enjoindra aux municipalités de dresser procès-verbaux de contravention, lesquels seront envoyés à l'assemblée, pour y être statué ; sans que l'on puisse ajourner ni envoyer aux comités des rapports, et même passer à l'ordre du jour.

Eclaircissement (H), page 159.

Une lettre était le corps du délit ; et cette lettre était entre les mains du comité des recherches de la commune. Elle avait été trouvée parmi les pièces qui inculpent, dit-on, le sieur Augeard, et les commissaires la peignirent comme renfermant les traces d'un complot, comme étant souverainement outrageuse pour les membres de l'Assemblée nationale.

Un cri général s'élève ; toutes les apparences étaient contre M. Malouet, excepté sa réputation de probité, et la noble tranquillité de son maintien : on demande sa lettre; on va la chercher. Au milieu des cris de la prévention et d'une indignation anticipée, M. Malouet s'achemine à la tribune ; il en est repoussé. Soudain, soit par le tumulte qui s'augmente, soit par cette délicatesse de vertu, peu jalouse de son rang dès qu'elle est suspecte ; il se rend à la barre pour faire entendre de là sa justification ; mais l'Assemblée sait qu'un accusé n'est pas un coupable ; plusieurs membres l'appellent à la tribune, on insiste ; il y monte, et c'est un premier acte de justice de l'Assemblée envers lui. M. Malouet parle pour sa défense avec cette modestie courageuse qui brave les apparences de crainte ou de faiblesse, en attestant pour lui une vie passée dans la réputation de bon citoyen. Il rappelle des circonstances douloureuses à son cœur, où il a été méconnu, calomnié, menacé, dénoncé au peuple comme un ennemi de la liberté ; une sensibilité trop vive a pu lui dicter quelques expressions trop peu mesurées. Eh ! quel est l'homme qui ne cède quelquefois à ce mouvement! « Si j'avais offensé, dit-il, un de mes collègues, je réparerais cette offense ; si j'avais manqué à cette Assemblée, je descendrais à la barre, et je me résignerais à la peine qui me serait due. Mais il est impossible que j'aie pu oublier les devoirs de citoyen, et trahir les intérêts de la liberté. »

Son discours, prononcé avec la confiance de la vertu et la décence de sa position, fit naître pour l'orateur une disposition favorable, qui se décida complétement quand on lut la fameuse lettre.

Elle avait été adressée à M. le comte d'Estaing, alors commandant général de la milice nationale de Versailles. Il l'informe de propos qui ont été tenus, sur l'intention qu'avait cette milice de se débarrasser des députés mauvais citoyens. Il attribue cette fermentation du peuple à des scélérats qui calomnient tous ceux qui sont contraires à leurs projets de subversion. Il n'est que trop vrai, ajoute-t-il, qu'il existe parmi nous de mauvais citoyens qui veulent mettre le feu dans le royaume.

Cette lettre avouée par M. Malouet, il remonte à la tribune ; il en expose l'occasion, l'époque, les motifs, et son apologie fut un vrai triomphe. L'assemblée avait eu lieu de croire, suivant la dénonciation qui venait d'être faite, que cette lettre était liée par quelque trait à l'affaire du sieur Augeard. Elle fut frappée d'étonnement quand elle n'y reconnut que les griefs d'un homme ulcéré, une invective contre ceux qu'il regardait comme ses ennemis ; quand elle vit que cette lettre, loin de renfermer des traces de conspiration, n'était qu'une violente sortie contre ceux qu'il présumait être des perturbateurs de la paix publique, une dénonciation même des bruits répandus contre la sûreté des représentans de la nation.

A l'instant l'absolution de M. Malouet se fit dans le cœur des juges, au milieu d'applaudissemens qui étaient pour lui une vengeance honorable : des voix s'élevaient pour demander la punition de ses dénonciateurs.

M. Malouet, après des tentatives d'explication de la part de MM. de Préfelne et de Gleizen, à peine entendues, déclare qu'il lui suffit d'être complétement lavé de l'accusation, et prie qu'il ne soit donné à cette accusation aucune suite ultérieure. On demande la question préalable sur le tout ; elle est rejetée, et c'est par un décret formel que la non inculpation de M. Malouet est reconnue. (*Courrier de Provence.*)

Éclaircissement (I), page 188.

Description du livre noir.

Ce livre est un registre composé de 322 feuilles, relié en maroquin *noir*. On a employé, pour le former, du papier de France de la belle fabrique de Mi.....u, L....h et compagnie, dont la devise, empreinte dans le papier, est *pro diabolo et licentia*.

Le premier feuillet a pour titre : *Esprit de l'Assemblée nationale, ou recueil des maximes, motions et reparties les plus sages de ses membres les plus distingués, ainsi que quelques-uns des décrets les plus moraux des vertueux législateurs français, à l'usage de tous les peuples du monde.* Les trente-deux feuillets qui suivent contiennent des hiéroglyphes, auxquels il nous a été impossible de rien comprendre. On lit seulement au commencement une phrase anglaise dont voici le sens : *Plan de régénération de la monarchie française, arrêté entre les ci-dessous nommés à Viroflay, et par suite à Passy, puis en la grande salle du couvent des révérends pères jacobins.* Le surplus est en blanc ; mais sa destination est reconnue par ce titre : *Suite de l'Esprit de l'Assemblée nationale.* Il paraît que ce registre très-considérable était destiné à le devenir encore plus par la suite ; car on lit sur le dos de ce volume, tom. 1er : Nous avons d'abord fait l'examen le plus attentif de la forme et de l'état du livre ; et, après nous être assurés qu'il était dans son intégrité et sans altération, nous avons fait le dépouillement qui va suivre.

Depouillement du livre noir.

Le sang qui vient de couler est-il donc si pur !
(*Barnave.*)

Un aristocrate. — Messieurs, les jours du roi sont menacés; volons à son secours, entourons sa personne.

Réponse. — Il serait contre la dignité du pouvoir législatif de se transporter dans le palais du pouvoir exécutif.

. . . .

Servir dans l'armée, c'est servir avec des brigands.
(*Dubois de Crancé.*)

Attaquer les propriétés est d'un brigand.
(*Maury.*)

Attaquer les propriétés est d'un législateur.
(*Garat le jeune*, Journal du 19 juin 1790.)

Un ennemi de la révolution. — Messieurs, on pille, on brûle, on assassine.

Un ami de la révolution. — La question préalable.
(*Robespierre.*)

Un noir. — On pille, on brûle, on assassine.

— Messieurs, je vous recommande de la douceur envers les citoyens qui brûlent les châteaux.
(*Robespierre.*)

— Décrété que l'on enverra dans les provinces le discours du roi. — Enragé du côté droit. — Messieurs, encore une fois, on pille, on brûle, on assassine. — Décret arrêté que les juridictions prevôtales demeureront interdites.

. . . .

L'insurrection est le plus saint des devoirs.
(*La Fayette.*)

Le côté droit tout entier. — Messieurs, mettez fin à tant d'horreurs ; en Bretagne, en Limousin, en Périgord, etc., on brûle les chartriers et les châteaux, et les nobles n'évitent la mort que par la fuite. Dans quelques endroits, on a vu des officiers municipaux à la tête des brigands.

M. de Robespierre, se signant. — Ce sont les aristocrates qui égarent ce bon peuple.

Un aristocrate. — Il faudrait envoyer des troupes pour réprimer ces désordres.....

Le docteur Blin. — Des troupes! ce serait envoyer des assassins contre des assassins.

Cazalès. — Le seul remède à des maux si violens, c'est de rendre au roi toute l'étendue du pouvoir exécutif.

M. de Robespierre. — Ah! oui, M. l'aristocrate, faire un dictateur! La loi martiale est déjà de trop dans une révolution. Cela peut dégoûter le peuple.

Reubell. — Faites ce que je vais vous dire, et la nation sera riche. Allez dans toutes les maisons; forcez les coffres-forts, et prenez ce qui s'y trouvera. — Un cri d'horreur du côté droit. Réplique. — Je vous le dis, messieurs, c'est là, et ce n'est que là que vous trouverez de l'argent.

Que dites-vous de cela, M. Garat le jeune? *C'est une erreur de la vertu.* Journal de Paris, septembre 1789.

Le roi. — Messieurs, puisque chacun de vous fait établir un district dans son pays, voudriez-vous me faire la grâce de m'en accorder un pour Fontainebleau, et un pour Rambouillet.

Décret. — Ni l'un ni l'autre.

Le vicomte de Voisins est traîné, par l'assemblée de Valence, à une assemblée populaire, où il est massacré au milieu des officiers municipaux. — Décrété que M. le président écrira à la municipalité de Valence pour lui témoigner la satisfaction de l'assemblée.

Un impartial. — Il est à craindre que sous le prétexte d'exécuter le décret qui proscrit les armoiries, on ne recommence la dévastation des châteaux, des églises, etc. — Patriote du côté gauche. — Il faut que cela soit. — M. Lucas. — Que l'on fasse un appel nominal pour connaître les députés absens. — M. de

Foucault. Cela pourrait fair massacrer les députés qui sont dans les provinces. — Patriote du côté gauche. — Eh bien! *que les accusés soient jugés* dans le sens de la révolution. **L.**

Députation du département de Seine-et-Oise, regardant fixement le côté droit. — Nous vouons à l'exécration et à l'infamie ceux qui osent faire des réclamations et des protestations contre l'assemblée. — Réponse du président (Louis-Michel le Pelletier). — L'assemblée est sensible aux expressions de votre patriotisme.

Discours d'un officier, couvert de blessures, au comité des pensions. — Messieurs, j'ai une pension de 700 livres, on me dit qu'on ne paie que celles de 600 liv.; cependant je n'ai que cela pour vivre. — Réponse de M. Camus, président. — Allez chercher à dîner chez vos parens.

Le comité des rapports. — Messieurs, on a découvert ceux qui ont incendié les barrières l'année dernière : ils vont être jugés, et pourront découvrir bien des coupables ; ne sentez-vous pas vos cœurs émus ? — Réponse. — Les pauvres gens, qu'ils sont intéressans ! Voilons la statue de la loi.

On prie les personnes qui pourraient donner des renseignemens sur MM. les Indiens, les Persans, les Égyptiens, les Chaldéens, les Chinois, les Indous, les Tripolitains, les Maures, les Arabes, etc., qui, au nom de l'univers, ont été en députation à l'assemblée nationale, le 19 juin, de vouloir bien les faire connaître. On pourrait peut-être, par le moyen de ces savans étrangers, acquérir quelques lumières sur les hiéroglyphes qui remplissent les 32 feuillets dont on regrette de ne pouvoir pas donner la traduction.   (*Actes des Apôtres.*)

Eclaircissement (J), page 205.

Permettez-moi, messieurs, de supposer Rousseau assis parmi nos législateurs ; vous jugerez par la différence de ses principes, quelle eût été celle de sa conduite. Pour modérer le zèle de nos modernes utopiens, il veut leur montrer l'inutilité de leur vaste entreprise (1). « Que si on veut, leur dit-il, qu'il soit aisé de faire de meilleures lois, il est impossible d'en faire dont les passions des hommes n'abusent point, comme ils ont abusé des premières. Prévoir et peser tous ces abus est peut-être une chose impossible à l'homme d'état le plus consommé. Mettre la loi au-dessus de l'homme est un problème en politique que je compare à celui de la quadrature du cercle en géométrie (2). Ils en promettent la solution ; ils promettent des lois qui feront régner la justice et la paix ; des lois appuis de la faiblesse, et ennemies de l'oppression, qui fonderont la liberté sur des bases inébranlables, et feront la gloire et la prospérité de la nation ; en un mot, ils annoncent une régénération complète ; et dès lors, aux yeux de tout être pensant, leur orgueil décèle leur ignorance. »

Ne pouvant les persuader, Jean-Jacques tâche de les effrayer par l'idée des dangers qu'ils vont faire courir à la patrie, et il leur adresse le même avis qu'autrefois il crut devoir donner aux Polonais, dont cependant il disait le gouvernement détestable : « Prenez garde, prenez garde que, pour vouloir trop bien être, vous n'empiriez votre situation ; en songeant à ce que vous voulez acquérir, n'oubliez pas ce que vous pouvez perdre. Corrigez, s'il se peut, les abus de votre constitution ; mais ne méprisez pas celle qui vous a fait ce que vous êtes (3). »

Avec quelle énergie, messieurs, ils répondent que la France n'a rien à perdre ; que depuis des siècles elle gémit sous les abus de tous les genres, sous les despotismes de toutes les espèces, et sous les aristocraties de toutes les formes ; que, quoiqu'on puisse faire, elle ne sera jamais plus pau-

---

(1) Gouvernement de la Pologne, ch. 1.
(2) Rousseau ajoute : « Soyez sûrs qu'où vous croyez faire régner les lois, ce seront les hommes qui règneront.
(3) Gouvernement de la Pologne, ch. 1.

vre et plus malheureuse, plus méprisée des nations, et plus en danger de sa perte. Qu'il ne s'agit pas de réformer sa constitution (1) (ce qui est cependant un assez beau problème à résoudre); enfin ils assurent que bientôt leur patrie aura le plus parfait de tous les gouvernemens, et ils font le serment de le lui donner.

Ce serment fait trembler le pusillanime Jean-Jacques, et lui arrache un dernier soupir.

« Je ne dis pas, s'écria-t-il, qu'il faille laisser les choses dans l'état où elles sont, mais je dis qu'il n'y faut toucher qu'avec une circonspection extrême. En ce moment on est plus frappé des abus que des avantages; le temps viendra, je le crains, qu'on sentira mieux ces avantages, et malheureusement ce sera quand on les aura perdus (2). » Nos grands hommes reconnaissent qu'il leur parle d'une voix affaiblie par l'âge et l'infortune. Déjà Rousseau n'était plus qu'un visionnaire sombre et farouche; il ne rêvait plus que malheurs; il ne voyait plus que précipices, et d'ailleurs peut-être est-il dans la vieillesse d'aimer les anciens abus comme des souvenirs du bel âge?

Rousseau cependant devait espérer que nos législateurs ne l'avaient pas nommé leur maître pour ne lui obéir jamais, et qu'ils n'attestaient pas sans cesse ses écrits, pour aller contre les principes qu'ils contiennent. Ne pouvant modérer leur zèle régénérateur, il se flatte de le diriger, et voici comme il parle à ces hommes qui ont mis toute la force de leurs poumons à persuader aux Français qu'ils sont un vil peuple d'esclaves,

---

(1) Plusieurs de nos représentans sont tellement convaincus de cette vérité, qu'ils veulent que l'on efface de notre histoire les monumens de gloire et de grandeur qu'elle atteste; qu'on décrie les belles actions qu'elle retrace, et qu'on méprise les grands hommes qu'elle immortalise, parce que jusqu'ici rien de tout cela n'a été constitutionnel !....

(2) Gouvernement de la Pologne, ch. 1.

pour qui va briller enfin le jour de la liberté. « Je sens, leur dit-il, la difficulté du projet d'affranchir vos peuples. Ce que je crains n'est pas seulement l'intérêt mal entendu, l'amour-propre et les préjugés des maîtres ; cet obstacle vaincu, je craindrais les vices et la lâcheté des serfs. La liberté est un aliment de bon suc, mais de forte digestion ; il faut des estomacs bien sains pour le supporter... Affranchir vos peuples est une grande et belle opération, mais hardie, périlleuse, et qu'il ne faut pas tenter inconsidérément. Parmi les précautions à prendre, il en est une indispensable, et qui demande du temps ; c'est, avant toute chose, de rendre dignes de la liberté, et capables de la supporter, les serfs qu'on veut affranchir (1)... La servitude *que vous dites* établie en *France* ne permet pas, je l'avoue, qu'on arme sitôt les paysans ; les armes, dans ces mains serviles, seraient plus dangereuses qu'utiles à l'état (2). »

De quel sourire de pitié ils honorent ces paroles ! de quel mépris ils les paient ! Est-ce donc là, se demandent-ils, cet apôtre de la liberté ! cet écrivain qui fait trembler les princes, et qui se dit l'ennemi des rois ! Quoi ! tous les hommes sont nés libres, et nous composerions avec la liberté ! Tous les hommes sont égaux en droits, et nous hésiterions à rendre à chaque individu ceux dont il peut être privé ! Pourquoi défendre les armes au peuple des villes et des campagnes. *Ce ne sont que des bras ajoutés à ceux que la nature leur a donnés.* Qu'importe les malheurs qui pourront en résulter ! qu'importe que les propriétés soient ravagées, les maisons incendiées, et les citoyens massacrés ! *Ce ne sont que des épisode ssans intérêt, des accessoires nécessaires ; il faut des victimes aux nations, et d'ailleurs le sang qui coulera est-il donc si pur pour qu'on doive s'en occuper ?*

A ces mots, messieurs, quel bouleversement dans toutes les facultés du sensible Jean-Jacques ! Il faut commander les

---

(1) Gouvernement de la Pologne, ch. 6.
(2) *Ibid.*, ch. 12.

forfaits pour en parler avec ce calme atroce. Plein d'horreur et d'épouvante, il fuit loin de ces hommes féroces, emportant avec lui le regret de leur laisser ses ouvrages.

(*Actes des Apôtres.*)

Eclaircissement (K), page 211.

LILLE. Je suis venu passer quelques jours à Lille, Messieurs, et de là j'ai été voir Tournay. Mon patriotisme est indigné de tout ce que j'ai vu et entendu, et c'est à votre démagogie que j'adresse toutes mes dénonciations.

1°. Je vous dénonce tous les habitans de Tournay, les Brabançons, les soldats autrichiens, kalmoukcs, pandours, cosaques et tyroliens, qui disent hautement qu'ils n'attendent que l'ordre de nous remettre dans le devoir; qui traitent notre cocarde de signal de révolte, et qui maltraitent les bons Français qui la portent chez eux.

2°. Je vous dénonce madame la duchesse de Lévis, aristocrate très-enragée, qui, dimanche 6 de ce mois, dans un bal à Tournay, a voulu faire danser le trépas de Targino-constitutionnette, tandis que les démagogues français, dont cette ville fourmille, demandaient le trépas du clergé.

3°. Je vous dénonce M. Veytard, ci-devant curé de Saint-Gervais, de Paris, qui va prêcher à Tournay un carême constitutionnel, enrichi de fleurs nationales.

4°. Je vous dénonce M. de Machault, ci-devant évêque d'Amiens, qui, réfugié à Tournay, fait encore passer des aumônes aux pauvres souverains de son diocèse, pour avoir le plaisir d'en être encore chassé, si l'idée lui reprend d'y retourner.

5°. Je vous dénonce la société des Amis de la constitution établie à Lille, dont tous les membres qui ont de l'esprit, mais de l'esprit comme on n'en a pas, ont fait une mauvaise chicane à leur bourreau, citoyen très-actif et fonctionnaire public, sur ce qu'il portait un habit bleu.

6°. Je vous dénonce généralement tous les cultivateurs et habitans de la Flandre française, de l'Artois, de la Picardie et du Soissonnais, qui ne veulent pas pour un diable convenir qu'ils sont extrêmement heureux et libres, et redemandent honteusement leurs vieux fers.

7°. Je vous dénonce une partie des gros fermiers et cultivateurs de ces mêmes ci-devant provinces, qui ont eu l'insolence de donner à leurs mâtins, dogues et chiens de cour, des noms de législateurs. Il n'est pas de village où l'on n'entende crier : Holà, Mirabeau! ici, Barnave! à moi, Lameth! On se retourne respectueusement, et on est tout étonné de ne voir qu'un animal hideux, sur lequel encore on fait agir le bâton.

8°. Enfin je vous dénonce pour la millième fois les aristocrates qui recommencent à faire incendier leurs châteaux et leurs archives, car il est très-certain qu'ils ne le font que pour n'avoir plus rien qui les attache chez eux, et pour se réunir en désespérés contre notre bien heureuse constitution. Cette dénonciation, Messieurs, mérite peut-être plus de réflexions que vous ne pensez ; car notre révolution était sûrement faite, si les aristocrates n'eussent pas employé cette ruse innocente.

P. S. Je vous dénonce encore, messieurs, madame la (ci-devant) comtesse de la Myre, qui, pour faire niche à notre bienheureuse révolution, vient de faire piller son château de Vennecourt, près Mondidier en Picardie. Ce sont même ses ci-devant vassaux qu'elle a sollicités, et sûrement soldés pour cette belle opération. Il est vrai qu'un de ses domestiques a été tué à ses côtés d'un coup de fusil ; que pendant tout le cours de cette petite plaisanterie qui a duré depuis dix heures du matin jusqu'à quatre après midi, elle a eu l'agrément d'avoir deux sabres et un pistolet sur la gorge ; que la caisse de son receveur a été enfoncée et pillée ; que les titres ont été enlevés de ses archives ; que ses honnêtes vassaux lui ont fait signer des billets tout aussi bons que celui de l'ami La Châtre ; que deux de ses enfans ont été maltraités ; mais ce ne sont là que des petites espiégleries constitutionnelles. Il y a cependant en tout cela quelque chose qui passe la plaisanterie ; c'est que des calomniateurs prétendent que ce n'est pas madame de la Myre qui a conçu la première l'idée de se faire piller ; ils assurent qu'elle lui a été suggérée par les deux augustes ingrats. Nous ne connaissons cependant en France aucune famille du nom d'ingrats, à moins que ce hideux sobriquet ne soit devenu un proverbe que je ne connais pas.

Je suis, Messieurs, de votre démagogie, le serviteur démagogue,

BRANDIBRAS, de Taille-Enclume.
(*Actes des apôtres.*)

Éclaircissement (L), page 223.

M. de Mirabeau a dit nettement, « qu'il lui paraissait indigne de l'Assemblée de biaiser sur une question de cette importance. Autant les circonstances ont pu nous permettre et peut-être dû nous inviter à nous abstenir d'examiner cette affaire, autant, si nous en sommes saisis, il importe qu'elle soit jugée ; et ce n'est pas sur des diplômes, des renonciations, des traités, que vous aurez à prononcer, c'est d'après l'intérêt national.

» En effet, si l'on pouvait s'abaisser à considérer cette cause en droit positif, on verrait bientôt que le procureur le plus renommé par sa mauvaise foi n'oserait pas la soutenir contre la branche de France, ni vous en refuser le jugement, que le monarque le plus asiatique qui ait jamais régné sur la France vous a renvoyée lui-même. »

Plusieurs membres ont rappelé à l'ordre M. de Mirabeau.

« Messieurs, a-t-il repris, je ne sais comment nous concilierons le tendre respect que nous portons au monarque, honoré par nous du titre de restaurateur de la liberté, avec cette superstitieuse idolâtrie pour le gouvernement de

Louis XIV qui en fut le principal destructeur. Je suis dans l'ordre, et je continue. » Alors il a défié qu'on osât nier que toute nation n'eût pas le droit d'instituer son gouvernement, et par conséquent de choisir ses chefs, et de déterminer leur succession. « Si donc il y a le moindre doute sur l'ordre de la nôtre, examinez, Messieurs, et jugez. Quelle mission plus honorable et plus sainte aurez-vous jamais ! » M. de Mirabeau a déclaré qu'il était prêt à traiter la question au fond, à l'instant même ; à montrer que si toute nation a intérêt que son chef se conforme à ses mœurs, à ses habitudes, à ses convenances locales, qu'il soit sans propriétés ni affections étrangères, cela est plus vrai des Français que d'aucun peuple. Que si le sacerdoce pouvait vouloir de l'inquisition, le patriciat de la grandesse, la nation ne voulait qu'un prince français ; que les craintes par lesquelles on cherchait à détourner notre décision étaient puériles ou mal fondées, mais que l'Europe, et l'Espagne encore moins, n'avaient point dit avec Louis XIV, *il n'y a plus de Pyrénées*. Qu'en laissant maintenant la question indécise, s'il y avait une question, on répandait des germes innombrables de discordes intestines ; qu'ainsi il ne pouvait que conclure, si l'on croyait qu'il y eût une question, à ce qu'elle fût jugée, et que dans l'autre supposition, il fallait indubitablement refaire hors de l'Assemblée une rédaction, laquelle certainement y consommerait trop de temps, et n'y atteindrait jamais à un certain degré de perfection, les douze cents représentans fussent-ils douze cents écrivains excellens. »   (*Extrait d'un discours de Mirabeau.*)

Eclaircissement (M), page 271.

Lettre de M. Servan à M......

Monsieur,

Quand je vous écrivais pour me plaindre de l'anarchie, quand je réclamais de tout mon cœur et de ma faible plume le rétablissement du pouvoir exécutif, quand je raisonnais paisiblement avec vous sur les maux d'une patrie que j'ai trop chérie pour mon repos ; qui m'aurait dit que j'allais moi-même servir du plus terrible exemple de ce qu'on doit craindre du peuple. Je ne vous dirai pas la centième partie de ce que j'aurais à vous raconter, et je ne sais si jamais je pourrai bien le faire entrer dans un écrit ; mais du moins écoutez avec quelque intérêt, et pesez avec prudence le peu que je vous dirai.

Las des sots propos, des écrits anonymes, et des calomnies odieuses, je m'étais retiré dans la campagne de M. de Gillier, à une lieue de Romans. Nous y vivions paisiblement et heureusement avec cinq ou six parens et amis. J'avais renoncé à toute lecture des papiers publics, et je m'étais bien promis d'attendre la destinée de la France, au lieu de m'inquiéter pour la prévenir. Votre ami, dans les mêmes dispositions que moi, plantait des arbres et semait des fleurs. A quatorze pas de la maison que nous occupions, est celle d'un ancien militaire appelé M. de Montchorel; il s'y était retiré dans les mêmes vues de repos, avec deux de ses nièces, un de leurs maris, et un M. Osmont, avocat au parlement de Paris, homme d'âge, recommandable par ses vertus, et qui, pour s'éloigner du bruit de la capitale, avait choisi pour asile, avec sa femme et ses enfans, la maison de M. de Montchorel, son ami.

Voilà, monsieur, les deux terribles maisons qui ont été l'objet de la fureur populaire ; M. de Gillier et sa sœur, ma femme et moi dans l'une, M. de Montchorel, vieux militaire, et M. Osmont, ancien avocat, avec trois femmes et huit enfans dans l'autre. Maintenant il faut vous dire les causes de cet orage : vous ne le croirez jamais, parce que vous ne connaissez point le peuple ; moi-même, qui ai passé vingt ans à la campagne, je ne le connaissais pas. Quoi qu'il en soit, les voici.

M. Osmont est un grand promeneur comme moi : arrivant de Normandie, où il n'avait vu que des plaines : un pays varié par des monticules, et piquant par une foule de points de vue très-divers, l'enchanta, et tous les jours son délice était d'arpenter les hauteurs, et de s'y promener des heures entières. Bientôt le peuple le remarqua. Il était inconnu, d'une figure imposante et sérieuse ; il grimpait sans cesse sur des montagnes où l'on ne croyait pas qu'il y eût rien à voir : tout cela était bien suspect. Enfin il portait des lunettes vertes, ou des conserves, sur le nez, pour lire quelques brochures en se promenant. Ces lunettes pour lire furent appelées un télescope ; il avait tiré son crayon pour barbouiller peut-être quelques idées : voilà un homme qui lève des plans, voilà un espion qui prépare des moyens d'attaque aux Espagnols et aux Savoyards, dont les armées formidables sont assemblées pour empêcher la révolution, comme on le sait. Sur ces entrefaites, j'arrive dans ces mêmes lieux, et précisément avec les mêmes goûts que M. Osmont, c'est-à-dire me promenant tout le long du jour, et surtout sur les hauteurs que la Suisse m'a instruit à préférer à la plaine, portant livres et papiers en main, tirant quelquefois un crayon, et restant planté debout et immobile des quarts d'heure entiers à contempler : il ne me manquait que des lunettes ; mais le peuple m'en tint quitte, et me voilà, comme M. Osmont, dans son esprit, un autre espion, levant des plans et des cartes pour les armées de la contrerévolution. En même temps votre ami de Gillier s'avisa de faire venir de longs tuyaux de bois pour une conduite d'eau. Aux yeux du peuple, ce bois devint du fer, et ces tuyaux furent des canons. La veille on m'avait apporté une grosse malle de voyage, carrée et très-bien faite, travaillée à l'anglaise. Cette malle était pleine de pistolets, vous n'en doutez pas. Ainsi mes bas et mes chemises devinrent pour le peuple des armes à feu, comme les moulins à vent parurent des géans à Don Quichotte. M. de Montchorel a deux voitures, de Gillier en a une, et j'avais la mienne aussi. Nous allions nous promener : on les envoya à Romans chercher des connaissances qui voulaient dîner avec nous; aussitôt ces trois voitures en forment dix-neuf qui courent jour et nuit pour amener des aristocrates que l'on cache dans des souterrains. Enfin, pour mettre le comble, un M. de Senneville, ami de M. de Montchorel, arrivant d'Alger où il a conclu un traité de paix et de commerce, et sur le tout cordon rouge, pour ses péchés et pour les nôtres, vint passer deux jours chez M. de Montchorel, en allant à Paris rendre compte de sa commission. Un cordon rouge est un cordon bleu, la chose est évidente, et tout cordon bleu est M. le comte d'Artois. Qui pourrait en douter? Alors tout fut perdu; nous levions des plans pour les armées ennemies; nous faisions des amas de canons et d'armes; nous entassions des aristocrates dans des caves, et nous avions le chef des aristocrates, M. le comte d'Artois; il ne fut plus question que du plan d'attaque de ces deux maisons de conspirateurs. Nous étions redoutables : le comte d'Artois à notre tête, bien pourvus d'artillerie et d'ingénieurs, tels que cet avocat et moi, nous devions faire une vigoureuse résistance. Aussi avec une prudence admirable, dix-huit communautés se liguèrent-elles. Le secret le plus profond fut commandé et gardé; la marche fut réglée pour la nuit, et le rendez-vous assigné à cinq heures du matin, à la porte des deux maisons, à plus de deux mille hommes armés. C'est là, monsieur, que commença une scène qui dura huit heures, où les violences, les outrages, la violation de toutes les lois, et les menaces de la mort remplirent tous les momens. Je ne l'oublierai jamais, et jamais soldat vétéran n'a éprouvé, dans toute sa carrière, le quart des périls où ma femme et moi avons été exposés dans une journée. Je me propose d'en présenter le tableau à la France entière, à l'Europe, si je le puis : ce sera l'image la plus odieuse de la plus terrible anarchie; et tout propriétaire, tout homme de bien, tremblera de ses périls en apprenant les nôtres. En attendant que je puisse recueillir les diverses pièces justificatves qui me sont nécessaires, je vous envoie la lettre circulaire que j'ai écrite à tous les officiers municipaux dont les habitans avaient participé à cette horrible violence. Mais en lisant cette lettre, croyez qu'elle n'est que l'ombre de la réalité. Je n'y ai point dit qu'un de ces misérables me tira un coup de fusil de quatre pas, qui me tuait s'il n'eût fait faux feu; qu'un autre disait froidement à son voisin : Donne-moi vingt-quatre sous je lui mettrai mes deux balles dans le corps. Enfin je n'ai fait qu'esquisser; mais ce que je dois vous dire d'avance, c'est que deux ou trois mille hommes armés ont marché avec des gardes nationales de dix-huit communautés, sans la réquisition, sans l'autorisation, sans la présence d'aucun officier municipal; ce que je dois vous dire, c'est que l'ardeur du pillage et la soif du sang se sont emparées de l'âme du peuple, et que la dernière digue est prête à se rompre. Vous n'avez jamais voulu m'en croire : peut-être ne me croirez-vous pas davantage, et Dieu veuille qu'un jour vous n'en gémissiez pas. L'assemblée nationale s'occupe à régler et à prévenir les guerres étrangères que nous n'avons pas, et nous avons une guerre intestine, une guerre affreuse qu'elle n'arrête point. Oh! monsieur, ce n'est plus à votre raison que je parle, c'est à votre cœur; pour moi, que cette dernière aventure dégoûte absolument de la France, je tâcherai de trouver quelque espèce de tombeau où je puisse me coucher en rep s et à mon heure. C'est en vérité pour vous-même, pour tous ceux qui restent, que j'implore de meilleures lois, et surtout une autorité puissante et vigilante. Adieu, monsieur; il y a bien de l'apparence que nous ne nous reverrons pas : je pars; quand votre dangereuse mission sera consommée, je pourrai vous apprendre où j'ai déposé ma chétive existence. Si cependant votre excellent cœur peut faire une réponse à ceci, vous pouvez l'adresser à . . . . Adieu, l'un des plus aimables hommes que j'aie connus. Je m'aperçois que j'ai oublié une circonstance singulière dans mon récit. Par un bonheur rare, M. de Gilliers avait été obligé de partir la veille pour un baptême où il avait été invité à Romans, sans quoi il était mort.

Sa vivacité l'aurait emporté, et mille coups de fusil y auraient répondu. Voilà pourquoi votre ami (car il l'est réellement) vit encore; il y a plus, ce fut lui qui se mit à la tête de la garde nationale, et qui, accompagné des chasseurs royaux du Dauphiné, vint nous arracher à ces brigands qui prirent l'épouvante à la vue des troupes réglées, et lâchèrent leur proie.

(*Actes des Apôtres.*)

Éclaircissement (N), page 296.

Messieurs,

Ma femme assistait, le 12 de ce mois, à la séance des amis de la constitution, lorsqu'un honorable membre fit la motion du pillage de l'hôtel de Castries. Aussitôt elle s'échappe de la tribune, recommande à son cocher de doubler le pas, et arrive tout effarée dans mon appartement.

Mon ami, me dit-elle, pourras-tu croire ce que je viens d'entendre aux Jacobins ! — Rien de leur part ne peut m'étonner. — Ils ont fait la motion de piller l'hôtel de Castries. — Ils en ont fait et feront de plus fortes encore. — Et si les groupes, les cafés du Palais-Royal, et les 4,000 disciples de l'abbé Fauchet, rassemblés au cirque, l'adoptaient ! — Ils l'adopteront; tout cela se communique et se meut par des fils qui partent d'un centre commun. — L'hôtel de Castries va donc être pillé, et tous les autres ensuite ! — Mais songe donc, ma pauvre femme, que le maire et le général sont là; qu'ils sont dans l'instant informés de tout; que déjà peut-être ils savent la motion faite aux Jacobins; qu'ayant la force en main, ils n'auront garde de souffrir un tel brigandage, ne fût-ce que par la crainte d'en être les victimes à leur tour. — Tu ne me rassures pas, mon bon ami ; partons, je t'en prie, je t'en conjure.

Il fallut presque me fâcher pour faire entendre raison à ma

femme. Encore ne l'ai-je apaisée qu'en lui promettant de me prêter à sa fantaisie au premier exemple que la capitale fournirait de la violation des propriétés.

Le lendemain, vous le savez, la motion des Jacobins fut ponctuellement exécutée. C'est alors que ma femme a redoublé de frayeurs et d'instances : ma parole était donnée ; je n'ai demandé que trois jours pour arranger mes affaires, et nous sommes partis, munis du onze ou douze-centième des passe-ports délivrés par la municipalité depuis la grande victoire remportée par la nation sur les meubles de M. le duc de Castries.

(*Actes des Apôtres.*)

Éclaircissement (O), page 324.

Parlons du parti que j'ai pris ; il est bien justifié dans ma conscience. Ni cette ville coupable, ni cette assemblée plus coupable encore (1), ne mériteraient pas que je me justifie ; mais j'ai à cœur que vous, et les personnes qui pensent comme vous, ne me condamnent pas. Vous devez déjà m'avoir lu, et par ce que j'ai dit, avoir jugé ce que je taisais. Ma santé, je vous jure, me rendrait mes fonctions impossibles ; mais, même en la mettant de côté, il a été au-dessus de mes forces de supporter plus long-temps l'horreur que me causaient ce sang, ces têtes, cette reine presque égorgée, ce roi amené esclave, entrant à Paris au milieu de ces assassins, et précédé des têtes de ces malheureux gardes. Ces perfides janissaires, ces assassins, ces femmes cannibales, ce cri : tous les évêques à la lanterne, dans le moment où le roi entre en sa capitale avec deux évêques de son conseil dans sa voiture ; un coup de fusil que j'ai vu tirer dans un des carrosses de la reine ; M. Bailly appelant cela

---

(1) C'est une nouvelle figure de rhétorique, par laquelle on emploie le tout pour la partie.

un beau jour; l'assemblée ayant déclaré froidement le matin qu'il n'était pas de sa dignité d'aller toute entière environner le roi ; M. de Mirabeau disant impunément dans cette assemblée que le vaisseau de l'état, loin d'être arrêté dans sa course, s'élançait avec plus de rapidité que jamais vers la régénération ; M. Barnave riant avec lui quand des flots de sang coulaient autour de nous ; le vertueux Mounier échappant par miracle à vingt assassins qui avaient voulu faire de sa tête un trophée de plus : voilà ce qui me fit jurer de ne plus mettre le pied dans cette caverne d'anthropophages, où je n'avais plus la force d'élever la voix ; où, depuis six semaines, je l'avais élevée en vain, moi, Mounier, et toutes les honnêtes gens ; où le dernier effort à faire pour le bien était d'en sortir ; aucune idée de crainte ne s'est approchée de moi ; je rougirais de m'en défendre. J'avais encore reçu sur la route, de la part de ce peuple, moins coupable que ceux qui l'ont enivré de fureur, des acclamations et des applaudissemens, dont d'autres auraient été flattés, et qui m'ont fait frémir. C'est à l'indignation, c'est à une horreur irrésistible, c'est aux convulsions physiques, que ce seul aspect me faisait éprouver que j'ai cédé ; on brave une seule mort, on la brave plusieurs fois, quand elle peut être utile ; mais aucune puissance sous le ciel, mais aucune opinion publique ou privée, n'ont le droit de me condamner à souffrir inutilement mille supplices par minute, et à périr de désespoir, de rage, au milieu des triomphes du crime que je n'ai pu arrêter. Ils me proscriront, ils confisqueront mon bien ; je labourerai la terre, et je ne les verrai plus. Voilà ma justification. Vous pouvez la lire, la montrer, la laisser copier ; tant pis pour ceux qui ne la comprendront pas ; ce ne sera alors que moi qui aurai eu tort de la leur donner.

(*Lettre de M. de Lally-Tolendal, insérée aux Actes des Apôtres.*)

Éclaircissement (P), page 324.

Un repas donné le 1er octobre par les gardes du corps au régiment de Flandre (contre les ordonnances militaires) a causé l'explosion de la capitale. L'affectation avec laquelle on en avait exclus les dragons, connus par leur attachement à la liberté nationale, faisait déjà soupçonner le but de cette orgie. Elle a été marquée par des familiarités peu communes entre des personnages les plus considérables par leur rang, et les derniers des soldats.

Quand les têtes ont été échauffées par un festin somptueux, par l'agitation d'une foule nombreuse, et la prodigalité des vins et des liqueurs, alors les conversations ont été sans mesure et sans frein : une idée chevaleresque a complété la folie. La reine, pour témoigner sa sensibilité aux hommages qu'on lui avait rendus, aux vœux qu'on avait exprimés pour elle, s'est montrée un instant, suivant les relations du jour, à cette multitude exaltée ; l'enfant, héritier de la monarchie, porté dans les bras d'une mère dont les regards attendris semblaient implorer en sa faveur l'amour et le zèle des soldats, a égaré leur sentiment et produit une sorte de délire. Les cris de *vive le roi ! vive la reine !* ont retenti de toutes parts. La musique a fait retentir cet air connu, et dont le choix ne pouvait être l'effet du hasard, *O Richard, ô mon roi ! l'univers t'abandonne;* bientôt, dans cette double ivresse, quelques voix, peut-être mercenaires, ont mêlé des imprécations contre l'Assemblée nationale. Un grenadier s'est élancé du milieu de ses camarades, et s'accusant d'avoir été infidèle à son prince, a voulu à plusieurs reprises se percer de son épée ; son sang a coulé, et la sensibilité portée à son comble, a produit des mouvemens presque convulsifs ; du sein de ces mêmes militaires qui s'étaient refusés aux projets d'un ministère coupable, sont sortis des insultes, des menaces,

des cris séditieux ; la cocarde nationale, cet emblême des défenseurs de la liberté, a été déchirée, foulée aux pieds, un autre signe mis en sa place ; et, sous les yeux du monarque même, restaurateur des droits de son peuple, on a osé donner un signalement à une faction. Cette scène fut renouvelée le samedi 3 dans l'hôtel même des gardes du corps. Un nouveau repas donné avec moins d'appareil que le précédent, mais probablement dans les mêmes vues, et qui devait se répéter la semaine suivante, a naturellement accru les inquiétudes. . . . .
. . . .

La nouvelle de ce qui s'était passé à Versailles ne fut répandue à Paris que deux jours après ; le dimanche 4, des lettres circulaires, des attroupemens, des motions au Palais-Royal, et la disette du pain qui aggrave tout, excitèrent la plus vive fermentation.

Ces mouvemens engagèrent le commandant général à mettre à neuf heures du soir toute la milice sur pied. — Le calme paraissant renaître, le plus grand nombre fut congédié. — Le lundi matin, une multitude de femmes se rendit à l'Hôtel-de-Ville, en mit la garde en déroute, en força les portes, s'empara des piques et des autres armes qu'elle put trouver, se saisit des canons de la basoche, et prit le chemin de Versailles.

Le faubourg Saint-Antoine et le faubourg Saint-Marceau lançaient des essaims d'hommes et de femmes qui se préparaient à les suivre ; les uns pour tirer vengeance des gardes du corps, les autres pour se plaindre au Roi et à l'Assemblée du défaut des subsistances. Ce dessein, né de la colère et de la terreur, prit bientôt de la mesure et de la régularité. Le tocsin ayant sonné, et toute la milice étant sur pied, ce ne fut plus un mouvement vague et tumultueux, mais une conduite systématique et décidée à laquelle il ne fut plus possible de rien opposer. — Le commandant général, après s'être d'abord refusé à cette expédition, prit le sage parti de se metre à la tête de la milice, et de porter au roi le vœu de la capitale.

Pendant que l'effervescence croissait à Paris, l'Assemblée nationale s'occupait tranquillement à délibérer sur la réponse du roi qui venait de lui être communiquée. . . . .
. . . .

Le comte de Mirabeau parla avec son énergie accoutumée de ces prétendues fêtes patriotiques, qui avaient eu lieu la semaine dernière, de celles qui se préparaient encore. Passant ensuite à la réponse du roi, il estimait qu'il serait à désirer, non que sa majesté retirât cette réponse, mais qu'elle y donnât les éclaircissemens nécessaires pour tranquilliser la nation. Après quelques réflexions sur les principaux avis qui avaient été ouverts dans la séance, il proposa le projet d'arrêté :

« L'Assemblée nationale ordonne que le président se retirera par devers le roi, à l'effet de le supplier,

» 1°. De donner des ordres exprès à tous les chefs de corps militaires, plus spécialement à ceux qui résident actuellement à Versailles, pour les maintenir dans la discipline et dans le respect dû au roi et à l'Assemblée nationale ;

» 2°. D'interdire aux corps les prétendus festins patriotiques, qui insultent à la misère des peuples, et dont les suites peuvent être funestes ;

» 3°. Que tout acte émané de sa majesté ne puisse être manifesté sans la signature d'un secrétaire d'état ;

» 4°. Qu'il plaise à sa majesté de donner à sa réponse du 4 octobre un éclaircissement qui rassure les peuples sur l'effet d'une acceptation conditionnelle, et motivée seulement par les circonstances, et qui ne laisse aucun doute sur cette acceptation. »

L'abbé Maury cherchait à prouver qu'il n'y avait ni obscurité, ni conditions, ni refus dans les réponses du roi. Il représentait la déclaration des droits comme des axiomes de morale qui n'étaient pas susceptibles de la sanction royale.

Quelques autres membres ayant soutenu la même opinion, M. de Monspay demanda que M. Pétion mît par écrit la dénonciation qu'il avait faite, relativement à ce qui s'était passé dans les fêtes militaires dont il avait parlé, et qu'il articulât les faits dont il se plaignait, et qu'il les signât.

Aussitôt le comte de Mirabeau et M. Pétion s'étant levés : « Je commence par déclarer, dit M. de Mirabeau, que je regarde comme souverainement impolitique la dénonciation qui vient d'être provoquée. Cependant, si l'on persiste à la demander, je suis prêt à en fournir tous les détails et à les signer. Mais, auparavant, je demande que cette Assemblée déclare que la personne du roi est seule inviolable, et que tous les autres individus de l'état, quels qu'ils soient, sont également sujets et responsables devant la loi. »

Cette interpellation soudaine et si justement appliquée, frappa d'étonnement l'Assemblée. M. de Monspay se hâta de retirer une motion qu'il eût mieux valu n'avoir pas faite, et la délibération fut continuée.........

.... On est allé aux voix sur la priorité, et elle a été accordée à la motion de M. de Mirabeau........

.... L'Assemblée nationale a décrété que M. le président, accompagné d'une députation, se retirera aujourd'hui par-devers le roi, à l'effet de supplier sa majesté de vouloir bien donner son acceptation pure et simple à la déclaration des droits de l'homme et du citoyen, et aux articles de la constitution qui lui ont été présentés.

On s'occupa ensuite, sur une motion de M. Target, à renouveler et à fortifier le décret relatif à la libre circulation des subsistances.

On fut bientôt informé qu'un bataillon de femmes, qui s'était toujours grossi dans sa marche, venait porter au roi des réclamations sur la disette du pain ; mais déjà le château était fermé ; les gardes du corps l'environnaient ; le régiment de Flandre était aligné sur la place ; tout était hérissé de soldats. Une foule d'hommes armés de bâtons et de piques, des vagabonds volontaires, espèces de sauvages que l'on trouve dans toutes les grandes villes, ajoutèrent aux alarmes de Versailles. Cette multitude, après avoir entendu de quelques femmes qu'on avait laissées parvenir jusqu'au roi, la réponse pleine de bonté qu'elles en avaient reçue, dispersée par le mauvais temps, s'est réfugiée peu à peu dans l'Assemblée nationale, dont les galeries offraient le coup d'œil étrange d'une foule de piques et de bâtons ferrés ; mais les députés formaient, aux yeux de ces nouveaux auditeurs, un spectacle encore plus étrange et plus rare. Les hommes étaient assez calmes ; mais les femmes ne pouvaient se contenter d'un rôle passif. Celles qui avaient pris place à la barre avaient amené un orateur ; il a représenté les besoins du peuple, et la nécessité de pourvoir incessamment aux subsistances. Il a exprimé les regrets de Paris sur les lenteurs des travaux de la constitution, et attribué ce délai aux oppositions du clergé. C'était l'évêque de Langres qui, en l'absence de M. Mounier, présidait l'Assemblée. Un député lui a sauvé l'embarras de la réponse, en rappelant à l'ordre l'orateur de Paris, et a fait une sortie très-énergique contre ceux qui se permettaient de calomnier un corps respectable, qui avait donné plusieurs preuves de désintéressement et de patriotisme. L'orateur de Paris s'est justifié d'avoir manqué de respect à l'Assemblée, en alléguant qu'il ne faisait que rapporter fidèlement les bruits de la capitale.

Au milieu de cette foule de témoins bruyans, les délibérations ne pouvaient guère être fructueuses. Le vice-président a levé la séance vers les dix heures du soir, sans attendre le retour du président qui était auprès du roi.

Ce qu'il y a eu d'étonnant dans cette journée, c'est que rien n'était annoncé ; on n'eut que des soupçons vagues, mais aucune nouvelle positive de la marche de la milice nationale : elle est arrivée à Versailles vers minuit, forte d'environ quinze mille hommes.

Aussitôt les députés ont été convoqués à l'Assemblée au son du tambour. M. de Mirabeau a prié le président de conserver la dignité de la délibération, en faisant retirer dans les galeries les étrangers qui occupaient la salle. Le président a rendu compte de la réponse du roi, conçue en ces termes : « J'accepte purement et simplement les articles de la constitution, et la déclaration des droits de l'homme que l'Assemblée nationale m'a présentés. » Versailles, le 5 octobre 1789. *Signé* Louis.

Le président a été rappelé par le roi sur la nouvelle de l'arrivée de la milice parisienne ; il s'est rendu auprès de lui avec un grand nombre de membres ; ils avaient été prévenus par M. de la Fayette qui avait apporté à sa majesté les assurances de la fidélité de la capitale, et l'avait tranquillisée sur l'objet de la marche des troupes.

Le président a rapporté à l'Assemblée, de la part du roi, qu'il n'avait jamais songé à la quitter, et qu'il ne s'en séparerait jamais. On s'est occupé ensuite des projets de réforme pour la jurisprudence criminelle ; mais nous ne rendons aucun compte de ces discussions, parce qu'elles avaient plutôt pour objet de tenir l'Assemblée en activité que de traiter une matière qui demande tout le calme et toute la maturité des délibérations.

La séance a été levée à trois heures et demie du matin, et remise à onze.

L'assemblée a été informée que le roi devait se rendre à Paris pour y faire son séjour. C'était le vœu de ses habitans, et l'unique moyen de calmer leur effervescence et leurs alarmes.

M. de Mirabeau a proposé de décider que le roi et l'Assemblée nationale seraient inséparables pendant la session actuelle. Il a observé qu'une saine politique devait la déterminer à faire librement un acte d'une si grande importance. M. Barnave a secondé cette motion : elle a passé unanimement. L'abbé d'Aymar, à la tête d'une nombreuse députation, a porté au roi la délibération de l'Assemblée : il a dit, « Sire, j'ai l'honneur de remettre entre les mains de votre majesté le décret par lequel l'Assemblée nationale vient de déclarer unanimement la personne de son roi inséparable des représentans de la nation pendant la session actuelle. Elle croit manifester un vœu digne du cœur de votre majesté, et consolant pour elle dans toutes les circonstances. »

Le roi a répondu : « Je reçois avec une vive sensibilité les nouveaux témoignages de l'attachement de l'Assemblée ; le vœu de mon cœur est, vous le savez, de ne me jamais séparer d'elle : je vais me rendre à Paris avec la reine et mes enfans ; je donnerai tous les ordres nécessaires pour que l'Assemblée nationale puisse y continuer ses travaux. »

Le roi quitta Versailles à une heure après midi, suivi d'un cortége de députés, et au milieu de la milice nationale ; il fit la route lentement pour s'accommoder au pas de la multitude innombrable dont il était escorté. A son entrée, M. Bailly, accompagné des représentans de la commune, lui remit les clefs de la ville, et l'assura de la fidélité et de l'attachement de tous les citoyens de Paris.

Si l'on voulait recueillir tous les détails de quelques heures, on fournirait un volume aux mémoires particuliers ; mais ce qu'il importe le plus d'observer, c'est que, malgré l'irritation extrême des esprits, il se soit commis si peu de désordres et d'actes de cruautés. Lorsque les femmes voulaient forcer les portes, un garde du corps eut l'imprudence de faire feu, vraisemblablement dans la seule intention d'effrayer, car on ne peut supposer qu'un militaire ait eu la lâcheté de tuer une femme : ce coup malheureux a été vengé par les volontaires dont nous avons fait la description : deux gardes du corps ont été tués, quelques-uns démontés, les autres se retirèrent. La milice nationale de Versailles essuya dans cette retraite quelques coups de feu, qui furent, de la part des gardes du corps, l'effet du dépit et de la colère ; les citoyens y répondirent vivement : un seul d'entre eux fut tué, mais quelques-uns de leurs adversaires en furent les victimes.

Vers le matin, quelques gardes du corps, détenus prisonniers, voulurent s'échapper, et se livrèrent à des emportemens qui occasionèrent une scène d'horreur. Deux d'entre eux furent massacrés dans la cour de marbre, sur les marches mêmes du château, et leurs têtes portées en triomphe (1)....... Peut-on imputer au peuple la férocité d'un petit nombre d'individus ivres de fureur ? La conduite de la milice nationale a été non-seulement pure et irréprochable, mais à la gloire de la rapidité, à la sagesse de la discipline, elle a réuni le mérite de la douceur et de la modération après la victoire. Lorsque les gardes du corps ont été désarmés, et se sont rendus, elle les a consolés, encouragés, traités en frères ; elle a cherché ceux qui se dérobaient par la fuite ; elle en a conduit plusieurs auprès du roi, pour les ranimer, dans un moment d'humiliation, par quelque témoignage de sa bienveillance ; et les applaudissemens de toute la multitude ont fait sentir à ceux qui savent lire dans le cœur du peuple que la vengeance n'a qu'un moment, et que la générosité est l'instinct naturel de l'homme.

(*Courrier de Provence.*)

---

(1) Voyez sur ces odieux massacres, qu'on veut en vain déguiser, les Mémoires de Ferrières et ceux de madame Campan.

Éclaircissement (Q), page 331.

Avis secret donné à MM. les quinze à quarante-cinq entrepreneurs des Actes des Apôtres.

Messieurs,

Vos annales sont devenues les pivots de la démocratie. Privé des anciennes fonctions que le despotisme m'avait confiées, j'ai su, à l'exemple immortel de M. de Chamfort, et de tant d'autres grands hommes, revenir à la cause sacrée du peuple, quand j'ai vu que le règne des aristocrates était fini ; je me suis donc résolu à combattre à vos côtés.

Une conspiration horrible se prépare ; son exécution est différée jusqu'à ce jour de plaisir où le Parisien oublie ses intérêts pour se livrer aux saturnales du moment. Voici comment ce projet a été découvert.

Un perruquier de mes amis, adjudant de la cinquième division, l'a tiré de la tête d'une de ses pratiques qui était du complot. La postérité le croira-t-elle ? Il ne fallait rien moins qu'une méprise de papillottes pour éclairer la France. Une feuille du journal de Paris, destinée à ce frivole usage, a été heureusement confondue avec le plan de l'affreuse trame ; quelques chiffres barbares ont fait soupçonner du mystère à l'honnête citoyen actif ; son fer brûlant n'a fait qu'effleurer les perfides papillotes ; et les dépliant d'une main légère, il s'est rendu aussitôt chez moi, et m'a confié cet important dépôt, sans même exiger de partage dans les mille louis promis au dénonciateur.

De quel effroi n'ai-je pas été saisi, Messieurs, en déchiffrant ces coupables chiffons ! Une mascarade se préparait à rétablir la monarchie, et à lui rendre sa tranquillité tyrannique.

Voici la marche du complot, telle que mes lumières cabalistiques me l'ont indiquée.

Les plus terribles aristocrates, tant fugitifs que ruinés, tant prêtres que princes du sang, doivent se rassembler au bal de l'Opéra dans la nuit du mardi gras. Là, pour mieux exécuter leurs affreux desseins, ils doivent tous prendre la forme, les traits et la voix des vrais défenseurs de la patrie. Un aristocrate bel esprit doit se masquer en duc d'Aiguillon ; . . . . ; le plus humain de la bande se masquera en Barnave ; le plus vertueux en Mirabeau ; le plus savant en Montmorency ; le plus aimable en duc de Luynes ; le moins tranchant en Guillotin ; le plus fier en Robespierre ; le plus joli cavalier de l'aristocratie se défigurera en Gouy d'Arcy ; un homme superbe s'anéantira en duc d'Aumont ; et, pour tout dire enfin, une femme charmante doit contrefaire madame de Staël. Quelle affreuse conspiration ! et quel citoyen ne sera pas la dupe de pareils déguisemens ! Les ennemis de la France, toujours masqués, doivent séduire la garde nationale, par l'appât d'un superbe déjeuné ; le réveillon doit se donner à Rambouillet où le roi se rendra avec une permission de chasse.

On espère que l'armée reconnaîtra Louis XVI pour son chef, le ramènera à Versailles en cette qualité, et lui rendra la couronne de France. Il est possible même que les soldats citoyens, et les citoyens soldats, en se dégrisant, s'accoutument à l'autorité royale, et renvoient leurs officiers à leurs boutiques. Tout serait perdu alors, Messieurs ; et vous conviendrez que si le militaire redevient fidèle, le peuple redeviendra sujet. Voilà l'horrible catastrophe qui menace l'Hôtel-de-Ville. Par malheur je n'ai pu déchiffrer le nom d'un seul des conspirateurs. A l'exemple de MM. Morel et Turcati, j'en dénoncerais un tous les quinze jours, et ma fortune serait assurée. Faites, Messieurs, de cet avis l'usage que votre patriotisme et votre prudence vous suggèreront. A défaut du profit que je vous abandonne, permettez-moi du moins de m'associer à votre gloire. Nous aurions sans doute pu recevoir de M. Camille Desmoulins un morceau de pain, ou de M. Prudhomme une paire de souliers neufs, pour un avis aussi important; mais nous préférons, Messieurs, à ces deux avantages, celui d'être nommés dans vos actes immortels. Mon ami se nomme M. Crepant ; et moi, Messieurs, toujours tout à vous, *consilio manuque*,

Votre admirateur et serviteur,

FURETIN,
ancien espion de police.

Nota. A présent que le péril est passé, on peut juger du danger auquel on a échappé, et l'on voit par quelle sagesse l'Hôtel-de-Ville a mis de côté tout déguisement pour cette année. Cet événement nous achemine à la destruction de l'aristocratie des jours gras sur les jours de carême.

Il a été délibéré au comité des recherches de nous donner les mille louis pour prix de notre information ; mais quand nous avons su qu'il y avait trois années du produit des postes dévorées d'avance par les découvertes du comité, nous nous sommes bornés à réclamer l'estime de nos concitoyens.

Voilà pour nous. Quant à M. Furetin, il allait être, pour prix de son zèle, nommé suppléant de M. Brissot de Warville, lorsqu'un district du Roule est venu ordonner au comité des recherches d'interrompre ses fonctions inquisitoriales, sous peine d'être promené dans la ville sur des bourriques, en remplacement du bœuf gras national qui a manqué à la nation cette année.

(*Actes des Apôtres.*)

Éclaircissement (R), page 336.

Certainement, ou tous les principes que j'ai admis sont faux, ou la nation a le droit de décider que le clergé ne doit plus exister comme agrégation politique ; elle a ce droit, à moins qu'on ne prétende qu'une nation est liée ou par la volonté de quelques-uns de ses membres, ou par ses propres lois, ou par son ancienne constitution ; or, comme rien de tout cela ne peut enchaîner une nation, elle peut donc exercer le droit que je viens d'admettre.

Supposons maintenant qu'elle l'exerce, je demande ce que deviendront alors les biens du clergé. Retourneront-ils aux fondateurs ? Seront-ils possédés par chaque église particulières ? Seront-ils partagés entre tous les ecclésiastiques, ou la nation en sera-t-elle propriétaire ?

Je dis d'abord qu'il est impossible que les biens retournent au fondateur, soit parce qu'il est très-peu de fondations qui portent la clause de réversibilité, soit parce que ces biens ont une destination qu'il ne faut pas cesser de remplir, et qu'ils sont irrévocablement donnés, non point au clergé, mais à l'Église, mais au service des autels, mais à l'entretien des temples, mais à la portion indigente de la société.

Je dis ensuite qu'ils ne peuvent pas appartenir à chaque église en particulier, parce qu'une église, une paroisse, un chapitre, un évêché, sont encore des corps moraux qui ne peuvent avoir la faculté de posséder que par l'effet de la loi, et de là je conclus que M. l'abbé Maury tombe dans une véritable pétition de principes, lorsqu'il prétend que si les fondateurs n'ont pas pu donner irrévocablement à l'Église en général, ils ont pu donner irrévocablement à chaque église.

Il n'est pas moins évident, Messieurs, que le clergé n'existant plus comme corps politique, les ecclésiastiques n'auraient pas le droit de se partager ses immenses dépouilles. L'absurdité d'une telle prétention se fait sentir d'elle-même.

Tous les biens de l'Église n'ont pas des titulaires ; les titulaires mêmes ne sont que détenteurs, et il faut nécessairement que des biens qui ont une destination générale aient une administration commune.

Il ne reste donc, Messieurs, que la nation à qui la propriété des biens du clergé puisse appartenir : c'est là le résultat auquel conduisent tous les principes.

Mais ce n'est point assez d'avoir prouvé que les biens de l'Église appartiendraient à la nation, si le clergé venait à être détruit comme corps politique ; il suit également des détails dans lesquels je viens d'entrer que la nation est propriétaire, par cela seul qu'en laissant subsister le clergé comme corps, nous le déclarerions incapable de posséder. Ici reviennent tous les principes que j'ai établis ; la capacité de posséder à titre de propriétaire est un droit que la loi peut accorder ou refuser à un corps politique, et qu'elle peut faire cesser après l'avoir accordé ; car il n'est aucun acte de la législation que la société ne puisse pas révoquer ; vous ne ferez donc autre chose, Messieurs, que de décider que le clergé ne doit pas être propriétaire, lorsque vous déclarerez que c'est la nation qui doit l'être.

(*Extrait d'un discours du comte de Mirabeau.*)

FIN.

www.ingramcontent.com/pod-product-compliance
Lightning Source LLC
Chambersburg PA
CBHW071221240426
43671CB00030B/1537